全面乡村振兴过程中的乡村教师文化研究

王中华　廖开兰　著

中国财富出版社有限公司

图书在版编目（CIP）数据

全面乡村振兴过程中的乡村教师文化研究／王中华，廖开兰著．—北京：中国财富出版社有限公司，2021.6

ISBN 978-7-5047-7467-5

Ⅰ．①全…　Ⅱ．①王…②廖…　Ⅲ．①农村学校—教师素质—文化素质教育—研究—中国　Ⅳ．① G451.6

中国版本图书馆 CIP 数据核字（2021）第 125335 号

策划编辑　李彩琴　　**责任编辑**　张红燕　王才识　　**版权编辑**　李　洋
责任印制　梁　凡　　**责任校对**　孙丽丽　　**责任发行**　董　倩

出版发行　中国财富出版社有限公司
社　　址　北京市丰台区南四环西路 188 号 5 区 20 楼　**邮政编码**　100070
电　　话　010-52227588 转 2098（发行部）　010-52227588 转 321（总编室）
010-52227566（24 小时读者服务）　010-52227588 转 305（质检部）
网　　址　http://www.cfpress.com.cn　**排　　版**　宝蕾元
经　　销　新华书店　**印　　刷**　北京九州迅驰传媒文化有限公司
书　　号　ISBN 978-7-5047-7467-5/G·0757
开　　本　710mm×1000mm　1/16　**版　　次**　2022 年 9 月第 1 版
印　　张　18.5　**印　　次**　2022 年 9 月第 1 次印刷
字　　数　283 千字　**定　　价**　68.00 元

版权所有·侵权必究·印装差错·负责调换

前　言

自从2018年《乡村振兴战略规划（2018—2022年）》颁布以来，关于乡村振兴的研究与日俱增，不同学者从各自学科角度进行了研究。同样，教育领域也在进行乡村振兴的研究。

笔者也开始了乡村振兴的研究之旅，积极申报了2019年贵州省哲学社会科学基金项目——西南民族地区新生代乡村教师乡土知识构建研究，将乡村振兴战略规划中提到的关于乡土知识［即农业结构调整与升级方面的知识（物质层面）、乡村道德规范方面的知识（思想道德层面）、乡村治理方面的知识（行为层面）、乡村生态环境保护方面的知识（制度层面）］的理解进行了相关研究，并在《教育科学研究》杂志上发表学术论文《论新生代乡村教师乡土知识的构建》。2019年申报了“乡村振兴背景下乡村教师心理资本研究”课题，积极研究乡村振兴。

2007年以来，笔者开始从事教育文化、教师文化、乡村教师文化相关研究，申报过2015年度全国教育科学规划：教育部重点课题“适应个性化教学的教师文化研究”（DAA150206），发表过《新时代农村教师文化自信的缺失及超越》《重塑乡村教师文化自信》《特岗教师文化冲突及其化解》《城乡文化冲突下乡村教师文化自信的危机及化解》《新课程改革文化精神的价值与构建》《个性化教学视域下的教师文化建构》等学术论文，出版过《个性化教学背景下教师文化个案研究》《山地乡村教师文化自觉研究》等专著。

《乡村振兴战略规划（2018—2022年）》特别强调产业振兴、文化振兴、组织振兴、人才振兴、生态振兴。2021年4月29日，国家颁布《中华人民共和国乡村振兴促进法》，进一步强调“开展促进产业振兴、人才振兴、文化振兴、生态振兴、组织振兴，推进城乡融合发展”。

本书所指的“乡村”是借用《中华人民共和国乡村振兴促进法》中对乡村的理解：乡村是指城市建成区以外具有自然、社会、经济特征和生产、生活、生态、文化等多重功能的地域综合体，包括乡镇和村庄等。[①]

本书就是基于全面实施乡村振兴的背景下，对乡村教师文化进行研究，以此来探讨乡村教师在乡村振兴进程之中的责任感和使命感，探析乡村振兴进程中的乡村教师文化认同，探究乡村振兴进程中的乡村教师文化冲突，分析乡村振兴进程中的乡村教师文化自信，从而为提升乡村教师的获得感、幸福感、安全感提供参考与建议，促进乡村教师队伍建设。

本书由多篇论文组成，每篇论文都以一个乡村教师文化方面的问题为主题，整本书共15章内容，具体如下：第1章　乡村振兴中的乡村教师文化使命、第2章　乡村教师专业发展的文化支持、第3章　乡村教师文化认同的缺失与对策、第4章　新生代乡村教师文化冲突及其调适、第5章　乡村特岗教师文化自觉的困境与对策、第6章　乡村特岗教师文化自信的缺失及其超越、第7章　乡村教师文化自卑与超越、第8章　乡村振兴背景下乡村教师文化危机的检视、第9章　乡村教师文化自信的危机及化解、第10章　乡村教师文化自信重塑、第11章　新时代乡村幼儿教师的文化困境与出路、第12章　新生代乡村教师文化自觉的缺失与路径、第13章　乡村教师休闲文化的价值与策略、第14章　乡村特岗教师文化冲突及化解、第15章　乡村教师乡土文化自信的缺失与重构。

今天，乡村振兴正在如火如荼地进行，研究者需关注乡村振兴，特别是教研工作者需要聚焦乡村教师文化研究。在此背景下，笔者出版《全面乡村振兴过程中的乡村教师文化研究》，期望能给更多的教育学者带来研究的兴趣和更多研究视角。当然，书中还存在诸多不足之处，祈愿以此书求教于大方之家。

作者

2022年6月

---

① 甘玥.《中华人民共和国乡村振兴促进法》公布（附全文）[EB/OL].（2021-5-1）[2021-6-21].https://www.sohu.com/a/464074363_121106902.

目 录

CONTENTS

7 乡村教师文化自卑与超越

8 乡村振兴背景下乡村教师文化危机的检视

9 乡村教师文化自信的危机及化解

10 乡村教师文化自信重塑

11 新时代乡村幼儿教师的文化困境与出路

12 新生代乡村教师文化自觉的缺失与路径

13 乡村教师休闲文化的价值与策略

1

乡村振兴中的乡村教师文化使命

乡土文化振兴是乡村振兴战略中的重要环节，然而我国目前的乡土文化发展仍处于薄弱阶段，因此振兴乡土文化势在必行。乡村教师作为乡土文化建设中的知识分子，是建设乡土文化的重要力量。然而，乡村教师要想充分践行其文化使命，仍面临着较多困难，如何有效发挥乡村教师文化使命，已成为乡村教师践行文化使命必须解决的首要问题。为此，必须结合政府、高等院校、乡村学校等多元主体促进乡村教师践行文化使命，实现乡土文化振兴。

1.1 乡村教师的文化使命

梁漱溟在《乡村建设理论》第2版中论述道，原来中国社会是以乡村为基础，并以乡村为主体的；所有文化，多半是从乡村而来，又为乡村而设——法制、礼俗、工商业等莫不如是[①]。这说明在中国发展过程中，中国文化的根在乡村。然而，乡土文化日渐衰透衰微，要想实现乡村振兴，乡土文化的振兴至关重要，乡村教师对于乡土文化振兴起到关键性的作用。文化使命是人固有的、基于对人的利益所谋而自觉肩负起的文化传承和发展的责任。[②]乡村教师作为乡村为数不多的知识分子，更应该肩负起文化使命。在乡村振兴过程中，乡村教师承担着振兴乡土文化的使命、调节多元文化的使命、振兴乡村教育的文化使命、启发民智的文化使命。

1.1.1 振兴乡土文化的使命

乡村教师的工作场域在乡村，具有振兴乡土文化的环境优势，人际环境也在乡村，便于乡村教师了解乡村的风俗文化、价值观念、民间故事等。由此可知，乡村教师在振兴乡土文化过程中具有天时地利人和的先天优势。

首先，乡村教师在振兴乡土文化中需要传承乡土文化。目前，乡村大量年轻劳动力进城务工，导致乡村老人、儿童、留守妇女居多，乡土文化传承主体规模日渐缩小，乡土文化结构变得支离破碎，乡土文化元气不断受损，随时都有传承断裂的危险。[③]文化的传承更多的是在一代代人口述与行为活动的感染中完成的，乡土文化一旦出现断层将会失去这一有利的传承方式。乡村教师作为乡村具有知识的劳动力，在建设乡土文化中首先需要传承乡土文化，以防乡土文化出现断层，造成传承方式减少、乡土文化传播效果的下滑。

---

① 梁漱溟.乡村建设理论［M］.2版.上海：上海人民出版社，2011.

② 吴玲，周元宽.当代教师文化使命［M］.合肥：安徽人民出版社，2006.

③ 曹二磊，张立昌.新时期乡村教师“文化使命”的式微及重塑［J］.新疆社会科学，2019（3）:86-91.

其次，乡村教师要不断探索乡土文化的新内涵，并努力促进乡土文化系统化、理论化。随着社会经济的不断发展，原有的乡土文化已经不利于乡村的发展或者不能紧跟乡村建设的发展步伐，需要乡村教师运用专业技能、丰富的阅历在传承优秀乡土文化的基础上探索乡土文化的新内涵。促使乡土文化与现代文明有效结合，促进乡村德治与法治有效结合。在乡村振兴中，乡土文化应持久创新。促使乡土文化理念顺应时代发展的潮流、乡土文化行为体现乡村特色。文化是一个既简单又复杂的现象，尤其乡土文化大多存在于乡村的日常生活和风俗中，更多以一种杂乱而隐性的形式存在，缺乏系统化、理论化的概括。因此需要乡村教师进行更多的观察、总结、学术研究，使乡村文化由隐性变为显性。

最后，乡村教师应利用多种途径做好乡土文化的传播。乡土文化的建设离不开乡土文化的传播，传播有认同的功能，更多的村民及其他人对乡土文化的认同可以增强乡土文化自信。乡村教师身体力行可以作为乡土文化的传播榜样。可创新各种文化传播形式，比如，通过舞蹈、绘画、书法展示等，使隐性的文化显性化。同时要帮助相关人员研究、发现乡土文化特色，申请非物质文化遗产。

1.1.2 调节多元文化的使命

随着信息传播技术的发展，村民们也可以通过电视、手机等电子产品接触不同的文化，这就需要乡村教师调节多元文化在乡村中的作用，以实现多种文化形式的融合，为乡村建设服务。

首先，乡村教师应具备国际视野。世界是一个命运共同体，这意味着人类紧密地生活在一起，文化是相互影响的，同时也必然具有一些共通的文化价值。[①]世界上多元文化共存，乡村教师应具备国际视野，在对待全球文化时坚持费孝通先生的文化理念，实现文化融合中的“各美其美”“美人之

① 傅钱余.后多元文化主义时代中国多民族文学批评理论刍议［J］.内蒙古社会科学，2020，41（5）:151–157.

美”“美美与共”“天下大同”十六字方针。在面对外来文化时，要肯定外来文化的优异成果，同时认清自身文化的优秀所在，不偏执于任何一种文化，应将各种优异文化进行融合，达到“天下大同”。

其次，乡村教师应坚持中国特色社会主义核心价值观的引导。如果缺乏价值观引领，不同文化之间会产生价值冲突、走向对抗，甚至还会造成社会混乱等诸多复杂问题，很难形成合力。[①]乡村教师应用社会主义核心价值观引导乡村多元文化，凝聚乡村多元文化，形成一种乡村意识。乡村教师需不断探索村民喜闻乐见的方式，深入传播社会主义核心价值观，努力使村民从意识形态上的认同转向行动实践。在不断满足村民精神文化需求的基础上，使社会主义核心价值观深入人心。

最后，乡村教师需要不断学习乡村文化及外来优秀文化，及时更新文化理念，紧跟时代步伐，在乡村社会实践中辨别有利于乡土文化发展的外来因素，并及时有效吸收。

1.1.3 振兴乡村教育的文化使命

在乡村振兴背景下的乡村教育具有双重责任与使命。一方面，乡村教育要成为乡村振兴的智力引擎，为乡村社会的发展提供智力保障；另一方面，乡村教育也要借助乡村振兴的战略机遇实现重建与发展。[②]发展乡村教育智力引擎，实现乡村教育的重建与发展，乡村教师起着至关重要的作用。

首先，乡村教师应重视学前教育，提高乡村学前教育质量。学前教育是基础教育的初始阶段，是学生培养学习兴趣的关键期，提升乡村学前教育质量对于降低乡村学生辍学率具有重要意义。2010年国务院颁布的《国务院关于当前发展学前教育的若干意见》中指出，“把发展学前教育摆在更加重要的位置，保障适龄儿童接受基本的、有质量的学前教育”。2018年《中共中

① 铁明太.多元文化与社会主义核心价值观关系研究［J］.求索，2016（5）:27-31.

② 李中英，陈志其.乡村振兴战略下乡村教育的价值意蕴、发展模式及其质量保障［J］.长沙大学学报，2020，34（6）:94-100.

央 国务院关于学前教育深化改革规范发展的若干意见》总体要求“推进学前教育普及普惠安全优质发展”，再次强调学前教育质量的重要性。学前教育质量的提升对直接影响儿童发展的特定保教环境因素（过程质量）的影响要大于易于量化并体现学前教育保教机构基本架构的规定性因素（结构质量）。[①]因此，乡村教师在提高乡村学前教育质量时，要注重师幼互动的过程质量与儿童参与的课程活动质量。一方面，乡村教师注重了解儿童心理发展特点，在日常生活中可以实现高质量的师幼互动。另一方面，乡村教师在提高乡村课程活动质量时应注重提供高质量的幼儿教学内容。

其次，乡村教师在提高中小学生认知水平的同时，应注重乡土文化的培养，形成中国特色乡村基础教育文化。当前，乡村儿童对周围的复杂信息、多元文化产生了排斥—亲近—热衷的变化，渐渐失去了对乡土文化的自信，甚至对周围生活环境产生鄙夷和漠视，自然失去了过去的那份亲近与美好。[②]引导学生正确认识各种文化的异同，在了解世界多元文化的基础上，提高乡村中小学生对乡土文化认同。然而，乡村学校虽然位于乡村，但在教育内容和课程资源开发方面已经脱离乡村生活和乡土文化，如地方性知识、民俗文化、人文历史经验和生产生活技术已基本退出了乡村学生的教育生活。[③]乡村教师更青睐书本知识，停留在刷题练习阶段。一方面，这会使乡村学生成为应试教育的“牺牲品”，他们只会埋头苦读，进行题海战术。另一方面，乡村学生找不到乡土文化依托，造成他们的迷茫与精神上的空虚，只能寻找流行文化来慰藉心灵。因此，乡村教师在振兴乡村教育时，在中小学生教育方面应注重乡土文化的渲染，将乡土文化融入日常的课堂教学过程中，培养有温度的乡土文化，吸引乡村大学生回到家乡参与建设。

最后，振兴乡村教育需要乡村教师对各个阶段进行有效衔接，注重研究不同阶段的教学内容与方式。乡村振兴离不开智力系统的不断完善，在这方

① 赵军海.试论学前教育质量及其改进路径［J］.新一代：理论版，2019（1）:214-215.
② 刘铁芳.乡村的终结与乡村教育的文化缺失［J］.书屋，2006（10）.45-49.
③ 孟筱.乡村振兴视域下乡村教育发展难题与破解之道［J］.人民论坛，2019（28）:74-75.

面，乡村教师具有不可推卸的责任。

1.1.4　启发民智的文化使命

乡村振兴的决定性力量是村民，村民在乡村人口中占绝大多数。民智的启发对于乡村振兴起到巨大的推动作用。乡村教师具有乡村人的社会身份，对于启发民智具有较为便利的途径，可以与村民更为有效地沟通。

首先，启发村民的文化自觉。费孝通先生指出文化自觉是生活在一定文化中的人对文化有“自知之明”，明白它的来历，形成过程，所具特色和它发展的趋向……只有在认识自己的文化、理解所接触的多种文化的基础上，才有条件在这个正在形成中的多元文化的世界里确立自己的位置。[①]因此，启发村民对本地区文化的认识，明白乡土文化的形成过程，更能使村民形成一种文化认同感，找到乡土文化的独特性与优越性，提高村民的文化自豪感。其中，文化自觉作为一种文化意识或者文化能力，终归需要教化。[②]教化既应向人们正面灌输道理，又应注意结合日常活动，使人们在不知不觉中明达事理，其效果要比单纯教育深刻而又牢固得多。乡村教师可以通过与村民的日常交流进行一种自觉的文化启示，并且应在日常生活中以身作则，启发村民的文化自觉意识。

其次，丰富村民的文化生活。乡村老师应在多样化的文化生活中启发民智。有关学者调查指出，目前乡村的文化娱乐活动主要有三种：一是打麻将，这项活动不分男女老幼，参与人数众多；二是跳广场舞，这项活动的参与者以乡村妇女为主；三是观看短视频或影视剧，这项活动同样以乡村妇女为主。[③]由此可知，乡土文化活动类型较为单一。然而，乡村教师具有不同的专业背景，尤其是乡村音乐、体育、美术学科的教师，可以发挥特长进行乡土文化类型的创新，将乡土文化及优秀的外来文化，以丰富的表现形式呈现

---

① 费孝通.文化的生与死［M］.上海：上海人民出版社，2009.

② 申卫革.乡村教师文化自觉的缺失与建构［J］.教育发展研究，2016，36（22）：47-52，57.

③ 刘生琰，梁哲.乡村精英参与乡村振兴的行为逻辑与路径研究［J］.兰州大学学报（社会科学版），2020，48（5）:127-137.

给村民，使村民善学乐学，在此过程中掌握更多文化知识，启发民智。例如，音乐教师可以将乡土文化编成乐曲或朗朗上口的歌谣；体育教师可以在广场舞的基础上，尽可能地选择具有文化代表性的歌曲创编具有文化特色的健美操等；美术教师可以通过召集有绘画爱好的村民，以乡土文化为基础进行绘画教学，使村民更多地了解家乡。

最后，乡村教师在启发民智方面具有良好的引导优势与途径。民智的启发一方面能增加村民对本土文化的认同，鼓励大家积极地吸收外来文化，使二者有效结合，促进乡土文化振兴。另一方面又能丰富村民的文化生活，增加村民的幸福感。

1.2　乡村振兴中乡村教师文化使命的价值

乡村教师作为乡村“新乡贤”，其文化使命的履行具有多方面的价值，主要体现在四个方面：有助于乡村教师变成乡村“主人翁”、为乡土文化注入新鲜血液、引导村民树立正确的价值观、促进乡村经济政治的发展。

1.2.1　有助于乡村教师变成乡村“主人翁”

正如露丝·本尼迪克所说，真正把人联系起来的是他们的文化，亦即他们共同具有的观念和标准。①文化是一种人与人联系的有效方式，在一定的社会群体之间人与人达成文化的认同，更能在此群体中找到归属感与个人价值。乡村教师对于乡土文化的理解和认同，有助于他们了解乡土文化，融入乡村，成为乡村“主人翁”。

大多数乡村教师都经历过城市文化的熏陶，对城市文化有一定的认可度。然而，乡村教师所认同的部分城市文化与自己所任教地区的乡土文化会产生一定的冲突，进而造成乡村教师文化认知冲突。文化作为一种精神依托，其重要性不言而喻。乡村教师通过加强对乡土文化的理解，发挥文化使命的责任，可以降低自身文化冲突，做到心灵和谐，精神上更能得到一种解放，提高文化认同感。除此之外，一个人行为的改变源于其意识的改变，乡村教师在精神上认同乡土文化就会主动与村民、家长接触，主动学习更多的乡土文化知识，更好地融入乡村。同时，在与村民友好相处的基础上，通过和村民的日常攀谈，乡村教师更能将自己的先进文化理念潜移默化地传递给村民，获得他们的认同，从而加强乡村教师的自信心，实现自己的人生价值，使自己对于留在乡村教学不再迷茫。最后，乡村教师在精神和行为上的改变有助于其形成乡村“主人翁”意识，自觉履行建设乡村的主人翁责任，使他乡变

---

① 露丝·本尼迪克.文化模式［M］.何锡章，黄欢，译.北京:华夏出版社，1987.

故乡。

1.2.2 有助于为乡土文化注入新鲜血液

费孝通先生在《乡土中国》中说道，乡村里的人口似乎是附着在土地上的，一代一代地下去，不太有变动……大体上说，这是乡土社会的特性之一。我们可以相信，以农为生的人，世代定居是常态。[①] 乡村社会以土地为根本，世代守护。乡村教师融入乡村，是一种新思想的输入，这有助于活跃乡土文化。

乡村教师一般都接受过高等教育，知识面比较广，紧跟时代步伐，能带来先进的文化理念。再加上乡村教师如秉持着终身学习的理念，学习务农养殖的相关知识，则能带给村民更多科学的指导，为改进生产技术提供理论上的支持，有利于改进传统的种植、养殖技术。与此同时，乡村教师大多有在城市居住的经历，更能明白城市文化与乡土文化的异同，优秀城市文化，如先来后到的排队意识、城市中的卫生建设等，对于建设美丽乡村都有建设性的意义。除此之外，文化的进步本身就是革新不利于现代发展的文化因素，吸收外来文化的优异成果，与之相互融合与沟通，是从量变到质变的不断发展的过程。通过多元文化的融合产生出更适合乡村发展的文化，促进乡村的发展。

1.2.3 有助于引导村民树立正确的价值观

价值观是个体对于生活的总的看法和观点，会影响个体的行为判断。个体在正确价值观的引导下，具有明辨是非的思维能力，调节和引导个体的日常行为方向、理想、信念等。当村民面对乡土文化与国家政策的冲突时，树立正确的价值观能减轻村民的焦虑感，有助于村民理解和践行国家政策。

乡村教师践行“启发民智”的文化使命，利用各种活动丰富村民的文化

① 费孝通. 乡土中国［M］. 北京：人民出版社，2015.

生活，在活动过程中引导村民认识消极的乡土文化及其理念，潜移默化地引导村民形成正确的价值观。如迷信、烟花爆竹的过量燃放等与时代发展不相符合的行为，就需要乡村教师在日常生活中通过讲述科学的重要性以及燃放烟花爆竹的危险性，引导村民相信科学、接受和使用电子鞭炮方式增加节日娱乐氛围。除此之外，面对经济的迅速发展，部分村民存在"金钱至上"的价值观，不再以品德而是以财力来衡量个人在群体中的地位。同时，因乡村中"面子文化"而产生的"彩礼文化"更是一种变质的现象。在村民的不断攀比中，高价彩礼应运而生，形成一种"乡村高价彩礼文化"。这给部分村民以及相爱的乡村青年男女带来了不同程度的压力。乡村教师如能引导村民树立正确的金钱观念，不仅能在一定程度上减轻村民的心理压力，而且能为乡村文化赋予正能量，吸引乡村大学生回家参与建设。总之，乡村教师引导村民树立正确的价值观念，可以缓解村民思想、经济等各方面的压力，有利于树立良好的道德风尚。

1.2.4　有助于促进乡村经济政治的发展

乡土文化顺应乡村经济政治的发展，对于乡村经济政治具有推动作用。反之，则会阻碍其发展。所以，乡村经济政治的发展需要不断更新村民的文化理念。

乡村教师促进村民更新文化理念有利于乡村经济发展。目前留在家乡的村民主要靠耕作获得一些经济收入，经济来源单一且微薄。乡村教师作为乡村的重要"智库系统"，具有创新创业的知识与能力，他们可以根据国家政策参与乡村建设，以增加工作岗位，提高村民收入。比如，乡村教师利用"互联网+"拓展商品交换途径，拓宽村民农产品销售渠道。笔者观察发现部分乡村教师学习养殖知识后，可以将相关养殖技术传播给村民，提高村民牲畜的存活率，增加村民收入。由此可知，乡村教师通过知识文化的传播，有利于增加村民经济收入。同时，乡村政治是地区建设的决策机关关于地区经济文化的发展方向。然而，目前我国乡村旧的治理难题尚未消解，新的治理秩序还未形成，新旧秩序、新旧主体的多重治理规则与利益关系交错，治理格局复杂。[①]因此，我国乡村政治建设仍处在新旧交替的发展阶段。对此，乡村教师在文化传播的过程中，应通过参与乡村政治建设、乡村政治决策，推动我国乡村政治建设，成为乡村政治决策的“智库系统”。总之，乡村教师在履行文化使命的同时，可通过文化振兴提高村民收入、促进乡村经济的发展及实现乡村政治系统的价值。

① 吴军，黄涛.乡村振兴与善治的政治经济学分析［J］.现代经济探讨，2020（11）:1–8.

1.3 乡村教师践行文化使命的困难

乡村教师文化使命的践行对于乡土文化振兴、乡村教师“下得去、留得住、教得好”等具有极为重要的价值。然而，乡村教师在此过程中，面临着较多困难。已有学者研究指出，乡村教师的乡土文化意识淡薄及城市导向的价值观，造成他们乡土认同感偏低，乡村教师公共身份的丧失及远离乡村政治生活，只是教书匠；乡村教师乡土适应度不高及文化自觉缺失，造成他们重建乡村动力不足等。从客观原因分析，笔者认为乡村教师文化使命不能有效实施的困难主要存在以下四点。

1.3.1 乡村教师的文化治理角色未得到充分关注

自古以来乡村教师大多扮演着双重角色，一种是与城市教师相同的“教书育人”的角色，另一种是“建设乡村”的角色。然而，在乡村治理过程中，乡村教师文化治理的角色逐渐边缘化，进而造成了乡村教师的文化治理角色缺失。

盲目追求“升学率”造成乡村教师与村民在意识上将乡村教师职责窄化。乡村学生往往只有通过高考才能实现“知识改变命运”的阶级跨越，因此乡村教师将大量的时间与精力放在“教育教学”方面，通过各种方式提高乡村学生的成绩，进而提高学校升学率以获得家长认可，体现出自己的社会价值，并得到村民的尊重。在此基础上，大多数村民也认为乡村教师的职责就是教导“自家小孩”考上大学，期待小孩能够通过接受教育一举“跃农门”。学生成绩提高说明这位老师是好老师、能力强；否则就认为这位老师能力不强，进而对乡村教师的尊重与信任感降低。如果乡村教师的地位在村民中不断降低，他们就更难发挥乡村教师文化治理的作用。因此，一方面乡村教师以升学率作为体现自己价值的目标，另一方面为取得村民的信任与支持，他们会将更多的精力放在教育教学工作中，从而忘却了自己在“乡村建设”中的

“文化治理”职责。此外，乡村政府在治理过程中缺乏为乡村教师提供乡土文化治理的平台。乡村治理的封闭性阻碍了乡村教师参与乡土文化治理的通道，主要体现在当前乡村治理模式的开放程度不高，未能为相关利益主体提供参与机会。[①]李义胜、廖军和通过调查进一步证实了“乡村教师及那些在编教师们之所以在乡村生活中没有足够的话语权，其中的一个重要原因就是他们无‘名’，也就是他们不是村主任、村委书记，也不是村队长及其他重要成员”。[②]政府提供给乡村教师进言献策的机会少，乡村教师上完课，要不回家、要不在学校休息，他们无法融入乡村社会，造成乡村教师活动场域及职责窄化。

1.3.2 乡村日渐出现文化空心化现象

贺雪峰在《新乡土中国：转型期乡村社会调查笔记》中论述道：村庄共同体由自然边界、社会边界、文化边界三种边界构成。[③]其中文化边界即村民是否在心理上认可自己的村民身份，是否看重村庄生活的价值，是否面向村庄而生活。然而，面对乡土文化的日渐式微，乡村中的物质文化、精神文化等多方面存在的不足加重了村民乡村生活外倾性，也造成了乡村教师文化传播的困难。

首先，乡土文化传播的物质环境不完善。物质环境是一种有形显性的环境，是村民可以看得见并摸得着的环境。物质环境的健全不仅有利于村民在日常生活中潜移默化地吸收文化，也能为乡村教师提供文化传播场所。一方面，在农村文化基础设施建设方面，大部分乡村都有乡土文化广场，但经笔者观察发现农家书院、文化活动室寥寥无几，而且在乡土文化广场除了一些简单的健身器材并没有其他设施。另外，这个文化广场没有相关的管理人员，农忙时节，大家会利用这块空地晾晒玉米或小麦，这在一定程度上影响了大

---

① 李广海，杨慧.乡村振兴背景下乡村教师治理角色的重塑［J］.中国教育学刊，2020（5）:75-79.

② 李义胜，廖军和.论基于公共文化服务的乡村教师的身份认同——以GH镇XS村为例［J］.教师教育研究，2019，31（1）：73-78.

③ 贺雪峰.新乡土中国：转型期乡村社会调查笔记［M］.桂林：广西师范大学出版社，2003.

家的娱乐效果。更有甚者，部分村民将自家的车停到文化广场，使广场上供人们活动的面积更小。另一方面，在文化教育形式上，很多时候没有考虑目前村民文化素质偏低，主要采用在沿途墙壁上张贴标语、设置宣传栏的方式，这不仅会造成村民"只见其图、不知其意"，还会产生审美疲劳，在乡土文化宣传与建设方面并未起到很好的教育作用。其中，乡村传统公共文化活动中的露天电影、社戏、节日灯会等活动日渐消失，取而代之的只有一些具备现代色彩的乡村广场舞。

其次，乡土文化传播的精神环境的日渐式微。文化的传播不仅需要对物质环境进行构建，同样也需要与精神环境密切联系在一起。乡土文化的精神环境更多的是靠行为、语言等方式的传播。然而，熟知乡土文化的一代人逐渐故去，越来越多的年轻人在农村外寻找生计并取得了一定的成绩，实现了自己的理想抱负，从而选择留在城市。因此使乡土知识和风俗的传承出现了一定程度的断层，即乡土文化流失。除此之外，村民对乡土文化存在一定程度的不自信，如在外打工返乡村民以会说普通话为荣。村民对本村的文化认知存在一定的偏差，对于多元文化选择比较迷茫，甚至有些村民会选择庸俗的文化。

最后，乡村的文化空心化造成乡村教师践行文化使命时，传播文化意识淡薄，显现出文化认同的危机。乡村教师对乡土文化的选择存在一定的局限性，乡村教师履行文化使命时对文化的选择会有一些困惑，导致他们身在乡村却与乡土社会渐行渐远，进而漠视乡土文化。

1.3.3 乡村教师缺少文化专业教育与培训

文化是一种风俗习惯、道德伦理、社会组织与制度、民族生活以及思维习惯的综合。用人类学的文化定义："既有物质的东西，也有精神上的东西，还有为取得生活物资的活动和为延续人种而存在的家族结构以及其他各种社会组织。"[①]在乡土文化振兴过程中，乡村教师作为众多乡村学生灵魂的工程

① 引自钟敬文的《关于文化建设问题的一点意见》，转载于《东西方文化研究》1987年第一辑。

师，理应掌握多元的文化，如所任教乡村的乡土文化、中国特色社会主义文化、世界文化、物质与精神文化等。文化的学习并非一朝一夕，不仅需要在日常生活中积累，更需要文化教育与专业培训的引导。然而，目前我国高等师范教育更注重教师的师德、教育教学能力、儿童心理发展等教育，鲜少开展文化教育。在乡村教师培训方面也更加注重乡村教师师德修养、学科教学、班级管理、心理健康和信息技术应用等方面的培养，鲜有培养乡村教师文化专题。

1.3.4 乡村教育整体发展不理想

乡村教育振兴是乡土文化振兴的重中之重。构建富有乡村特色的、符合乡村教育发展的乡村教育模式，有利于乡村教师践行文化使命。然而，目前乡村教育有追求"城市化"的倾向，其教育效果不是培养学生"留乡留农"，而是培养一批批"离乡离农"或者是"游离在城乡之间的社会边缘人，也就是留乡不甘、入城无能的学生"。[①]

乡土教材在乡村教育中起到弥补统编教材不足、传承与保护当地优秀传统文化的重要作用。其中，乡土教材中的乡土地理环境、文物资料、乡村娱乐与风俗等，都是乡村教育的特色源泉。乡土教材的内容是乡村教师践行文化使命的重要基础以及工具。可是经笔者了解发现，乡村学校没有充分利用乡村教材，一般只是发给学生自行阅读，没有专职教师讲解，甚至部分乡村学校根本就没有乡土教材。乡土教材开发和利用的缺失，一方面，使乡村学生不识乡土文化，漠视乡土文化，另一方面，增加了乡村教师传播乡土文化的难度。而且，乡村学校片面地追求"分数""成绩""升学率"，造成乡村教师过分强调"刷题"与"苦读"，没有以乡村学生为主设计课程，所学内容无法回归现实生活，更多是强调为未来生活做准备，过度消耗学生精力，进行所谓提高成绩的题海战术。在追求乡村教育与城市接轨的同时，对乡村教师

① 余应鸿.乡村教育发展的内生机制研究［J］.西南大学学报（社会科学版），2020，46（2）:107-114，193.

的考核标准主要是本班学生的成绩高低，没有真正满足乡村学生的需要，造成乡村学生精神上的孤独，甚至沉迷于虚拟的网络世界，以寻找心灵慰藉。此外，不仅乡土教材、课程及评价标准影响乡村教师践行文化使命，随着“乡村撤点并校”同样具有一定影响，乡村学校的办学规模不断缩小，许多乡村学生不得不在基础教育阶段就开始寄宿，导致乡村学生日常生活与乡土文化脱离，封闭的寄宿环境阻碍了他们体验更多的乡村生活，从而促使乡村学生与乡土文化出现隔离，加剧乡土文化的萎缩。这种状态不利于乡村教师践行文化使命以及整个乡土文化的振兴。

1.4 乡村教师践行文化使命的有效路径

在乡村，乡村教师特殊的身份角色使他们具有践行文化使命的必要性与便捷性。发挥乡村教师文化传播的作用，能激发乡土文化建设的内生动力。然而，在乡村振兴过程中，乡村教师践行文化使命受到多方面因素的影响，如政府关注度、乡土文化公共设施建设程度、学校重视度等。乡土文化振兴在依靠乡村教师传播文化使命的同时需要多方面的补充与建设。因此，乡村教师践行文化使命的有效路径主要有以下五个方面。

1.4.1 政府向乡村教师购买公共文化服务

公共文化服务是由政府主导、社会参与并形成的普及文化知识、传播先进文化、提供精神食粮、满足人民群众文化需求、保障人民群众基本文化权益的各种公益性文化机构和服务的总和。[①]政府虽然是公共文化提供的责任主体，但并不代表政府工作人员能够提供所有的公共服务。一方面术业有专攻，政府工作人员并不具备公共文化的专业知识，另一方面政府工作人员有限。因此，需要政府向外界购买公共文化服务。政府购买公共文化服务，就是建立起政府、社会力量、公民三者的合作关系，最大限度保障公民文化权利的服务。[②]相比村民而言，乡村教师具有一定的专业知识，文化水平较高，其中，部分乡村教师本就生长在乡村，对于乡土文化有一定的了解。所以，乡村教师具有文化传播的便利条件。由此可知，政府向乡村教师购买公共文化服务，是乡村内部文化振兴的一种策略，相比政府向社会力量购买公益性舞台艺术作品、送戏进万村、公益电影等具有短暂效应的活动，政府购买乡村教师文化服务更能带动乡土文化的长足发展。

首先，政府向乡村教师购买文化服务，一方面，可以提高乡村教师收入，

① 袁婷婷.我国农村公共文化服务提供模式研究［D］.广州：中共广东省委党校，2015.

② 周兰翠.政府购买公共文化服务：理论逻辑与实践形态［J］.地方财政研究，2014（4）：21-26.

使乡村教师具备较高经济能力并愿意留在乡村。另一方面，提供乡村教师文化服务治理平台，形成由政府牵头、以乡村教师为中心的乡土文化传播团体，给乡村教师在乡村振兴中一个合理参与乡土文化治理的身份，使无系统的乡村教师文化传播个体形成一个整体。这有助于提高乡村教师公共身份认同，建立乡村教师“新乡贤”角色。其次，政府向乡村教师购买文化服务可以更为精准地为乡村提供优质文化。袁婷婷在调查我国农村公共文化服务提供类型中指出，政府在供给农村文化服务种类与村民需求存在不匹配的状况，村民较为需求的文艺表演、文化技术培训等服务项目在农村文化服务中提供较少。[①]乡村教师作为乡村的常驻人员具有对村民文化需求长期指导的时间，更能满足村民对于文化的具体需求。最后，乡村教师在文化传播与创新过程中，不断跟随村民的需求改变文化传播与创造的方式，用村民喜闻乐见的方式去呈现艺术及乡土文化。同时，在这个过程中村民可以更加了解并理解乡村教师文化服务，更加认同他们的公共文化治理角色。

俗话说，十里不同风，百里不同俗。每个地区都有各自的文化与习俗，政府向乡村教师购买文化服务，可以避免公共文化服务的供给出现“一刀切”的状况，满足村民多样化的文化需求。同时，提高乡村教师对乡土文化的了解，增加村民对乡村教师文化治理角色的重视。

1.4.2 政府加快升级乡村公共文化基础设施服务

乡村振兴是一项系统性工程，不仅局限于乡村生态环境、乡村产业发展、民生福利等方面，更要注重不断升级乡村公共文化基础设施，在多方协调互动中谋求乡村振兴的整体发展。与此同时，乡村公共文化基础设施不断升级与完善，既能吸引外出务工人员返乡，通过他人的不断认同来增强村民的文化认同，进而形成文化学习的良好氛围，又可以为乡村教师提供文化传播的场地，为乡村教师创新文化传播方式提供物质支持。因此，需要政府在不断

① 袁婷婷.我国农村公共文化服务提供模式研究［D］.广州：中共广东省委党校，2015.

理清乡土文化服务的基本样态的前提下，加快升级乡村公共文化基础设施。

首先，在乡村公共文化服务体系中，虽然大部分乡村都建设有乡土文化广场，但仅提供一些简单的健身器材，文化设施也只有墙壁上的标语或者宣传栏。因此，政府在升级乡村公共文化基础设施时，一方面，需注重增加乡村农家书院，并且利用农家书院提供讲座、文化与技能培训、文艺表演，引导村民全民阅读，将公益性元素更多地融入其中。另一方面，政府应充分推动资源整合和闲置场地的利用，鼓励有条件的地方建设乡村博物馆，根据村民多样化需求提供相应的文化传播模式，如对于不识字的村民，可多提供有声读物，促使村民潜移默化地接受文化熏陶。其次，政府在提升乡土文化基础设施的进程中，要注重加强传统村落的空间格局和历史风貌的保护，避免对传统文化村落造成破坏。另外，政府要不断健全本地乡村的媒介团体，通过大众传媒的传播方式不断为乡村教师提供传播文化的基础。最后，政府须正视乡村基础设施存在的问题，了解村民真实的利益诉求，提供高质量的供给，以便在更好地满足广大村民需求的同时为乡村教师提供更多文化传播的场地与机会。

1.4.3 高等院校及各级政府应注重教师文化培养

高等院校作为知识文化传播的重要场所，是为我国培养专门人才的地方。学生通过学习掌握本专业所需要的理论知识、专业技能与实践操作，成为具有高文化水平、全心全意为人民服务的人才。同样，高等院校也是学生进入社会前的最后一道保护屏障、最后系统学习文化知识的场所，学生进入社会之前的价值观也将在这里塑造并完善。

政府引导人们抵御各种错误及腐朽思想的影响，提高全民族的思想道德修养和科学文化素质，进而提高国家文化软实力。乡村教师文化知识的学习需要高等院校及各级政府多方协作，共同推进乡村教师文化水平的建设。

首先，高等院校在教师职前培训中起着非常重要的作用。对于即将来到乡村开展教育教学工作的乡村教师而言，职前做好文化知识的储备，进入乡村后更加积极主动地学习文化知识，并且在思想上充分认同学习文化知识是教师的必修课，是其专业发展的一部分，更是成为优秀教师必备的技能。其次，各级政府应注重乡村教师入职后的文化知识培训，根据不同乡土文化的特点，为乡村教师提供针对性的培训，把乡村教师乡土文化知识的掌握程度作为评职称及评奖、评优的一个重要标准。各级政府应通过多种培训及激励措施，鼓励乡村教师主动学习文化知识，并将其融入课堂及日常生活中。最后，高等院校、各级政府部门应共同努力，运用集中授课、远程教育等多种方式，为乡村教师学习文化知识提供平台，持续不断地满足乡村教师文化需求。此外，在培训之前做好充分调研，听取乡村教师对培训的具体需求，避免出现重复性培训。

1.4.4 乡村学校亟须转变教育理念

乡村学校是实现乡村教育的重要场所，也是乡村教师践行文化使命最为便利、有效的场所。乡村学校的教育理念，对乡村教育行为与目标具有重要的引领作用。然而，目前我国大部分乡村学校存在“片面追求升学率”的现象，这在一定程度上阻碍了乡村教师践行文化使命。因此，乡村学校亟须转变教育理念，对乡村学生的教育不能“唯分数论”。

第一，乡村学校应主动编写乡土教材，为乡村教师提供开发和利用乡土教材的机会和平台，并积极鼓励乡村教师参与其中。在日常的教育教学过程中给予乡村教师更多的教学自主权，允许乡村教师将乡土文化知识融入教育教学。同时，不能仅仅把成绩看作乡村教师绩效考核的标准，应将乡土文化、中国特色社会主义文化、多元文化传播等纳入乡村教师的考核标准。通过多种形式考核乡村教师，更能敦促乡村教师主动学习和认识乡土文化的价值、挖掘乡土文化的内涵，最终促进文化资本通过乡村教师转化为建设乡村特色教育资本，以达到推动乡村教育发展的目的。第二，乡村教育面临大量的“撤点并校”情况，这在一定程度上造成了乡村学生的日常生活与乡土文化脱离的问题。乡村学校可以通过开展多样化的校园文化活动弥补学生与文化脱离的不足。学校开展的校园文化活动不仅能拓宽乡村学生了解乡土文化的途径，在这个过程中更能引导乡村教师自主构建浓郁的校园文化氛围，帮助乡村教师理解传播文化的深层内涵。第三，乡村学校教育理念应更多地转向关注乡村学生发展的完整性，这不仅对乡村学生吸收文化具有重要意义，更是给予乡村教师放手传播文化的自信心。

1.4.5 乡村教师主动承担践行文化使命的责任

乡村教师有效践行文化使命，不仅需要外部力量的支持，更需要乡村教师主动承担践行文化使命的责任。乡村教师是乡村学生认识外部世界的一扇窗户，也是乡土文化振兴的关键群体，是我国乡村教育必不可少的力量。乡村教师应充分认识自己在乡土文化振兴中起到的重要作用，在践行文化使命的过程中不断增强文化自信，在日常生活与工作中时刻铭记及履行振兴乡土文化的责任。

首先，乡村教师在践行文化传播使命的过程中需要不断阅读，进而养成好读书、读好书的习惯。阅读是获取各种文化的有利途径，通过阅读可以持续丰富有关文化的知识储备量。在阅读的过程中不断探索乡村的优秀传统文化、中国特色社会主义文化的内涵及世界文化的优秀文化成果，不断夯实相关文化的理论基础。在融合多元文化的基础上，将文化的理论性知识不断地转化为行动性的文化传播，在课堂上不仅教授书本上的普遍性知识与理论公式，更要实现教育与文化的高度融合，注重传授乡土文化、中国特色社会主义文化等，使文化潜移默化地融入教育教学。这既可以不断提高乡村教师教育教学能力，又能让乡村学生认识到乡土文化的魅力，使他们拥有更多的文化自信。其次，乡村教师在践行文化使命的过程中要充分利用自身专业知识，主动创新文化传播方式，运用村民及乡村学生喜闻乐见的方式传播。不仅通过授课、阅读、演讲、交流等方式，更要注重以日常生活礼仪、服饰、技艺等多种潜移默化的方式传播，以此促进乡村形成文化传播氛围。在传播过程中尽量彰显乡村社会文化的独特性与优越性，增加村民及乡村学生对乡土文化认同感，在热爱本土文化的基础上，更加热爱中国特色社会主义文化，主动吸收世界文化优秀成果。最后，乡村教师在文化传播过程中不仅能践行文化使命，更能在这个过程中持续提高自身的文化修养，提高社会地位，得到村民的理解和支持。

2

乡村教师专业发展的文化支持

自党的十九大报告提出全面实施乡村振兴战略以来，乡村的发展受到社会各界的密切关注，提高乡村教育质量，特别是乡村教师的质量，被看作解决乡村问题的重要突破口。国务院办公厅颁布《乡村教师支持计划（2015—2020年）》（下文简称《计划》），切实加强乡村教师队伍建设，以期构建一支素质优良、甘于奉献、扎根乡村的教师队伍，为基本实现教育现代化提供坚强有力的师资保障。众所周知，乡村教师教育质量直接影响了乡村教育质量，而乡村教师专业发展是乡村教师教育质量的关键内容。从"国培计划"（"中小学教师国家级培训计划"的简称）、《计划》来看，乡村教师教育质量的发展离不开乡村教师专业化的实现程度。乡村教师专业化既关乎乡村教育质量，又影响乡村教育现代化进程的发展。然而，从现状来看，乡村教师的专业发展存在的问题并未从根本上得到解决。本章尝试从文化支持视角寻找乡村教师专业发展的突破口，以文化支持促进教师专业发展。

2.1 乡村教师专业发展与文化支持内在逻辑探析

“教师专业发展是乡村教育发展的重要基础”①，如果没有高素质的乡村教师队伍，乡村教育的发展则无从谈起。文化支持系统构建有助于激发乡村教师专业发展的内生动力，而乡村教师专业得到发展之后也会有利于文化支持系统的健全和完善。

2.1.1 何谓教师专业发展

新时代的乡村教育亟须走向现代化，那么，乡村教师专业发展便成为实现乡村教师振兴不可回避的问题。乡村教师首先是教师，这是其职业身份的第一特征。教师专业发展是一个以知识获得与显性转化为基础，以专业化的教师身份构建为目的，具有规范性、阶段性及终身性特征的持续发展过程。②乡村教师专业发展是经由教师教育体系，逐渐掌握乡村教师的专业知识与培养乡村教师的专业能力，不断内化乡村教师的专业信念，从接受教师教育开始，直至入职合格乃至成为优秀乡村教师的整个过程。③不难发现，乡村教师专业发展包括专业知识、专业能力、专业信念三大要素。专业知识是专业能力和专业信念的基础和前提，专业能力是专业知识和专业信念的核心要素，专业信念是专业知识和专业能力的动力与灵魂。总体而言，三者相互影响、相互依存，共同影响乡村教师专业发展的总体水平。

2.1.2 文化支持系统的构成及相互关系

著名的文化学者霍夫斯坦德在其代表作《跨越合作的障碍：多元文化与

---

① 左崇良，吴云鹏.教师专业发展研究：进展与方向［J］.中国成人教育，2019（19）:74-79.

② 龚宝成.乡村教师专业发展困境与疏解:地方性知识的视角［J］.课程·教材·教法，2019，39（3）:126-130.

③ 朱沛雨.基于《专业标准》视角的乡村教师专业发展路径研究［J］.教育理论与实践，2016，36（8）:34-36.

管理》的开篇写道：尽管不同时代、不同民族的文化各具特色，但其结构形式大体上是一致的，即由各不相同的物质生活文化、行为习俗文化、制度管理文化、精神意识文化四个层次构成。①据此，把教师文化结构分解为物质文化、行为文化、制度文化以及精神文化四个方面。通过文化支持系统的构建，激发乡村教师为振兴乡村服务的理想信念、促进乡村教师自主发展的意识、构建乡村教师学习共同体、养成终生学习的习惯、激发乡村教师的想象力和创造力、促进乡村教师增长专业知识、提升专业能力以及培育专业信念。

乡村教师专业发展文化支持系统是指构建乡村教师专业发展所需要的指导思想、文化传统和科学人文素养等的统一体。这一系统对乡村教师专业发展起着理论统领、价值诉求、思想引导、行为规范等重要作用。在乡村教师专业发展的过程中，构建起相应的文化支持系统，既是内在要求，也是重要保障，具有举足轻重的意义。以文化支持维度为出发点来划分，主要有物质文化支持、行为文化支持、制度文化支持以及精神文化支持四个方面。良好的文化支持系统是乡村教师提升个人技能、优化教学技巧的重要基础，其中包含了物质文化支持的保障、行为文化支持的规范、制度文化支持的引领以及精神文化支持的激发。完善的文化支持系统能够为乡村教师稳定从教、实现个人持续发展提供动力。

上述几个文化层次之间是相互依托、相互作用的关系。物质文化和行为文化是载体，具有表达与反馈作用；制度文化是方向，具有引领作用；精神文化是核心，是其他三个层次的根源。它们相互促进、共同发展，为教师专业发展注入文化活力。

2.1.3 文化支持何以关涉乡村教师专业发展

文化支持系统与乡村教师专业发展息息相关、休戚与共。文化支持系统为乡村教师专业发展提供文化环境、注入文化动力，而乡村教师专业发展为

① G.霍夫斯坦德.跨越合作的障碍——多元文化与管理［M］.尹毅夫，陈龙，王登，译.北京：科学出版社，1996.

文化支持提供文化活力。

a 物质文化支持为乡村教师专业发展提供物质保障

乡村教师专业发展的物质文化支持指服务于教师专业发展目标的各种外显的物质符号与标志，是秉承文化意义、承载文化内涵的物质环境以及能保障乡村教师专业发展的物质支持。物质文化作为乡村教师文化系统的空间物态形式，表达该地区已选择的价值观念、审美情趣和道德风尚，是师生可以直接感知的、深刻影响着教师活动主体的心理体验和行为。

当我们想要了解一个地区、一个学校的文化时，往往是从其外观开始的，主要包括地区的自然景观、空间布局、乡村建筑、生产工具以及学校的建筑风格、校园规模、建筑设备等。这就是我们通常所说的物质文化，它能够在一定程度上体现地区或学校的追求，是精神文化的外在表现，因而是我们了解一个地区或学校文化的出发点。除此之外，物质文化也包括为教师提供的工资、补助等物质福利以及信息技术为教师教学与学习提供的工具支持。物质文化支持是指教师从接受教师教育开始，直至入职、评审合格乃至成为优秀教师的整个过程中受到的物质保障和物质文化的积极影响。不难发现，物质文化不单指“物质”，更强调一种文明或文化状态。它是学校或地方精神文化的载体，能够从某种程度上反映该地区的精神状态。物质文化建设是外显的，也是最快捷的文化符号的建立。物质文化支持包括乡村教师所处的环境建设以及物质保障。通过物质文化支持可缓解乡村教师生活和家庭的经济压力，减轻乡村教师部分负担，为乡村教师的专业发展提供物质保障。

b 行为文化支持为乡村教师专业发展提供价值支撑

行为文化是人们在日常生产生活中表现出来的特定行为方式和行为结果的积淀，这种行为方式体现着人们的价值观念取向，受制度的约束。教师行为文化是行动中的制度文化，是对精神文化的直接外化。通过观察教师的生活方式、行为方式以及在此基础上形成的活动氛围，可以体会其精神文化和制度文化的力量。乡村教师的行为也是如此，乡村教师的行为是其自身价值观念、道德风尚、审美情趣的外在表现，外界的行为文化会对乡村教师的行为产生一定的影响。如果一个学校的行为文化是关心集体、刻苦学习、助人为乐、勤于探索，那这将对教师起到激励作用，对教师的行为品格形成正向影响。

孔子在《论语》中说，“见贤思齐焉，见不贤而内自省也”，指出了“榜样”（贤人）在人的精神成长中的重要作用。心理学家班杜拉的观察学习理论也已经证明人类的大多数行为是通过榜样作用而习得。可见，在进行行为文化构建的过程中榜样力量之大。乡村教师在专业发展过程中会遇到自己的榜样，也会在学习上引导、在教学中反省、在人格上影响他人，教师之间相互学习、传递能量，让“一片云吹动另一片云，一个灵魂影响另一个灵魂”不只发生在教师与学生身上，也出现在教师与教师之间。通过行为文化支持为乡村教师打造互助互学、见贤思齐、潜心钻研、勤于探索的学习共同体是促进乡村教师专业发展不可缺少的。

行为文化是学校文化的中层文化，其作用是把精神文化寓于教学活动、教研活动、学习活动，并在过程中践行其精神文化。行为文化支持是指通过营造文化氛围和构建行为文化为乡村教师专业发展提供环境氛围和实践动力。教师在进行专业发展的过程中所展现出来的价值观念、教育理念、审美情趣具有独特性，即不同教师能够呈现不同的教学方式、行为模式。经过组织教师进行思想碰撞、相互学习、思维启发、语言唤醒，将促进教师专业的整体发展，形成专业发展互助模式。

c　制度文化支持引领乡村教师专业发展方向

制度文化是人类为了生存、社会发展的需要而主动创建的有组织的规范体系。乡村教师的制度文化支持指国家有关部门结合乡村教育发展需要，制定、部署相关政策，安排开展相关教学交流活动等。[①] 乡村教师制度文化支持能够引领乡村教师发展方向，推动乡村教师专业发展，如《计划》将乡村教师队伍建设摆在优先发展的战略位置：提升乡村教师队伍建设，建立乡村教

---

① 金涛.乡村教师专业发展的社会支持问题研究［J］.邢台学院学报，2020，35（3）:93-96，111.

师荣誉制度，鼓励和引导社会力量建立专项基金，对优秀乡村教师给予物质奖励。这一制度有利于提升乡村教师社会地位，营造尊师重教的社会氛围。除此之外，《计划》中规定着力提升乡村教师的素质能力，保证培训时间、优化培训内容、改进培训方式等，这将有利于乡村教师专业发展，促进乡村现代化水平的提升。

d 精神文化支持为乡村教师专业发展注“魂”

乡村教师精神文化指的是乡村教师在长期发展过程中形成的教师整体精神面貌和生活态度的集中体现，是乡村教师的本质所在，也是文化支持中的核心和灵魂，对教师的专业发展起到不可估量的作用。教师精神文化由教师的价值观念、思维方式、道德风尚构成。教师能在教学实践中将精神文化外显出来，而教师共同营造的精神文化也会反作用于教师，在此过程中，精神文化得到教师的继承与发扬。精神文化能够在乡村教师感到专业成就感缺乏、业务水平不高、精神动力不足时成为动力，起到催化作用，唤起教师的事业心与责任感，促使乡村教师的自我成长，在教师专业发展中投入激情。由此，精神文化支持是乡村教师专业发展的内在驱动力。

2.2 文化支持对乡村教师专业发展的价值（文化支持功能）

就目前而言，乡村教育与城市教育仍存在一定差距，乡村资源较为短缺，乡村教师专业发展的内生动力和外驱动力不足，要想在现有的资源下提升乡村教师专业发展动力以及为教师专业发展提供实质帮助，少不了文化支持助力。

2.2.1 关键：文化支持促进乡村教师观念更新

教师观念是教师对教育、教学和学生的认识。心理学家认为人类的认知是认识复杂有机体之于复杂环境的一种具体的生物适应形式。教师既处在社会大背景之下，又受到学校文化的浸染，很容易受到多方面因素（如生活环境、职业落差、教学压力等）的影响，在工作过程中会产生较大的心理压力，心理压力过大会出现无力、焦虑甚至是厌恶等负面情绪，长此以往，将导致一个怀揣教育理想的教师逐渐演变成想要“逃离”乡村的“局外人”，这一结果与文化支持是否完善关系密切。

文化支持尤其是构建教师文化支持体系、学校文化支持体系，为更新乡村教师观念创造环境。在乡村校园中营造充满活力、勇于创造、敢于批判的文化环境，为更新乡村教师观念提供具有活力的环境。首先，文化支持有助于乡村教师教育思想的转变。乡村的教育资源比较匮乏、知识获取途径和方式较少，乡村教师往往没有及时更新教育观念的意识，尤其对于青年教师而言，突然从物质资源和精神资源充沛的城市到乡村会产生不适感，所以他们不愿意留在这块贫瘠的土壤上，这是乡村教师教育思想没有转变的一个表现。在文化支持下，乡村教师沉浸在乡土文化之中，乡村居民淳朴敦厚、勤劳善良的可贵品质，学生吃苦耐劳、热心求学的精神深深触动乡村教师，责任感和使命感油然而生。加上乡村教师远离城市喧嚣，在日常工作和学习中不易被打扰。在此基础上，教师开始转变自身的教育思想和教育观念，养成奉献精神，为脚下的土地奉献自己青春，为孩子能走出乡村而奋斗。其次，文化支持有助于教学方式的转变。在文化支持下，将乡土文化运用到教学中，将偏城市化的先进知识与学生生活实践联系起来，这样一来，学生由被动地接受知识转化为积极地思考并联系生活实际，将新知识与旧知识通过乡土文化进行连接，培养学生积极思考以及触类旁通的能力，还能在与学生对话过程中了解乡土文化、乡土知识以及学生的生活环境，将其运用到教学当中，让学生在课堂中能够将书本知识与生活实际联系起来。最后，文化支持有助于教师角色转变。在教师的观念日益发展的今天，不少教师仍然是传统的教书先生形象，让人望而生畏，当学生面对过于严肃的教师时，往往有了疑惑不敢请教，师生无法平等对话和交流影响了教学效果和师生关系。在文化支持下，师生通过乡土文化以及和谐的校园文化建立了平等对话、共同学习的关系，这样，学生对教师感到亲切，可以拉近彼此的距离。除此之外，由于大多数乡村父母常年外出务工，无暇顾及孩子的生活与学业，孩子容易产生叛逆、迷茫和焦躁的情绪，因此乡村教师除了关注学生的学习成绩，他们的生活和心理问题也是乡村教师不可忽视的重要内容。

2.2.2 途径：文化支持激发乡村教师学习活力

乡村教师的学习力，即乡村教师基于具体的教学情境，通过主动学习逐渐生成的有关学科教学的策略选择、良好师生关系构建以及教学经验理论化改造等一系列专业问题的批判性反思和有效解决的能力。[①]乡村教师的学习力，是穿透乡村教师的教学麻木感，促进其专业发展和推动乡土文化建设的重要驱动力。然而，由于乡村教师工作烦琐、冗杂且学习无“助”，缺乏真正有效的乡村专业学习共同体支持，加上教师培训模式偏重理论学习、缺乏实践锻炼，以及培训很难兼顾教师个体特别是乡村教师个体的需求意愿等，导致出现乡村教师无力或无心学习、应付性学习以及浅表性学习的情况。乡村

① 黄晓茜，程良宏.教师学习力：乡村教师专业发展的重要驱力［J］.全球教育展望，2020，49（7）:62-71.

教师长期缺乏深度学习，不更新知识结构，按部就班地完成规定的任务，仅停留在学习的表面，没有以乡村教育实践者的身份去进行批判性地理论吸收和内化乡村教育实践，很少获得真正意义上的学习力提升。总而言之，乡村教师缺乏学习活力。而在乡土文化支持下，构建乡村教师间的专业学习共同体、确立专业学习共同体的目标和使命可以给人希望和动力。使命是专业学习共同体要以教书育人为责任，只有具有使命感的教师才可能有持续的内在动力。专业学习共同体之间相互观摩学习，不同知识和思想的碰撞能够激发教师主动学习的意识与意愿，敦促乡村教师将旧知识与新知识联系起来并运用，更新乡村教师知识体系，利用乡土知识建立教师之间的沟通桥梁，促进全体乡村教师调整知识结构、汲取知识。除此之外，乡村教师学习共同体在榜样文化的影响下，能够形成积极的、健康向上的校园文化场域，实现多元价值的有效整合。正如孔子所言“三人行，必有我师焉”，在学习共同体中必然有学习力强、知识面广、思想独到、感召力强、乐于奉献的榜样型教师，他们在行为活动中、态度表达上、价值传递过程中可以有意识地感染其他人，为“沉寂”的乡村教育注入一股“魂”，同时唤醒其他乡村教师的责任感与使命感，点燃乡村教师提高乡村教育水平的热情。当乡村教师不仅为自身而学，更为了乡村学生、乡村教育和乡村振兴而学，他们就具有学习的内驱力，能够发挥巨大的学习潜能。校园文化中的榜样文化，不仅能促进教师群体热爱学习，还能感染学生，促成校园形成热爱学习的风气。

2.2.3 手段：文化支持引导乡村教师进行教学反思

美国著名学者波斯纳提出教师的成长思路是：经验+反思=成长。教学反思被认为是“教师专业发展和自我成长的核心因素”。教学反思较为适合乡村教师。在教学实践中，教师既有成功的经验，也有失败的教训，对教师来说这些都是财富，课后将这些宝贵的财富及时进行分析、整理，由感性认识上升至理性认识，对照新的教育理念再来指导实践。通过对零碎的教学经验的不断总结优化教学理念，逐渐形成教学风格，凸显教师的教育思想。可见，课后反思是教师获得专业化发展的有效途径，是其成为“研究型教师”“专家型教师”的必经之路。然而，通过对乡村教师职业发展调查发现，乡村教师接受继续教育的机会少，专业知识更新慢，他们的教学思想传统，教学方法僵化，专业知识陈旧。加上工作任务繁重，乡村学校师资力量不足，乡村教师往往身兼多职，不仅教授多门课程，还要担任班主任甚至负责行政管理工作。乡村教师忙得焦头烂额，更别说进行教学反思。乡村学校需要师资力量，而在现有的条件下如何通过文化支持激励教师进行教学反思，值得我们探讨。合作的教师文化有利于教师个体修养和教学水平的提高，其不仅是让教师学习某些学科知识或教育知识，也不是个别教师的反思，而是根据共事、开放、信任的原则，构建一种合作的、富有创造性的教师文化。这种教师文化决定乡村教师的教学反思不仅是个人的、更是群体性的。一旦在乡村教师之间形成群体性的教学反思，就会激励乡村教师进行深入思考，每一次反思都是一次收获，教学中存在的问题通过教学反思能够进行实际的改进和完善。与此同时，这也是发现问题和解决问题的过程，有利于乡村教师着手科研。有了实践的经验支撑，科研更具严谨性和真实性，长此以往，乡村教师不仅是有经验的教师，还是“研究型教师”“专家型教师”。

2.3 乡村教师专业发展的文化支持困境

文化支持对乡村教师专业发展至关重要，然而，乡村价值理念以及乡土文化精神不断被蚕食，致使乡土文化正在逐渐远离人们的生活。在这样的背景下，乡村教师队伍面临着物质文化、行为文化、制度文化、精神文化支持不足等困境。

2.3.1 物质文化支持力度不足，缺乏乡村教师专业发展的外驱动力

乡村教育是一个社会痛点，师资是关键短板。而乡村教师专业发展则是提高教育质量的核心，乡村教师专业发展不仅直接影响着乡村教育的质量，还是阻断贫困代际传递、重塑乡土文化的重要力量，属于乡村振兴的重要一环。乡村教师专业发展离不开物质文化的支持。近年来，国家高度重视乡村教育问题，尤其随着《乡村教师支持计划》的出台和施行，乡村教师待遇的确获得了较大改善，但依然不尽如人意。社会在发展，与很多职业相比，乡村教师收入增长的幅度并不大。有教师直言，过去乡村教师的收入是农民工的两三倍，现在农民工的收入是乡村教师的两三倍。更何况，有些经济欠发达地区还常常不能落实相关政策待遇。加上学校教育经费短缺，经费没有列入乡镇财政预算中去，乡村教育经费的获取更加困难。财政上无法提供更多支持，同时学校收费较低，乡村学校资金中能用于专项支出的经费所剩无几，因此，乡村学校缺少必备的教具、图书及活动场地。这样一来，乡村学校的物质环境可想而知，教师和学生的基本物质需求无法得到满足。

发展乡村先进文化为乡村发展提供精神动力，为乡村教师专业发展提供良好的环境支持，是当代先进文化建设的重要方面。良好的乡村物质文化能为乡村教师提供较为舒适的学习和生活环境，而丰富的物质文化能够激发乡村教师专业发展的活力和动力，给予他们创造灵感，乡村物质环境间接影响了乡村教师对乡村的态度。目前来看，大多数的乡村教师并不长于乡村、学

于乡村，而是从小受到城市文化、城市环境的熏陶与影响。城市文化的开放和包容让他们养成善于借鉴、融合、开放等个性。而乡村文化与此不同，乡村文化给人一种落后、封闭的刻板印象，环境中的“脏、乱、差”也是其中之一。而乡村物质文化往往没有很好地继承、保留并开发，导致乡村教师对其兴趣不大，难以激发乡村教师的创造力，甚至想要逃离乡村。

2.3.2 行为文化薄弱，阻碍乡村教师专业发展的实践动力

教师行为文化主要是以师生员工的行为表现、社会实践及校内外其他各种活动为载体，以理念文化为指导，围绕学校文化建设、办学战略的各个层次和方面所展开的各类与之相关的实践活动等。乡村教师行为文化关系到乡村教师专业发展的实践动力。当前，乡村教师的行为文化存在以下几个问题。首先，乡村教师存在工作疏离感。工作疏离感是指因工作情境不能满足员工的需要或与员工期望、兴趣理想、价值观不符所导致的员工与工作分离的心理状态，主要体现在社会与自我疏离感、无规范感、无力感以及无意义感四个维度上。教师的工作疏离感受其组织政治认知的影响显著。具体来说，社会与自我疏离感主要受同事关系、自利行为的影响，无规范感、无力感与无意义感主要与薪酬与晋升制度是否公平合理有关。部分乡村教师认为自己无法融入教师团队和学校，甚至无法与所处的社会进行交流，长此以往，将会成为学校“边缘人物”。其次，教师的职业认同感与组织认同感。我国乡村教师的职业认同感受职业形象和工作自主性的正向影响较大，组织认同感受工作自主性和组织环境的正向影响较大，而且职业认同感对组织认同感有显著的正向影响。组织成员间有相似的态度、价值和信仰，员工感知组织对待成员的态度，良好的沟通氛围和人际关系，以及团队合作、员工感知道德等都会对组织认同感产生影响。由此可知，乡村教师队伍的质量高低影响着队伍里每一位教师的行为，若组织中的教师行为是积极的、乐观的、充满活力的，那么教师会被其感染和影响，从而带动其他教师，整个乡村教师队伍乃至整个学校的行为文化都是如此。然而，调查发现当前乡村教师队伍是比较消沉

的，缺少教育工作者应有的热情和好奇心，这样的行为指导是不利于教师创造性发挥的。最后，教师的知识共享行为。隐性知识共享是增进乡村教师专业能力、提升核心竞争力的一种重要的组织行为，其影响因素有态度层面的人际信任、心理所有权和知识感知创新型校园文化；知觉行为控制层面的自我效能感和条件便利性感知等。

2.3.3 制度文化引领性不强，导致乡村教师专业发展受限

学校制度文化是学校文化的一部分，是维系学校正常秩序必不可少的保障机制，是学校文化建设的保障系统，是精神文化与物质文化的中介，是人与物、人与学校运行制度的结合部分，并带有规范性和强制性色彩。乡村学校制度文化构建有利于引领乡村教师进行专业发展，增强他们的专业知识、提升专业能力、培养专业精神，对其奋斗方向有指引作用。然而，乡村学校在进行制度建设时存在一些问题。首先，在完善制度过程中，以“新瓶装老酒”的形式将别人的制度包装成自己的，这种制度往往没有特色，没有考虑到教师和学校发展的实际情况，缺乏针对性，不能解决乡村学校管理工作中的实际问题。虽章目俱全，建制翔实，但不能因地制宜，更别说用制度文化来引领乡村教师专业发展。其次，制度虽然翔实周密，如果没有落实，不能规范行为，就发挥不了应有的作用和功效。这样健全的制度也如同白纸一张，和没有制度是一样的。调查显示，很多乡村学校没有将制度文化建设提上日程，只注重制度的制定，忽略制度的人文气息，难以被人们接受和执行，而只注重文化氛围的营造同样会使学校管理陷于无序混乱的状态。最后，面对社会日新月异的变化，新问题、新现象亟须解决和规范，然而真正能解决问题的制度却迟迟不能出台，缺乏制度文化建设。制度没有得到广大师生的理解与认同，执行起来难免会存在问题与障碍。因此只有完全理解、认同、学习制度文化的内涵，把制度和文化有机结合起来，使我们的制度文化既能规范人们的行为，做到有章可循，又从人的需要出发，促进乡村教师的发展，实现学校管理真正意义上的“以人为本”。

2.3.4 精神文化欠缺，影响乡村教师专业发展的内在动力

现阶段乡村学校文化建设倾向于物质文化建设，忽略精神文化建设。教师精神文化是指教师内在的人格、价值观、心理品质以及职业风范，是学校文化的核心和灵魂。近几年，国家对乡村教育加大了投入，学校硬件设施、物质环境较以前有了很大改善，但精神文化建设仍处于启动阶段，师生间还没有形成相对稳定的理想和信念、道德与情操、志向与追求。乡村教师工作较为复杂，除了基本的教学任务，还需要关注学生的精神面貌、家庭情况，必要时还需进行家访，以便全面了解学生。乡村教师的工作冗杂，自然无暇顾及自己的精神文化建设，久而久之，精神文化成为乡村教师队伍建设无足轻重的一环。乡村教师也会因此忽视精神文化的价值，从而导致教师队伍涣散、向心力不强、凝聚力和内生动力不足等一系列的问题。当乡村教师缺乏精神动力时，容易自怨自艾、抱怨生活或工作条件，教师们聚在一起的话题是工资、福利不够，某学生学习状态不好等，仅有外在的物质条件是不足以支撑乡村教师自觉进行专业发展的。精神动力不足无法使乡村教师“自燃”，即自我鼓励、自我燃烧、自我学习、自我提升、自我发展。一些乡村教师不但能“自燃”还能“助燃”，即激发其他教师的学习热情，点燃其他教师的教学热情，形成优秀的教师精神文化。乡村学校精神文化建设滞后与乡村学校教师年龄结构老化有着重要的关系。由于知识结构固化，年龄偏大，乡村教师的学习能力较低，跟不上知识更新的速度。例如，有些老教师受传统的教学思维模式、评价方式、思想观念影响，“不变应万变”地看待今天学生的成长发展和学校文化建设，也是乡村教师专业发展内在动力不足的一种表现。

2.4 乡村教师专业发展的文化支持实施路径

2.4.1 基础：夯实物质文化，增加乡村教师专业发展动能

a 物质支持为乡村教师专业发展提供物质保障

在乡村教师专业发展过程中，物质支持发挥了重要的基础和保障作用。完善物质支持，如工资、补助等福利，为乡村教师提供必要的生活保障，可以使其安心从教、潜心育人。在“互联网+”的教育环境下，智能技术的成熟应用为当前乡村教师专业发展提供了有效工具。随着现代教育技术快速发展，乡村教师普遍采用信息技术来开展教学活动、辅助教学工作。信息技术的成熟应用既为乡村教师独立自主开展教学活动提供了新动力，也通过开展在线协同学习方式有效弥补乡村教师的知识、技能短板，改善乡村教师的教学质量。

b 学校物质文化支持

打造文化地标，凸显文化特色。物质外显体系既要系统和谐，又要层次分明，凸显亮点和特色。亮点就是学校精神文化的地标，就是将学校精神文化的主要特质以物化形式进行直观呈现，让鲜明而强烈的视觉冲击吸引师生，强化对他们的感染和教育，彰显乡村学校的文化特色。

学校物质文化是学校师生员工在教育实践中创造的各种物质设施，给人一种有意义的情感熏陶和启迪。[①]学校的物质文化建设作为学校文化建设的有机组成部分，是理念文化的显性形式。虽然只是学校文化建设的外在形式和表层结构，但它以独特的风格和文化内涵对学生和教师的精神状态产生一定影响。先进的学校物质文化引导人性向善，也是道德苏醒的摇篮，以潜移默化的形式影响着学生的情感、意志、态度、价值观等的形成与发展。学校的

---

① 赵中建.学校文化［M］.上海：华东师范大学出版社，2004.

物质文化在一定意义上是一种隐性教育因素，乡村学校物质文化支持为乡村教师专业发展提供了环境支持。

构建促进乡村教师专业发展的学校物质文化体系需要注意以下几点。第一，整合区域传统文化，如将乡土文化融入学校文化，发挥其教育功能。物质环境更直观，也更容易传达特色文化，易于教师与学生体验和感受，不仅是教育的有利条件，还是陶冶情操的重要力量。在对乡土文化、乡土知识整理和开发的基础上将其融入学校文化。同时，将乡土知识融入教师专业知识体系。乡村学校应加强校本培训，乡村教师乡土知识的构建与教师所在学校校本培训密切相关，我们要形成终生学习理念，教师的乡土知识储备也是如此，需要有计划、有目的、有组织地进行训练，以形成完备的乡土知识体系。更新自己的专业知识。例如，语文教学中，在讲到乡愁时，可以结合当地的乡土元素和乡土文化进行讲解，将知识与经验相结合，引起学生强烈共鸣，达到事半功倍的教学效果。这就需要乡村教师有意识地更新知识结构，完善知识体系。除了乡村教师要重视乡土知识的学习，学校进行乡土知识的校本培训也是必不可少的。一方面，由学校组织新生代乡村教师进行乡土知识的学习；另一方面，学校应鼓励乡村教师走出去，进行集体的、大规模的乡土知识学习。例如，可以学习如何保护和发扬乡土知识，学习其他地方对生产、学习、生活有价值的乡土知识，将乡土知识融会贯通，为乡村教师专业发展所用。第二，构建物质文化体系要紧紧围绕理念文化建设的主旨，即榜样文化、和合文化等，把物质文化作为体现学校理念的载体，用各种可视的事物向教师传达乡村学校精神，凸显精神文化的内核。由此，需要创设一个良好的乡村校园环境。当前大部分乡村教师都生活在乡村，乡村教师想要在任务重、待遇低、获得感不强的困境中发展自身，创建一个健康向上的校园文化环境是必要的。乡村教师工作的舞台是学校，所以学校的环境对于乡村教师的成长就尤为重要。学校要具有人文气息，创建文化长廊，定期开展读书活动，评价和展示读书成果；建立乡村教师的文化广播窗口，了解教师行业的信息；举办一些学术论坛，精准地掌握专业学术知识；鼓励乡村教师做学问，通过头脑风暴碰撞出智慧的火花，为乡村教师专业发展提供环境。第三，物质文化体系的构建需要软件建设与硬件建设相结合。软件建设即营造学校特色的软物质建设，如建设富有感染力的校园人文景观、设计具有当地特色的标志。合理利用学校自然环境，使环境与乡土文化相协调，突出生态化、本土化，人文景观与自然生态交融，突出典雅、宁静，充满生机，让师生感受到积极、文明、奋发的学校氛围。

2.4.2 保障：构建制度文化，引领乡村教师专业发展方向

a 国家制度支持

制度文化支持主要指国家有关部门结合乡村教育发展需要，制定、部署的相关政策，安排开展相关支教、教学交流活动等。乡村学校举办的“手拉手”活动与城区教师开展的支教活动，以及高校和教育机构开展的乡村教师培训等，为推进乡村教师专业发展提供了完善的政策性支持。国务院专门针对乡村教师出台的《乡村教师支持计划（2015—2020年）》，将“全面提升乡村教师能力素质”作为建设乡村教师队伍的重要举措。通过大力推行“三支一扶”“支教团”“国培计划”等政策，吸引大量优秀青年教师投身乡村教育事业，优化乡村教师队伍结构，充实乡村教师力量。

b 学校制度文化支持

学校的制度文化既体现为显性的“明文规定”，又包括了潜在的“环境氛围”，每一所学校的“明文规定”和“环境氛围”都综合、立体地塑造了乡村教师专业发展的基本生态。[①]

首先，加强乡村学校制度文化反思，优化乡村教师专业的发展生态。学校管理者要在把握时代变迁、洞察时代需求的基础上，具体审视学校的制度文化品质，做好未来发展的战略规划。由于人才的培养主要靠教师，所以，学校制度文化就应为教师专业发展适应时代要求创造条件、提供保障。学校

---

① 赵婧，王光明.新时代学校制度文化建设探赜——基于教师核心素养和能力发展的导向［J］.教育理论与实践，2019，39（25）:23-26.

已有的制度文化应有助于新形势下乡村教师政治素养、道德素养、文化素养及教育精神的整体提升。学校的制度文化建设应更加有助于乡村教师教育教学能力、教研创新能力、沟通合作能力及学习反思能力的全面发展。除此之外，学校在制度文化反思过程中，要以我国当下教育发展的根本使命为准绳，结合具体培养目标，对现行各项支持教师专业发展的教学、教研、科研、评价等各方面的制度进行诊断和评估，不断探索学校制度文化促进教师专业发展和能力发展的理想方式。与此同时，对于乡村教师专业发展而言，每所学校提供的制度文化都要时刻立足于自身的校情与学情，使基层学校真正成为有利于乡村教师学习和积累、有利于持续激发教师积极性、有利于乡村教师个性潜能和创造性充分释放的精神家园。

其次，改善学校制度文化，激发乡村教师专业发展的提升动力。与精神文化和行为文化相比，学校的制度文化是一种“中间变量”，它能搭建起理想与事实之间的桥梁，促进教师的专业成长。乡村教师的专业发展和能力的提升离不开学校制度文化的“化育”作用，无论是在当下还是未来，“建章立制”都应该成为学校制度文化建设的首要任务。因此，中央政府就全面提升乡村教师的应用能力做出了重要部署。除此之外，如学校仅以条目呈现或是文本宣介的方式宣传制度文化，则很难引起乡村教师的深度认知，更别谈调动乡村教师的能动性和自觉性。高质量的制度文化供给要厘清制度规范背后的价值体系，努力将规则背后的价值基础和原则精神传达到位，促进教师将素养和能力的自我提升由“外在要求”转为“内在需求”。因此，制度文化应在教师认可的基础上建立起来。与此同时，很多制度都指向发展乡村教师的素养和能力，如集体备课制度、教研组制度、职后培训制度、校本研究制度、绩效评价制度、师徒带教制度等。所以，提升制度文化供给的品质，还要努力促进“学校制度系统”内在结构的不断完善和优化。

最后，深化学校制度文化认同，坚定教师提高素养能力的主体意识。学校制度文化认同是指教师能够发自内心地认可学校制定的相关制度，既表明了教师的价值判断和归属意识，又反映了教师决策取向和行动趋势。对于学校而言，如果要围绕教师核心素养和能力发展调适、重构或完善相应的学校制度文化，必须扎扎实实坚持“教师发展优先”的基本方向。在教育事业中，一些学校虽然构建了服务教师素养和能力提升的制度文化，但其理念重心还局限于“学校管理”而非“教师发展”。于是，乡村教师体会到的制度文化不是支持，而是束缚，这大大降低了制度文化的激励价值。学校制度文化建设坚持教师发展优先的基本原则就意味着在思想政治方面，要引导教师处理好个人发展与社会发展之间的关系；在道德品质方面，要引导教师处理好言谈举止和行为示范之间的关系；在学识修养方面，要引导教师处理好提升个人业务能力与促进学生成长之间的关系；在教育精神方面，要引导教师处理好个人理想与育人担当之间的关系。学校制度文化不仅是一种规范教师行为方式的外部约束力量，它还会以规章制度、行为标准、管理体系等为依托，促进教师形成共同的观念意识和行动方式。在乡村学校中，为了让制度的精髓尽可能地融入教师的自主发展历程中，需要在制度制定并沉淀为文化的过程中遵循并贯彻民主参与机制。就乡村教师核心素养和能力的提升而言，一方面，乡村教师作为直接的利益相关者，应该有机会、有渠道表达自己的利益诉求和合理化建议；另一方面，乡村学校要通过公告栏、校园网等媒介将相关信息向全体教师实时公开，使每位教师都能知晓信息，防止教师由于信息不对称而产生对抗情绪。总而言之，有乡村教师的参与能使规章制度的出台和执行始终与其自主发展保持密切关联，进而经由参与的过程不断增强乡村教师专业发展的自我责任和意识。除此之外，我们知道，一所学校的制度文化之所以能够促进乡村教师素养和能力的提升，主要在于教师与制度文化之间能够建立起牢固的心理契约机制。

2.4.3 动力：注入精神文化，促进乡村教师专业自主发展

a 让“尊师重教”成为社会风尚

要想弘扬尊师重教的社会风尚，就要提高教师地位，释放教师创新、创造活力，让教师成为一个有尊严的神圣职业。建设社会主义现代化强国，对

教师队伍建设提出更高要求，也对全社会尊师重教提出更高要求。人民教师无上光荣，每个教师都要珍惜、爱惜这份职业，严格要求自己，不断完善自己。乡村教师要有热爱教育的定力和淡泊名利的坚守。随着办学条件不断改善，教育投入要更多地向教师倾斜。不断提高教师待遇，让广大教师能够安心从教、热心执教，我们需要把更多教育资源用到加强乡村师资队伍建设上，有效落实现行的补助、奖励和各类保障政策，对符合条件的非在编教师应加快入编、同工同酬。完善吸引优秀人才从事教育的体制机制，提升教师社会地位。让尊师重教蔚然成风。在此过程中，乡村教师能够增加职业自信，在全社会的信任和关注下，乡村教师专业发展将走向自觉，并将外部要求转化为自身需求。

b 学校精神文化的建设

学校精神文化是学校文化的深层表现形式，指学校在长期的教育实践过程中，受一定的社会文化背景、意识形态影响而形成的被其全部或大部分师生员工所认同和遵循的精神成果与文化观念，表现为学校风气、学校传统以及学校教职员工的思维方式等。可以说是学校整体精神面貌的集中体现。学校精神文化，主要包括学校文化观念、历史传统，被学校大多数主体认可、遵循的思想意识、价值观和生活信念。

乡村学校精神文化的建设要以教风建设为突破口。因为学校发展的根本在于教师。教师不发展，学生就没有发展，学校也不可能发展。有名师才能有名校。诚如开创清华大学“黄金时代”的梅贻琦校长所言，“所谓大学者，非谓有大楼之谓也，有大师之谓也”。乡村教师是乡村学校最宝贵的财富，提升乡村教师的综合素养是学校可持续发展的根本所在。高质量的教师不仅是有知识、有学问的人，更是有道德、有理想、有专业追求的人；不仅是高起点的人，更是终身学习、不断自我更新的人。应该看重乡村教师的专业品质、态度、持续发展的潜在动机的纯正和动力的大小。乡村教师的专业品质是学校精神文化的一个重要方面，是学校文化发展的动力。因此乡村教师学校精神文化的着力点在于教风建设。

一是全面开展校风、教风建设。要在乡村教师中开展师德师风教育，增强广大教师的职业光荣感、责任感、使命感，使教师严格自律、恪尽职守，树立人民乡村教师的良好形象，建设热爱学生、为人师表、教书育人、钻研教法、不断探求的良好学风并认真做好班级文化建设。二是构建榜样文化。榜样的力量是无穷的，正如爱因斯坦所说，“教育的唯一理性方式就是做出榜样”。学校要教育好学生，教师必须重视躬亲示范的作用。三是要总结、提炼学校精神。学校精神是一所学校的办学理念、指导思想、办学特色、历史传统、培养目标的概括和抽象。

2.4.4 关键：完善行为文化，营造乡村教师专业发展环境

行为文化主要是以师生员工的表现、社会实践及校内外其他各种活动为载体，以理念文化为指导，围绕着学校文化建设、办学战略的各个层次和方面所展开的各类与之相关的实践活动等。这不仅指学校群体的行为方式、行为规范，还表现在学校的教育教学管理活动中。教师行为文化作为一种职业性的群体文化，是教师文化的一部分和显性表征，具有示范性、纯正性、清高性、自控性等特点。①

a 乡村教师应更新传统观念，转变自身角色

自古至今，教师职业的“工具”价值取向深深地内化在教师的职业意识之中。当代的乡村教师应更新职业价值观念，逐渐意识到教师职业“生命发展”的价值。教师的工作是一项创造性的工作，教师应该在教育活动中发挥自己的创造性，体验教师专业发展和教师自身发展带来的意义与乐趣。“生命发展”的教师职业价值观是指不仅依靠外在的“工具”价值的实现来评价教师职业，而是将“工具”价值的实现与“生命发展”价值的实现结合起来，在发挥社会工具功用的同时也实现自身生命成长的快乐，将生命全部投入教学活动和乡村教育实践中，而不是自己生命的一小部分，在学生得到发展的

① 葛金国.校园文化：理论意蕴与实务运作［M］.合肥：安徽大学出版社，2006.

同时也促进自己的发展。

同时还要转换自身角色，变“雇员”为“专家”。“雇员”只会听命于上级和学校的安排，按时完成上级下达的任务，充当学校和社会的“工具”，却忽略了自身的专业发展。而“专家”则在教学实践中通过反思与总结获得教师专业发展。除此之外，“专家”有专业和专业自主的意识。在文化多元发展、知识更新速度加快的今天，专业和专业自主的意识对当代乡村教师非常重要，这有利于教师追求自身和学生的最大利益，实现与学生的持续发展。

b 乡村教师加强自身“修学”之功

古代读书人追求“格物、致知、诚意、正心、修身、齐家、治国、平天下”这样一个内在的德智修养的过程。当代乡村教师也可以借鉴，注重内在修养，为教师专业发展创造条件。内在修养、外在治学，教师的知识结构也是“修学”的重要方面。叶澜教授认为知识结构上不再局限于“学科知识+教育学知识”的传统模式，而是强调多层复合的结构特征，能使教师具有丰富的、扎实的知识底蕴，能在科学体系中把握自己教授的学科，能使知识在教学中不只是以符号的形式存在或以推理、结论的方式出现，而是能展示知识本身的无限性和生命力，把知识活化，在教学中真正实现科学精神与人文精神、理论与实践、知识与人生的统一，充分发挥学科知识全面育人的价值。[①]可见“修学”有助于乡村教师养成良好的专业发展习惯。

c 学校应完善教师管理，革新教师评价机制

作为学校的管理者要完善教师管理机制。第一，学校要为教师创造自我实现的工作环境。对于教育活动来说，创造性教学是教师从工作中获得尊严与欢乐的源泉，乡村教师促进自身专业发展将拥有的知识运用出来，使自己拥有一个充满信心、积极发展的人生。第二，为教师提供专业发展的机会。在教师为学校做出贡献的同时，学校也要关注乡村教师的专业发展，要充分利用校内各种资源完善乡村教师的自我培养体系，尽可能地优化乡村教师的

---

① 叶澜.新世纪教师专业素养初探［J］.教育研究与实验，1998（1）:41-46，72.

知识结构，为提高教师权威提供保障。第三，解放教师，激活课堂。课堂是教师绽放的舞台，尊重教师的体现之一就是解放教师，激活课堂。学校应为教师提供在课堂上展示自己的机会。当教师在课堂上如鱼得水时，教师的内在积极性和创造性就自然被激发了。

综上所述，乡村教师是全面推进乡村振兴战略的重要保障。要想做好乡村教育工作，就需要推动乡村教师专业发展的文化支持机制，切实提高乡村教师的专业化水平，为乡村教师发展发挥应有价值。为此，要结合物质支持系统、行为文化支持系统、制度支持系统以及精神支持系统来建立完善的乡村教师专业发展的社会支持系统，推动乡村教师专业成长。

3

乡村教师文化认同的缺失与对策

2020年8月，教育部等六部门发布了《关于加强新时代乡村教师队伍建设的意见》，明确提出加强师德师风建设，厚植乡村教育情怀，引导教师立足乡村大地，做乡村振兴和乡村教育现代化的推动者和实践者，注重发挥乡村教师新乡贤示范引领作用，塑造新时代文明乡风，促进乡土文化振兴。可见，乡村教师是振兴乡村文明的中坚力量。那么，对于乡村而言，乡村教师的文化认同也是至关重要的，它是乡村教师能否“留得住、用得上”的关键因素。所以，我们需要重视和关注乡村教师文化认同的建设。但是，目前由于各方面的原因，乡村教师文化认同还存在各种各样的困难，因此，必须采取多样的措施来加强乡村教师文化认同，提升乡村教师文化内涵和底蕴，促进乡村教师队伍建设与乡村振兴。

3.1　乡村教师文化认同的内涵

3.1.1　认同的内涵

在英文中，“认同”概念的本义是“身份”。换句话说，认同不过是认同者从别人或社会那里折射出来的自我而已。心理学家弗洛伊德认为认同是个体对自我、他人、群体在感情和心理上构建趋同机制的内在过程，属于个体精神上的一种心理防御机制。换言之，认同就是个体在心理上对某一对象形成情感归属，并形成趋同化发展的过程。认同是所有人必然会遇到的问题，只要人类存在，认同问题就不会消失。从类型上看，认同包括种族认同、民族认同、社会（群体）认同、自我认同、文化认同等多种类型，但核心是文化认同。①

3.1.2　文化认同的内涵

文化认同，就是指对人与人之间或个人同群体之间的共同文化的确认。使用相同的文化符号、遵循共同的文化理念、秉承共有的思维模式和行为规范，是文化认同的依据。文化认同的核心是价值认同和价值观认同。文化认同侧重人们对一定文化的归属感，只有将这种归属感升华为人们内心深处对自身文化价值的高度肯定和坚定信心，才能推动文化认同走向文化自信，走向文化自觉，引导人们更加深刻地认识到自身文化的独特魅力，进一步强化归属意识。文化认同是文化自信的前提，文化自信可以带来更高层次的文化认同，两者之间不是孤立地存在的。成尚荣②和戚海燕、吴长法③认为文化认同的核心价值是文化自觉。此外戚海燕还认为文化认同是一个价值内化的过

① 崔新建.文化认同及其根源［J］.北京师范大学学报（社会科学版），2004（4）:102-104，107.

② 成尚荣.母语教育与民族文化认同［J］.教育研究，2007（2）:22-25，32.

③ 戚海燕，吴长法.源自城市的乡村教师文化认同研究［J］.教育发展研究，2018，38（4）:16-23.

程，是个体将某种文化的价值体系与行为规范内化至心灵的过程。文化认同既表现在观念层面，也表现在实践层面。不少人虽然身在农村，但心却在城市，究其原因不全是生活不便，更重要的是找不到归属感和认同感。由此可见，文化认同是乡村教师“留得住、用得上”的核心问题。

3.1.3　教师文化认同的含义

教师文化是指教师所具有的与其他职业群体不同的价值观念、行为习惯、知识技能及语言符号等。教师文化不仅在学校场域中形成，还受教师以往的教育经验和社会经历影响。教师文化认同，即教师对于教师文化的认同，并遵循教师文化的一个过程，内在表现为对教师文化表现积极的价值倾向，外显出趋同于教师文化期待的行为方式。教师文化认同是教师情感归属的重要内核，确立教师文化认同有助于促进教师的凝聚。

3.1.4　乡村教师文化认同的含义

乡村教师文化是指乡村学校的教师群体具备的共同的价值体系与行为规范的综合，是乡村教师对乡土文化的认同与遵循并将乡土文化发展、振兴的过程。既包括乡村教师群体的信念、价值和行为规范，也包括乡村教师之间的关系形态。

3.2 乡村教师文化认同的价值

3.2.1 对乡村振兴的价值

a 增强对乡村振兴的认知

乡村教师长期处于教育教学实践活动中，更多关注提升教学技能、教学成绩的方法，对于教学技能的理论、教育政策与法规等方面，往往因为与提高教学成绩无关而缺乏深入了解。乡村振兴要在哪些方面振兴，如何振兴，乡村教师在其中又扮演着什么角色，要如何做才能为乡村振兴贡献自己的一份力等诸多问题，大多数乡村教师都是不清楚或者一知半解。一方面，乡村教师只注重升学率、教学成绩，无心关注周遭；另一方面，乡村教师无法感受到乡土文化的氛围，对乡村没有留恋，自然也就不会留意有关振兴乡村教育的内容。

首先，只有乡村教师对乡土文化产生认同感，乡村教师才会在观念上积极主动了解乡村振兴相关内容，愿意留在乡村，竭尽所能发展乡村教育，振兴乡村事业。例如，在党的十九大提出的《中共中央　国务院关于实施乡村振兴战略的意见》中，强调优先发展农村教育事业，建好建强乡村教师队伍[①]，即乡村教师要注重自己的专业发展，通过参加培训、自我学习等途径提升教学水平。《乡村振兴战略规划（2018—2022年）》提出加强城乡交流轮岗，加强乡村学校紧缺学科教师培训。[②]乡村教师了解到对乡村教师的要求，会主动往所要求的方向靠拢，争取在力所能及的方面支持乡村教育，实现乡村振兴。

其次，只有乡村教师对乡村振兴的认知提高，才能将自己的思想融入教

---

① 杨彬，张晨.优先发展农村教育事业 建好建强乡村教师队伍［EB/OL］.http://www.moe.gov.cn/jyb_xwfb/gzdt_gzdt/s5987/201802/t20180205_326624.html.

② 中华人民共和国教育部.对十三届全国人大二次会议第2332号建议的答复［EB/OL］.http://www.moe.gov.cn/jyb_xxgk/xxgk_jyta/jyta_jijiaosi/201912/t20191205_410939.html.

育教学实践中，进而影响学生和家长。学生很容易觉察出教师对待教育的态度是敷衍还是充满情怀，而且教师对待教育的态度会对学生的学习态度产生深远的影响。因此，教师应在观念上提高对乡村振兴的认知，对乡村教育保持积极的态度，充满乡土情怀，在言行举止中给学生、家长传递其对乡村教育的热情，达到培养乡土人才的目的。

最后，理论指导实践，思想指导行动。只有教师对乡村振兴在观念认知上有所提高或者发生转变，才会在行动上落实，利用乡土文化实现育人的目的，并调动身边资源振兴乡村。

b　提高乡村振兴的参与度，促使教师扮演新乡贤文化角色

振兴乡村，乡风文明是保障，要坚持物质文明和精神文明两手抓，两手都要硬，进而提升村民的精神风貌，有意识地培育文明乡风，最终提高乡村文明程度。对于乡村教师而言，如果思想观念达到一定的高度，便无法忽视乡村社会的建设，会积极投身其中。

乡村教师可以积极参与教学活动。通过外出培训学习，汲取城市文明或优秀外来文化，在传承乡土文化的基础上进行创新发展，赋予乡土文化时代内涵；深入了解乡土文化，包括农耕文化的人文精神、农业遗迹、文物古迹、民族村寨、戏曲文化、民间手艺等，开发校本课程，编写校本课程教材或地方课程教材，并通过教育教学活动将其逐渐渗入学生的思想中，不仅培育乡土人才，更通过教育将乡土文化一代又一代传承下去。

除此之外，乡村教师的文化认同可促使乡村教师扮演新乡贤文化角色。乡贤文化是中国优秀传统文化的重要组成部分，是教化乡里、维系秩序、涵育乡风、养成文明的重要精神力量。2015年和2016年的中央1号文件，两次将“乡贤文化”列入农村思想道德建设；在2017年和2018年的中央1号文件也增加了“新乡贤文化”，成为全国关注的重点话题。[①]“新乡贤文化”成为实施乡村振兴战略的重要内驱力。新乡贤，表明与过去的乡贤有所区别，其不

① 傅守祥.新乡贤文化助力乡村全面振兴［EB/OL］.https://baijiahao.baidu.com/s?id=1630841132921039225&wfr=spider&for=pc.

同于以前世居乡村的乡绅和在外为官告老还乡后回到自己乡土、发挥影响作用的人，新乡贤是在社会、人文等领域取得突出成绩，具有一定的影响力，回归故里为乡村建设尽一份力的人。如生于乡土、奉献乡里的农村优秀基层干部、企业家、道德模范等乡土精英，他们获得基层群众的认同，成为乡土文化和先进文化的传播者，正是这个时代所需要的新乡贤。乡村教师是生于乡村、长于乡村，长期在外地求学，而后回乡从事教育行业的教育工作者。他们通过教育教学工作对学生、家长以及乡里乡亲产生影响，在乡邻间累积了威望，树立了良好的口碑，形成了说话有人听、办事有人跟、群众很信任的良好状态。应以乡愁、乡情为纽带，吸引乡村教师认可乡土文化，促使其用学识专长反哺桑梓，使其逐渐开始参与“乡村治理”，为乡村注入发展的生机与活力，提升乡土文化内涵，让乡土文化落地生根。

c 加大对乡村振兴的宣传

党的十九大提出了乡村振兴战略，包括乡土文化振兴和乡村学校教育振兴，乡村学校教育振兴离不开乡土文化的滋养，而拥有乡土文化内涵的乡村学校教育的振兴，更能促进乡土文化振兴，最终达到振兴乡村的目的。

乡村教师与乡村振兴的关系就在于乡村教师推动乡村学校发展，乡村学校发展再推动乡村教育振兴，乡村教育振兴推动乡土文化振兴，从而推动乡村社会振兴。为此，唤醒乡村教师对乡土文化的认同感是必要的。乡村教师只有在观念上认同乡土文化，才能在行动上参与“乡村治理”“乡村建设”，并加大乡村振兴的宣传力度，唤起身边人的认同感和参与意识，调动他们身边的资源共同为乡村振兴而努力。

作为振兴乡村教育的参与者和“新乡贤”，乡村教师要立足于培养心理健康和人格健全的乡土人才，利用乡土文化有关教育资源丰富乡村学生的精神世界，而且应充分利用自己身边的资源，如通过朋友圈对其周边朋友进行宣传，或者通过创设学校或个人的自媒体如微博、微信公众号、抖音等账号，对乡土文化进行宣传，并吸引乡贤企业家回乡投资，助推乡村振兴发展。

3.2.2 对乡村学校的价值

办学理念即办学思想，指学校办学者依据国家教育方针、当前社会需要以及学校办学实践所形成的有关如何办学育人的思想体系，凡是有关办学育人的思想都可以归为办学思想的一部分，它是学校处理内部事务或者规划自身发展的各种建议的集合体，而不是诸如实用主义、现实主义、理想主义等哲学思想在学校教育中的简单应用。进一步讲，它是一种思考方式，是学校对自身以及未来发展的一种系统性思考。①

可见，办学思想是学校各项活动必须遵循的大方向和总体要求，无论是学校文化建设、师资队伍建设，还是课程开发、教学资源配置等，无不需要以办学思想为指导，但在办学思想的形成和践行中，教师是最为核心的群体。②

如果没有教师的参与，办学思想只能是纸上谈兵，难以实现，并且学生是否能准确知悉和接受学校的办学思想，主要取决于教师。科恩（Rosetta Marantz Cohen）说："校长都很少和学生直接接触，因此也就理所当然地很少将管理文化和信念的微妙之处传递给学生。假如一所学校有一个强势的学校风气，这一定是教师传递、体现和交流的。实际上，教师是变迁的学校文化的稳定影响源。"换言之，教师在学校与学生相处的时间最长，教师的一言一行对学生的思想动态影响极为深远，乡村教师对乡村学校的办学思想认同与否，关系到乡村学校的特色发展工作是否顺利开展。研究证明，教师对学校所倡导的办学理念、学校领导价值观、学校发展愿景越认可，教师越愿意为实现学校发展目标而努力。③教师作为学校教学行为的执行者，如果教师都无法落实学校的特色发展工作，那么最后就会出现表里不一的问题。

学校的特色发展不仅是为了学校自身，更是为了学生的全面发展，进而

---

① MAXCY SJ. Happiness in education through the development of a school philosophy [J]. Education, 2001（4）:427-431.

② 杨小玲.学校办学思想的教师认同研究[J].闽南师范大学学报（哲学社会科学版），2020，34（3）:130-134.

③ COHEN R M. School our teachers deserve: A proposal for teacher-centered reform [J]. The Phi Delta Kappan, 2002，83（7）:532-537.

推动乡村教育振兴、乡村振兴，而教师就是实现这两者发展的纽带。因此，只有让教师认同学校的特色发展理念，他们才会在执行过程中不断发现问题、解决问题，才会自主研究新理念的实施方法，学校特色发展工作才能落到实处。认同感的有无影响着教师的工作热忱，而认同的关键在于教师对学校发展愿景和改革目标的共识：如果学校不能朝教师们希望达到的目标发展，教师就不愿与学校保持一致；如果双方存在高度的认同，具体目标就会内化为教师自身行为，学校则有机会获得快速的发展。同样，教师也能从学校组织中满足自身的需求。①

3.2.3 对乡村教师自身的价值

乡村教师进入乡村开始教学时，他们眼中的乡村生活、乡村学校、乡村教师、乡村学生和乡村家长与城市所遇到的形成极大的反差，即使是出身乡村，在经历了长期的以城市为中心的教育之后，也会深受城市文化的影响，很难适应乡村生活。他们封闭自己内心，远离学校外的乡村生活已成为常态，这不利于乡村教师自身的专业发展。

乡村教师通过文化认同可以获得心灵上的归属感，乡村教师只有真正感受到自己是主人翁，才能产生参与活动的热情，迸发出创造力。

乡村教师只有实现对乡土文化的认同，培育乡村生活的基本文化自信，才能在乡村社会生活秩序与乡土文化中找到自己的位置，并保持开放的心态，积极接纳现代文明，进而为乡村教育发展及乡土文化建设提供精神力量。②

---

① 操太圣，卢乃桂. 论学校组织变革中的教师认同［J］. 华东师范大学学报（教育科学版），2005（3）:43-48.

② 刘莉萍. 乡村初任教师文化认同的思考［J］. 教学与管理，2011（24）:44-45.

3.3 乡村教师文化认同的缺失

3.3.1 乡土文化在制度上的缺失

我国长期以来提倡保护和传承中华优秀传统文化，甚至出台相关政策文件，如《关于实施中华优秀传统文化传承发展工程的意见》《中华优秀传统文化进中小学课程教材指南》《革命传统进中小学课程教材指南》《中小学德育工作指南》《教育部国家语委关于进一步加强学校语言文字工作的意见》，等等，皆在政策上保障中华优秀传统文化的保护和传承。

然而，对于乡土文化而言，目前还处于提倡加强乡土观念和乡土文化教育、鼓励乡村学校和乡村教师具备文化内涵的阶段，缺乏政策文件的支持，导致部分乡村学校的“校园文化”没有摆脱形式主义，只能称为“校长制造的校园文化”。

3.3.2 乡土文化在学校环境上的缺失

乡土资源是乡村特有的优势资源，一般是指乡村自然资源和乡土文化资源，具体包括乡土自然景观、乡村建筑、民风民俗、乡村传统文化、民间历史人物与遗迹及乡民生活与生产经验等。[①]乡村学校是乡土文化教育中心，是乡土文化建设的物质基础，充分拓展和发挥乡村学校对文化建设的带动、辐射作用，将有助于新农村文明村风的建设与发展。[②]

然而，乡村学校因为过于注重升学率、教学成绩等而导致校园缺乏乡土文化元素，对学生的教育导向局限于如何取得好成绩，追赶城市的学生，功成名就离开乡村。在这种教育观念下，学生也会变得功利，盲目向往城市生

---

① 孙刚成，拓丹丹．村小如何借助乡土资源优势实现教育突破［J］．延安大学学报（社会科学版），2016，38（6）:112–119.

② 孙刚成．中国乡村学校的困境与突围［M］．北京:人民出版社，2018.

活。乡村教育若以培养乡村人才到城市发展为目的，将加快城镇化进程，使乡村变成“386199部队”（“38”指妇女，“61”指儿童，“99”指老人）。

3.3.3 乡土文化在观念上的缺失

苏霍姆林斯基曾说：“没有爱就没有教育。”作为乡村教师，不仅要具备基本的教育情怀，还需具备乡土情怀，这是安教与乐教的基础，也是乡村生活必不可缺的因素。但是如今乡村教师呈现出“去乡土化”现象，乡村教师缺乏对乡土文化的认同。在观念上主要表现为以下几种。

第一，乡村教师的乡土情怀缺失。乡村教师内心向往着城市的生活，因此在教育教学中给学生传递着“逃离乡村”的思想，鼓励学生考进城区，以走出大山为荣。乡村作为城市的“对立面”，被贴上“破旧”“落后”的标签，乡村的教育、生活、文化成了被批判的对象，而教师在教育教学中普遍传递这一思想，导致教师和学生皆缺失乡土情怀。刘铁芳认为：“乡村教育成为乡村学生逃离乡土的教育。”[①]陶行知在《中国乡村教育之根本改造》中说：“中国乡村教育走错了路！它教人离开乡下向城里跑。它教人吃饭不种稻，穿衣不种棉，做房子不造林；它教农夫子弟变成书呆子。它教富的变穷，穷的变得格外穷；它教强的变弱，弱的变得格外弱。”在乡村社会中培养乡土情怀，是当下面临的严峻问题。[②]

第二，乡村教师在文化认同中缺乏积极主动性。现阶段乡村教师的文化认同仍未引起学校和教师的重视，乡村教师参与学校文化建设与学校文化认同还存在主动性不足的问题，而教师对学校文化的认同感直接关系着教育质量。

第三，乡村教师在学校文化的情感认同上缺乏积极性。情感认同是人在观念和行为的基础上建立的一种肯定。情感认同能很好地为教师的教育教学行为提供动力，也能影响教师对学校文化的认知和认同。如今乡村教师在教学中更多地以责任感为动力，忽略了学校文化在自身的教育教学行为中的影

① 刘铁芳.乡村的终结与乡村教育的文化缺失［J］.书屋，2006（10）：45-49.
② 孙刚成.中国乡村学校的困境与突围［M］.北京：人民出版社，2018.

响。一是由于学生数量多，教师工作繁忙，缺乏足够的时间与精力了解并参与学校文化建设；二是教师自身观念未能得到改变，他们还认为学校文化对自身的教育教学成绩提高并无太大作用，升学率才是最关键的考核要素。

第四，乡村教师发掘乡土文化的意愿缺失。当今的乡村教育在教材内容和评价标准上日益标准化，乡村教师更多关注的是升学率，与升学无关的如乡土文化活动、开发校本课程和地方特色课程等内容就会被忽略。例如，H老师所在学校的校本课程虽然在课程表上有明确标注，但实际上却形同虚设，健康课实际上是英语课，综合课等于数学课，美术课换成物理课。不仅乡村学校不重视乡土文化，乡村教师自身也对乡土文化不认同，开发和发掘乡土文化自然缺乏动力。

3.3.4 乡土文化在行为上的缺失

a 乡村人以进城为荣

乡村教师方面

第一，安家在城。虽然多数乡村教师都来自乡村，但是在城市购房一直是他们奋斗的目标。不仅是为了安家，更是为了送子女进城读书。他们认为子女在城市比在乡村更能接受到良好的教育，有利于成长。

第二，子女进城就读。这些乡村教师因为工作需要无法离开乡村学校，只能在工作日与子女分离，等周末再与家人团聚。他们为了解决这一问题，往往将能够调入城区任教视为人生中的一大成就。H老师所在的乡村学校的教师们，每天讨论的除了教学工作，就是城市的哪个房区性价比高，哪个房区可以就读哪所学校，哪所学校的师资、教学环境好，哪位教师的子女在哪所城市学校就读，等等。可见，乡村教师普遍认为城市的教育才是好的教育，所以尽最大努力让子女接受城市教育。

乡村家长方面

具有一定经济实力的乡村家长也和乡村教师一样，在城市购房安家、送子女进城读书已经成为普遍现象，而不具备经济实力的乡村家庭只能让子女接受乡村教育。乡村家长对学生寄予厚望，希望他们能够“跳出农门”“跃进龙门”，逃离乡村是家长和学生的共同目标，反映出家长和学生对乡村教育的不认同和不自信。

b 乡村教师成为乡村社会的“异乡人”

首先，乡村教师既无法融入乡村也无法离开乡村，再加上城乡的二元结构，在城市文化成为主流文化的情况下，乡土文化只能被大众所“批判”和“漠视”。乡村教师在接受师范教育时长期脱离乡村社会，成为教师返回乡村教书育人时，往往没有承担起传承乡土文化的责任，内心依然对城市充满向往，在教育中倾向于给学生勾画城市繁华的景象，鼓励学生脱离乡村。如今的乡村教师日益市民化，加快了乡土文化的断层。

其次，在传统乡村社会中，乡村教师主要毕业于中等师范学校（以下简称中师），对乡土文化的起源、发展、特点等比较熟悉，但如今的乡村教师却对于乡土文化一知半解，不清楚乡土文化的来历，也不愿意主动了解乡土文化，乡村教师逐渐成为乡土文化的“陌生人”。当今多数教师已完全脱离了乡村生产，对乡村的民风民俗不甚了解，教师与村民之间的交流也逐渐减少，只有工作日留在学校，节假日“逃离”乡村基本成为乡村教师的常态。只剩下老一辈教师还与乡村保持着联系，无论是在教学工作中还是在情感上都带着浓厚的乡土色彩。但是随着这一代教师的退出，乡村教师越来越脱离乡村生活，对于如今的乡村教师而言，乡村只是他们工作的地方，而非生活的地方。

最后，对乡村教育的不认同导致了教师队伍的不稳定性。乡村教师曾经也是乡村青年，怀着改变命运、“跃龙门”的理想接受教育，然而步入工作岗位后发现在职业和地域上他们是属于乡村的，但在文化上他们却是属于城市的。他们无法定义自己的身份，将自己视为乡村的“他者”。这种心态会在教育教学中透露出来，进而影响他们工作的积极性。部分乡村教师对于教学工作抱着完成任务的态度，很少开展第二课堂、家校合作等活动，甚至放弃了对教育教学质量的追求。而学生对师生之间的情感变化是很敏感的，如师生之间的关系产生裂缝，也会影响着他们的职业发展。

3.4 乡村教师文化认同的缺失原因

3.4.1 内部原因

a 乡村教师的教育观念出现偏差

当前乡村教育主体认为乡村教育只为升学做准备，这种观念导致乡村教育形式单一，普通教育成为“应试教育”，乡村教师认为与升学无关的内容或活动不必研发、开展。在一项对1200名乡村教师的访问中，3/4的乡村教师对“学校教育应主要为升学服务”这一观点表示赞同。①

b 乡村教师的教育理念未能与时俱进

教育理念是指导教师进行教育活动的理论基础，并通过教师的教学实践活动进行检验及总结。但现在乡村学校中的教育理念与教学实践活动存在一定程度的脱节。乡村教师只注重教学成绩，未重视教育理念的指导作用，在教学工作中依靠教学经验维持教学实践活动。H老师所在学校的老教师们认为教育理念终究是理论层面，在实际的教学实践活动中用不上，还不如他们多年工作总结出来的经验有用。他们甚至重复使用多年前的教案，只为减少备课的时间，教育理论水平停留在中师毕业阶段。一方面，由于教育理念未能跟上社会对教育的需求变化，教育理念无法指导教学实践；另一方面，不同学校在教学资源、教学设施、教学环境等方面存在较大差异，教育理论并不能适应每一种教育环境。

c 乡村教师的专业能力不够完善

教育是一门与时俱进的学科，教育目标随着社会对人才的需求改变而改变，如果教师未具备专业能力，就有可能无法胜任教书育人的工作，从而无法相信自己，无法认同自己，也就无法认同教师文化。因此，教师发展需要

① 陈俊珂.农村薄弱学校发展的文化选择［J］.东北师大学报（哲学社会科学版），2018（2）:166-171.

教师具备良好的专业能力，并随着时代的发展不断提高自身的综合能力，以达到与社会要求一致。

d 乡村教师对个人教育工作的认可

教师对个人教育工作是否认可，要考量外部环境（如薪资福利、工作环境、晋升空间等）和内部环境（如工作压力、工作舒适度等）方面的因素。二者共同构成教师对教学环境的认可，同时激发教师自身的工作积极性。

e 乡村教师的自我价值体现

教师的价值实现主要包括个人职称晋升和个人社会贡献。个人职称晋升是教师价值的外化体现，也是激励教师积极主动工作的外在动力；教师个人社会贡献主要体现为教师对个人能力的认可以及社会对教师的能力与其对社会贡献的认可。

f 乡村教师的教育体系不一致

新生代乡村教师不像以前乡村教师那样生于农村、长于农村，而是在离乡离农的环境下接受城市教育成长起来的，当他们从高校毕业来到任教学校时，会发现自己的生活观念和生活方式与乡村迥然不同，从一种文化过渡到另一种文化，即从城市文化转向乡土文化，自己成了“异乡人”。无论是他们曾经的教育经历，还是现有的教师培训，其内容缺乏乡土特性，文化的适应对他们来说成了难题。

当现代文明主要集中在城市区域时，文化话语权就掌控在城市手中，而乡土文化就相应地“贬值”，其认同感也被逐渐削弱。城市化伴随着强烈的示范效应，以图像化的标志引导着众多乡村教师，这不仅削弱了乡土文化，还加深了乡村教师特别是年轻教师脱离乡村生活的渴望。[①]多数乡村教师不愿接纳自己乡村教师的身份，在城市文化中迷失了自我，不愿主动了解乡村、乡村学生、乡土情感，在乡村教学让他们感到自卑，甚至无法对脚下的这块土地产生好感。因此乡村教师不仅想要自己逃离乡村，更鼓励着乡村学生奋力

① 王勇.试析文化冲突背景下乡村教师的身份认同危机［J］.教育探索，2013（2）:88-90.

"挣脱"。

3.4.2 外部原因

a 政策

首先，国家在颁布政策时，有关乡村教育的政策一贯用词是"倾斜""扶持""优惠"等，容易使乡村教育主体对乡村教育不自信，并且滋生出不主动发展乡村教育的消极情绪，对乡村教育产生消极影响。

其次，国家在推行政策时，还面临着传统的挑战。在我国的基层政府、社会大众看来，乡村学校是处于较"低"层次的。在社会和教师管理体系中，早已形成了优秀教师"向上流动"的晋升体系。社会大众和教育管理者评价一名教师是否优秀，往往是以其能否离开乡村进入城市任教作为一个主要的评价标准，这和乡村学生考上大学脱离乡村是同一个道理。例如，在国家推行城乡教师轮岗、换岗制度时，要求城市地区的学校向薄弱学校轮换教师，地方政府认为这是对乡村教师的奖励，他们认为乡村教师要选拔出干得好的教师才能调往城市任教。这并不是向乡村注入新鲜血液，而是在"抽血"。乡村优秀教师在教育部门的引领下，顺利进入城市学校，使城乡的差距不仅无法缩小，反而越来越大。乡村教师也只把乡村当作跳板，并不会花费力气去了解并努力发展乡土文化，最终导致乡村教师对乡土文化认同的缺失。

最后，根据马斯洛的需求层次理论可知，人的需求有生理的需求、安全的需求、社交的需求、尊重的需求和自我实现的需求五个层次，这五个层次依次递进，只有低一层次的需求得到部分满足或完全满足，更高层次的需求才会出现。乡村教师的薪资待遇都有国家政策保障，为了照顾乡村教师、留住乡村教师，教育部门设立了专项奖励，但与城市相比较就有一定差距。同时，乡村教师的工作冗杂，反而呈现出低质量的重复工作，以"量"为主的工作模式极大地损害了乡村教师的工作进取心。工作高量低质，物质上和精神上得不到满足，这些因素使教师对所处的乡村学校、乡村教育更加无法产生认同感。

尽管国家强调义务教育均衡发展，但地方政府更看重升学率。集中优质资源打造优质学校是提高升学率的好方法，尤其是在教育资源匮乏的乡村地区，本来教育资源就不充裕，如果搞均衡发展，乡村学校如何与城市学校竞争呢？因此，在以升学为导向的乡村教育模式下，村民将把孩子送到城市学校就读为目标，优秀生源离开乡村到城市就读，剩下的基本是升学希望渺茫的学生；优秀乡村教师离开乡村到城市任教，留在乡村的教师只能“坚守”在乡村学校里，看不到发展的希望和未来。

b 乡村学校

（1）乡村学校办学理念的“依样画葫芦”

想要打造成一所家长满意、教师乐教、学生全面发展的乡村学校，就必须在校园文化建设、校园设施建设、课程课堂安排等方面进行变革。这些变革都需要乡村学校根据实际情况在学校主体共同参与、决策的情况下进行。而教师、行政班子等倾向于在外出培训参观学习时，将所看到的、认为优秀城区学校的做法照搬回自己的乡村学校实施，没有因地制宜地进行调整，也未能坚持实施，最终成了“四不像”“烂尾楼”。

（2）乡村学校办学理念的认同四象限

学校在特色发展工作中提出的办学理念、实施的措施等，教师可能认同或者不认同。我们不能简单地认为认同就是好的，不认同就是不好的。积极的情况是学校办学方向正确，教师也认同；或者学校办学方向不正确，教师不认同。消极的情况是学校办学方向正确，教师不认同；或者学校办学方向不正确，教师认同。

基于以上四种情况，整理出以下原因。

第一，学校办学理念与实际不符，教师不易于实践和接受。办学理念是学校发展的“指南针”，回答的是学校要培养什么样的人、办成什么样的学校。办学理念的提出需要基于学校的办学历史、传统文化、教师和学生的实际、当地村委和校长的追求等。因此办学理念的提出需要系统分析学校的实际情况，得到教师的认同，并且能指引学校通过特色的办学路径实现发展。

而不切实际的办学理念或者教师不易理解的办学理念，教师一般不会认同。

第二，舆论准备不充分导致教师对特色办学发展工作的认识不到位。学校特色办学发展是学校发展的核心竞争力，学校要落实新办学理念，少不了教师队伍这个中坚力量的支持，这需要对教师进行舆论宣传，让广大教师对学校开展特色工作的原因、如何开展、自己在这项工作中的具体职责等有深刻认识，否则可能使学校工作处于“雷声大、雨点小”的尴尬境地。例如，在访谈中，当教师被问到“您认为什么是办学思想”时，大部分教师不能明确回答出办学思想的定义，只能简要表明“办学思想是有关校长如何管理学校、如何办学的思想”。问及“办学思想的核心构成是什么”时，教师也难以有共同的认识。总体而言，教师在办学思想内涵的认识方面存在概念模糊的情况。①

第三，理论指导不足，特色发展工作停留在经验层面。学校要办成一所特色学校，涉及校园文化建设、学校办学理念的重新制定、课程教学变革、评价的改革等。若理论储备不足，无法依靠理论指导教师开展特色发展工作，只能停留在经验层面，导致实际工作与特色发展出现“两张皮”的情况，无法达到特色工作的原有之义。

第四，动员不足，教师对学校的办学理念缺乏共鸣。学校特色办学理念是由以校长为主的行政班子或者学校骨干教师制定，更需要普通教师的参与。但实际上很多学校在制定特色办学理念时，全盘吸收专家的理念或只让一小部分的骨干教师或行政班子参与制定，其他办学主体未能参与，而参与制定办学理念的小群体更多是充当“传达者”的角色，仅仅是告知教师学校要制定办学理念，前期调研不到位，没有使教师形成共同的愿景和价值观，导致少数人制定的理念不被广大教师接受和理解，或者出现理解偏差。总而言之，大部分教师无法深刻领悟学校为何要提出这样的办学思想，对其中的精髓、如何落实、自己的具体职责等都无法有正确的认知，这就造成教师在实践过

① 杨小玲.学校办学思想的教师认同研究［J］.闽南师范大学学报（哲学社会科学版），2020，34（3）:130–134.

程中出现“执行不到位”或者“明知而不行”的现象。

第五，学校特色办学发展工作中的变革引起的自然反应。学校进行特色发展，必然要形成变革，这对教师原有行为模式、观念或教师的利益都会产生影响，而每个教师都有自己的教学方式和对教育的领悟。当一种新的理念或者行为方式被引进时，教师会对这些新事物产生自然的抵御反应。

第六，乡村学校领导风格和管理风格无法凸显价值。学校管理方式关系到学校教学是否能有序开展和学校的未来发展规划是否能按部就班地实施。我国目前实行的是党委领导下的校长负责制管理模式，因此，学校的管理方式即校长的领导风格、领导范式。领导者的领导风格主要有三种，分别是命令型、放任型和民主型。命令型的领导者常常以通知的形式命令教师，需要教师无条件地服从；放任型的领导者对教师放任自流，任由教师“自由”发展；民主型的领导者往往会听取教师的意见，尤其是老教师、骨干教师的意见，获得学校主体的一致认同再进行下一步操作，凸显教师的主人翁地位。但在实际情况中，容易出现校长过于集中强制管理的现象，缺乏管理的公平性，使教师的主体地位受到削弱，造成教师对学校管理方式的反感，加大了对学校文化认同难度。L老师在寄宿学校工作了六年，从普通教师慢慢升为科长，但前校长在任时管理理念落后、管理制度使人压抑，导致L老师对学校文化并不认同。而在新校长上任后，凸显了教师的主体地位，教师能够参与学校发展并有建议权和决策权，L老师感受到公平的晋升制度和人性化的管理，对学校文化的认同感迅速增加。①可见，学校领导风格和管理模式的不同会对乡村教师是否认同乡村学校文化产生影响。

c 社会

第一，媒体对乡村教师的污名化。

教育一直都受到社会的高度关注，尤其是乡村的教育教学质量与城市的差距较大，乡村教育更受到教育部门和媒体的聚焦。他们喜欢对乡村教育进

① 魏丽玲，彭显耿，戴健林.教师学校文化认同的影响因素研究——基于L老师的生活史考察[J].中小学德育，2017（9）：41-45.

行过多地描述，但往往因为缺乏深入的调查和理性的分析，他们的描述过于片面，对教师和学校缺乏理解和同情，经常会出现这种现象：只要媒体报道家长和学生发生的事情，大众普遍第一反应就是乡村教师和校方有错。

乡村教育质量不高，乡村教师固然有责任，但是外界因素的影响也不容忽视。之所以人人都能对教育指手画脚甚至质疑教师的能力水平，基本是受到“没有教不好的学生，只有不会教的老师”这一有失偏颇的教育成见误导。教师成为完全的“罪人”，人们开始挖掘乡村教师的“特质”，诸如“低学历”“理论知识不全”“不具备现代知识和技能”“眼光窄”等标签被贴在他们身上，然而并没有考虑到乡村学生人数少、师资结构不合理、学生基础薄弱、家庭教育缺失、教师工作冗杂、家长不合作等现实问题。教育部门和媒体简单地以某一个教育成见来评判教育问题有失公允。乡村教育虽然暂时落后于城市，但也是在不断进步的，媒体和教育部门戴着有色眼镜去看待乡村教育，忽视乡村教育取得的成就是不公平、不可取的。

第二，乡村家长对乡村教师的蛮横化。

由于乡村家长的知识有限、文化水平不高，在他们的观念中，乡村教师不及城市教师，所以他们努力送自己的子女到城市就读。而无法送子女进城学习的一些乡村家长不仅拥有上述想法，还认为乡村教师就是国家请来的“保姆”，一旦子女哭诉在学校的经历，家长往往不分青红皂白直接一个电话打给班主任，甚至带人到校闹事。H老师在2017年有过类似的经历。2017年是H老师在乡镇中学任教的第一年，在她带的班级中，有一个学生在课间流鼻血，H老师立即打电话通知其母亲。由于学生住址距离学校较远，交通不便，再加上其母亲行动不便，便让学生请假出校看医生。该学生不愿意，她和其母亲商量先观察观察情况，若情况严重，再另行通知，当晚一切安好。到下一周时，该学生生病发烧，H老师刚好巡视完班级回到宿舍准备吃饭和洗漱，便由数学老师打电话告知家长。学生父亲认为学校不关心孩子，要将H老师、数学老师和副校长告到教育局，并且带来了一群赌徒、酒友到学校德育处闹事，声称只通知母亲，未通知父亲。甚至扬言巴不得其女儿在学校出事，让学校赔钱给他。此时H老师因迟迟不见家长到校，已先行带学生到附近的卫生院就医。这件事给H老师造成了一定的消极影响。

由此可见，乡村家长对乡村教师缺乏尊重，是乡村教师“逃离”“流失”的因素之一，尤其是年轻教师，刚入职对教育怀着一腔热情，充满着对教育事业的憧憬，更容易受非教学因素影响。

3.5 乡村教师文化认同的应对策略

3.5.1 观念上

a 国家

在教师培训上，一方面，教育部门应设立有关乡土文化学习的培训，从物质到非物质元素覆盖全面。在相关培训中，根据教师的实际需求增添对应的优秀传统文化内容。另一方面，应增加高校传统文化类课程，在职前教育方面提前进行相关的教育渗透，在教师资格证考试中提高文化考查比例。

在文化宣传上，国家和地方政府应加大对乡土文化的宣传，由官方制作各地乡土文化的小视频，利用微博、微信公众号、抖音、微视频等新媒体形式进行宣传，鼓励企业回乡发展或回乡投资建设，提升全民对乡土文化的认知、认可，增强全民学习乡土文化的意识。

b 地方

首先，地方部门应通过微信、视频、微博等形式加大当地乡土文化的宣传力度，吸引游客到当地深入体会乡土文化，乡村教师也可通过官方账号感受乡土文化氛围。

其次，当地还应组织乡土文化讲演活动和展会活动，增强有关乡土文化题材的创作，推出反映新时代、新气象、新乡土文化的文艺作品。同时鼓励公共图书馆的开放，推动全民阅读，建设“书香乡村”，敦促乡村电影放映设备升级优化，对乡土文化多加宣传，加深乡村教师对乡土文化的认识。

最后，地方政府应充分发挥乡村的墙体和广播的作用，张贴宣传标语横幅，并利用好村委每天傍晚播放的广播进行当地乡土文化的宣传。

c 学校

学校应提高各科教师专业发展的积极性。俗话说：“要给学生一杯水，教师要有源源不断的自来水。”学校应组织并鼓励教师群体主动进行阅读与反思，丰富自身文化知识，打造如QQ群、微信群、读书分享会等交流平台，便于教师在组织中提高自律意识并从同伴身上获得更好的阅读和思考方法。同时学校也要鼓励教师增加互动，组织教师跨学科交流，借助共同开发传统文化课程加大教师之间的沟通，在沟通交流中使乡村教师深入了解乡土文化背后的故事，进一步感知乡土文化，产生认同感。

学校应挖掘与乡土文化结合的学校文化特质。开展“我们的价值观”大讨论活动，凝练学校共同价值观的核心词，在印发学校理念的小册子、表格、教师教案本、备课本、班主任手册上面标注出来，同时进行学校文化成果展示、排演学校原创话剧，增强教师对学校文化的认同和自觉。

d 教师个人

首先，教师应积极主动阅读相关乡土文化的书籍。了解当地的文化历史并对其进行梳理，在教师交流会上，与同伴们共同分享学习，既加深自身对乡土文化的理解，也能引导同伴们对此进行深入探究。

其次，教师应积极主动走访乡村各地，参观当地的博物馆、景区、美术馆或进行家访等，在此过程中获得更多的乡土文化知识。

最后，教师应提高自身的专业发展意识。教师不仅扮演了“传道、授业、解惑”的角色，同时也是一名“研究人员”。不应仅仅满足于教书本上的知识，还要进行对教育教学问题以及传承乡土文化的研究。这就要求教师具备问题研究意识并掌握相应研究方法。这些都需要乡村教师通过继续学习才有机会获得，这样才能更深入地观察和了解乡土文化，并对振兴乡土文化提出自己的见解。

3.5.2 制度上

首先，应改变乡村地区的教育价值理念。如果不彻底改变乡村地区的教育价值理念，国家如何改革都无法取得良好的效果，因此在出台政策发展乡村教育时，要对当前教育评价制度进行改革，从根本上改变乡村的教育价值理念，帮助乡村走出当下的困境。中共中央 国务院2019年印发的《关于深化教育教学改革全面提高义务教育质量的意见》和2020年印发的《深化新时代教育评价改革总体方案》都对义务教育质量评价体系提出了明确的要求，克服“唯分数、唯升学、唯文凭、唯论文、唯帽子”的顽瘴痼疾。[①]只有转变社会和教师的教育价值理念，教师才会将目光聚焦在乡土文化的挖掘上，并将其融入课堂教学活动中，传承乡土文化。

其次，应建立差异化的评价体系，突出乡村教师的贡献。乡村学校的生源与城市的生源相比较差，而且乡村教师的工作冗杂，如果以同一标准来评价城乡教师的工作，对乡村教师是不公平的。因此应该建立起差异化的评价体系。乡村之间也要区别开来，按乡镇学校、村级教学点进行分类评价，同类同级别学校的评比也要加强，使评价体系更加完善，更具有科学性和说服力。同时，应以新课改为契机，建立一种不把考试分数、升学率作为评估教师教学能力的唯一标准的评价体系，引导乡村教师积极主动发展乡土文化，将乡土文化引进学校，并策划各种相应的实践活动，使乡村教育更加贴合乡村特色。

事实上，教无定法，各所学校、各个教师都有其教学风格，只要是在认真办教育、认真搞教学，都有其可取之处。我们应该设立多种奖励，对乡村教师在教育教学中的成绩和创新之举进行表扬及宣传，坚定他们扎根乡村的决心。在职称评定上，为乡村教师提供适合乡村情况的标准，在名额分配上倾斜乡村学校的一线教师，让他们感受到国家和社会对他们的尊重以及职业成就感。如果他们能够感受到自身的价值所在，就会更愿意扎根乡村、了解乡村的民风民俗，进而认同乡土文化，并为得到更多人对乡土文化的认同而努力。

再次，应提高乡村教师的薪资待遇，留住乡村教师。仅强调精神激励是不够的，缺乏物质支持的乡村教师，无法养家糊口，无法保障自身的基本生活，难以在乡村持续待下去。因此，需要国家提高乡村教师的薪资待遇，保

① 教育部基础教育司.健全义务教育质量评价体系 推动义务教育优质均衡发展［EB/OL］. http://www.moe.gov.cn/fbh/live/2021/53013/sfcl/202103/t20210318_520545.html.

障乡村教师的生活。例如，建设边远艰苦地区乡村教师周转宿舍，提高乡村教师基本工资水平以及绩效津贴，优先评聘乡村教师等。当然，在出台政策时，国家也要考虑地方政府在落实国家政策时可能会“打折”，因此国家要调整实施的方式，比如，乡村教师的薪资待遇应尽量直接将经费打入各个乡村教师的账户中，避免出现挤占、挪用、统筹等现象。[①]

最后，完善乡村教师培训政策，打造高质量的师资队伍。根据乡村实际情况，为乡村教师提供具备针对性和实效性的培训内容和形式，如送教下乡、名校培训、乡村教师研修等。同时，依据《中小学教师培训课程指导标准（师德修养）》，专门制定专属乡村教师的“培训能力诊断表”，既能让培训管理者对标实现分层培训，也能让乡村教师对标进行自我甄别和自我认知，判断自己处于何种层次，按需培训，并努力往上一层次发展。

构建专业发展平台，推动乡村教师职业发展。专业发展是教师提高自身知识、技能与获得成就感，实现自我价值的主要途径。乡村教育具有独特性和复杂性，乡村教师任教科目多，教学和非教学的工作冗杂，他们的工作无人可替，乡村教师的专业发展道阻且长。因此，在构建专业发展平台时应考虑乡村教师的难处，给予乡村教师学习便利。

具体来说，可以从以下两个方面来进行。一方面，乡村教师的培训内容及地点要转变。乡村教师本身工作繁忙，会议、培训也不少，而这些会议、培训等基本上都是在城区进行，乡村教师为此经常奔波劳碌。城区的教学理论固然重要，但对于乡村教师而言，效果并不明显，理论和实践相结合的培训方式更加适合他们。因此在培训时应将主场从城区转为乡村，让培训更加切合他们的实际情况，使乡村教师在观摩和实践中学到更符合乡村情况的本领，在专业发展上得到更实际的帮助。另一方面，要健全城乡教师轮岗、换岗制度。为缩短城乡教育差距，促进教师的专业发展，各地相继出台城乡教师轮岗、换岗制度，并取得了不错的效果。但我们也要看到其中的问题。轮

① 熊丙奇.不能让300多万乡村教师看不到未来[J].内蒙古教育，2016（1）:41.

岗、换岗的时间较短，教师学习到的只是表面，很多教育教学改革还没具体开展就已结束；有些教师就当是应付工作；还有部分小规模学校并没有获得轮岗、换岗的名额，导致这一制度流于形式。要健全城乡教师轮岗、换岗制度，应该延长轮岗、换岗的时间，同时增加轮岗、换岗教师的名额，并且为教师的教育教学交流建立平台，实现乡村教师专业发展的目标。

3.5.3 行为上

a 地方政府

首先，地方部门应加强乡土文化建设，将城市文化的“潮”与乡土文化的“土”融合，对乡土文化进行深入发掘和创新，强化乡村教师的乡土文化认同，使他们既不对城市文化过分追求，也不对乡土文化妄自菲薄，大力弘扬乡土文化。例如，广东省L市挖掘了T镇上的肉桂文化，并建设了肉桂主题公园，吸引广大游客了解肉桂的起源、历史、用途等，同时也发掘了T镇上的长岗坡精神，建设长岗坡博物馆和长岗坡文化休闲旅游区，使游客深入了解长岗坡精神。

其次，地方政府作为学校的外部支持者，应向乡革教师免费开放当地博物馆、美术馆等文化场所，让乡村教师走进乡村，了解乡土文化。

再次，地方政府应建设富有文化底蕴的乡村品牌旅游景区，推进红色旅游、地方文化旅游、非遗文化旅游等，坚持以文塑旅，以旅塑文。同时，加强社会舆论引导，运用各类媒体对乡土文化及乡村先进文化事迹等进行报道宣传，不断扩大社会影响力，让“乡土文化”“新乡贤”等真正具备吸引力，营造推崇、学习乡土文化、新乡贤的氛围。

最后，应加强新乡贤文化建设。《关于加强新时代乡村教师队伍建设的意见》提出乡村教师要“深入当地百姓生活，通晓乡情民意”“融合当地风土文化，跨学科开发校本教育教学资源”主动“家访、谈心谈话”，实质上就是让乡村教师融入一方水土，发挥新乡贤的示范引领作用，这不仅有利于厚植乡村教师的乡土教育情怀，更有利于形塑乡村教师的现代教育理念，推进乡村教育现代化和乡村振兴。①

b 社会

首先，媒体在报道有关学校教育事件时，需要对事情的真相进行深入调查和分析并客观报道，避免刻意引导大众产生先入为主的观念，不对乡村教师和乡村教育进行“污名化”。同时，媒体应深入了解乡村教育和乡村教师，多报道乡土文化内涵、乡村教师背后的辛苦，以及乡村教育的进步，向大众报道与印象中不一样的乡村教育，树立社会大众对乡村教育振兴的信心。

其次，社区和学校应加强协作，合力办好乡村教育。一方面，要争取获得乡村家长的支持与理解，社区即村委，应多向乡村家长宣传有关家庭教育的重要性以及乡村教育的进步性，乡村电影着重播放能够体现教育的重要性以及乡村教育振兴对于乡村和自身有益处的影片；另一方面，学校成立家长委员会，由小部分家长带头参与并了解学校内部教育的运作，由他们带动更多家长对乡村教育产生认同感和信心。

同时，陶行知先生早在多年前就提倡“小先生制”教学模式，既然孩子们能做好同龄人的“小先生”，也就可以做好父母亲的小老师。在学校教师的带领下，孩子们可以开展一些活动。比如，建立“小小广播台”，把其作为监督村民遵守村规民约的平台，每天在固定的时段由“小主播”对村中实事进行点评；利用周末筹办一些文艺活动或是亲子类的比赛，丰富村民的文化生活；成立“普法小队”，号召村民们学法、守法；开展“我是环保小卫士”活动，为家长们做好爱护环境的榜样；还可以为村民们提供免费的信息技术培训等，为他们拓宽视野，并实现创收增收。通过各类活动的长期开展，不仅可以活跃乡村的文化生活，促进乡村精神文明建设，还可以帮助村民们告别陋习，树立科学、文明、现代、时尚的生活新观念。由此可见，乡村孩子们对乡土文化的学习与理解，在一定程度上能够引起村民们对乡土文化的了解和重视，从而使村民产生保护和传承乡土文化的意识，形成乡土文化认同。

---

① 郇志辉.乡村教师队伍建设再发力 齐心合力打出新的组合拳［EB/OL］.http://www.moe.gov.cn/jyb_xwfb/moe_2082/zl_2020n/2020_zl47/202009/t20200904_485132.html.

c 学校

第一，“异乡人”转为“家乡人”。中国的乡村教育家晏阳初先生早已提出重塑乡土文化的经验：要想“化农民”，首先必须“农民化”。因此学校应鼓励教师走出校园，到田间地头多看看，寻找乡土文化，发掘其源头及发展历史。除此之外，应制定使乡村教师了解乡土文化的新培训制度，学校校本培训的培训内容、课程设置、培训模式等应更切合当地实际。①还要开设乡土文化专题等活动，让乡村教师深入乡村了解乡土文化，明白乡土文化的来历、形成、特色和发展趋向，以及在乡村社会发展中的意义和价值。②同时，开展综合实践活动课程和校本乡土课程，组织乡村教师研讨、筛选和改造乡土文化并加以利用，编写乡土文化教材，实现对乡土文化的传承保护功能。

第二，构造人文管理文化。学校应将自身文化管理中的职责分为两个方面。一是根据学校发展实际总结并提出学校文化体系，包括学校价值观、办学理念、校训、成员行为准则及学校环境设计思路等，通过适当的方式让全体教师认同倡导的文化价值并内化为他们的行为。二是构建一种人文导向的学校管理文化，形成一种尊重人、关心人，彰显主体人格的、有利于学校变革的组织文化氛围。③

第三，加强学校文化建设。乡村学校是乡村的文化中心，它贴近村民的生活，并且为村民的子女提供基础教育，是中国国民教育体系的奠基石。同时，乡村学校还承担着一项重要的文化使命，即传递乡村文明，实现乡土文化与区域环境的长期认同。将乡土资源融入校园文化，可以使乡村学生和教师受到乡土文化的熏陶，在潜移默化中将乡土文化、乡土情感烙在内心深处，增加其对学校文化的了解和认同。建设好学校文化，既可以传承乡土文化，又可以培养乡村教师的乡土文化认同。

---

① 孙刚成.中国乡村学校的困境与突围［M］.北京：人民出版社，2018.

② 王小红，王倩.乡村教师乡土文化自信的缺失与重塑［J］.教育与教学研究，2019，33（6）:54-60.

③ 徐志勇，张东娇.学校文化认同、组织文化氛围与教师满意度对学校效能的影响效应:基于结构方程模型（SEM）的实证研究［J］.教育学报，2011，7（5）:116-128.

因此，乡村学校应加强学校文化建设，建设时要以乡土为依托，以自然、绿色、生态、可持续发展为旨归，在独特、精致的设计中向学生传达当地特色文明，展现乡土文化，使校园景观与乡土文化和谐地融为一体，让学生和教师走在校园里，只要细心观察，处处皆有学问，物物皆是教材，整个校园即是一个会说话的、灵动鲜活的教育场景。①学校不仅可以通过校园墙体、走廊等普及乡土文化的知识，还可以举办具有当地文化特色的活动或者第二课堂。例如，广东省L市可增添肉桂种植及其作用、南药种植等劳动课程。学校在日常教研、备课等活动中，应组织乡村教师结合相关乡土文化元素进行深入的交流，同时将这些元素纳入各科教师课堂中，并展开听评课活动，在乡土文化课堂上进一步增强自身对乡土文化的认同与依恋。

另外，乡村学校办学理念与乡村教师认同存在密切的四象限关系。管理学大师明茨伯格（H. Mintzberg）从组织的角度区分了以下四种认同方式：一是自发的。他认为新进人员之所以选择进入一个组织是受到了该组织信念的吸引，这种认同感是自然而然发生的。二是挑选的。即组织选出新成员来“配合”现有的信念，并按照成员们对那些信念的忠诚度来安排相应的职务。三是激发的。当组织对忠诚度有很大的需求时，就会利用非正式的社会化成功和正式的教育课程，来加强成员们对组织信念的认同。四是计算的。他认为个人之所以符合组织的信念，不是因为他们自然而然就可以认同它们，也不是因为他们不得不去符合它们，更不是因为他们被社会化或教化了，而是组织支付薪酬要他们去认同这些信念。这样，组织成员也许很喜欢工作或团体本身，也许很满意现有的待遇，也许愿意努力工作来获得晋升机会，但这种认同感很脆弱，只要有更好的工作机会出现，信念就会立即消失。明茨伯格的研究给如何强化教师对学校的发展目标和愿景产生认同提供了一些启示。

当学校办学理念能被自发地认同，说明该校的信念比较易于理解、接受，教师和学校的利益保持一致；如果认同感需要被挑选出来才能被认可，那么

① 操太圣，卢乃桂.论学校组织变革中的教师认同［J］.华东师范大学学报（教育科学版），2005（3）:43-48.

该校的信念只是客观存在而已，并且需要通过教育和社会化的途径才能激发或者强化。事实上，不少学校是通过非正规的社会化成功或更正式的教育课程来保持教师对其理念的认同，抑或是依靠薪酬、福利等方式激励教师认同学校的信念。学校应根据自身的特点选择不同的策略来吸引教师认同，但真正的认同只能来源于教师所从事的事业成就感，即人内心深处最看重的终极价值追求，也就是马斯洛的需求理论里最高层次的需求。

开展全校办学理念研讨会，提高教师参与度和认同感。鉴于教师在践行办学思想上的重要性，学校应开展全校办学思想研讨会，让全体教师都能参与进来，提高教师的主人翁意识。学校领导应以身作则，组织全体教师一起讨论并确定学校的办学思想，行政班子在其中做好统筹协调工作。考虑到会有新教师入职，学校可在每学期开始时开展一次办学思想讨论会，并在其他会议上及时对办学思想进行更深层次的解读，同时听取其他教师在践行办学思想过程中遇到的难题，由全体教师共同商讨出解决方案。总之，要让全体教师都能参与进来，增强教师的主人翁意识，以加强其认同感。

深化校园文化建设，营造教师认同的氛围。除了让教师参与办学思想的制定，还可以通过校园文化来增加教师对乡土文化的认同感。一方面，可以通过校园墙体或走廊以直观的方式向教师和学生展示与办学思想相关的内容，如绘画作品、书法作品等，使师生都能知悉学校办学思想，也可以将学校的办学思想融入校徽、校歌和校服中，让师生在潜移默化中接受、认同学校的办学思想；另一方面，学校可以将办学思想印在学校的小册子、名单、表格、邀请函、信件上，不仅可以加强教师认同并提醒教师根据学校的办学思想进行教育教学活动，还能使外界人士对学校办学思想更加认可和支持。

以校本培训提高教师执行力。学校的办学思想不仅是从理论上对学校发展的高度统领，还需对教学、管理、制度等方面进行细化，而这细化工作同样需要教师参与，因此教师要改变观念并提升能力。学校要注重教师队伍建设，为教师提供培训发展平台。如开展班主任专题培训、老教师与青年教师"结对子"等校本培训，名班主任工作室、"国培计划"、市级培训、区县培训等校外培训或者校际联动，寻找区域内优秀教师作为本校乡村教师的教育顾问或指导教师。只有教师具备实施办学思想所需的观念、知识、能力和素养，学校的办学思想才能有效落实，教师在实践中才能得心应手，学校才能凝聚全体教师的力量共同为学校的特色发展努力奋斗。

d 教师个人

首先，积极发挥当地优势，开发乡土课程。乡村与城市是不同的，乡土文化与城市文化自然是不同的，乡村教育也同样有别于城市教育。乡村教师作为乡土文化的建设者与参与者，应立足于“乡土文化”，形成乡土文化自豪感，树立文化自觉意识，不再将城市文化生搬硬套到乡村中。因此乡村教师应充分发挥当地发展优势，将当地资源整合为育人资源，并共同开发校本课程和地方课程，将乡土文化融入校园、融入课程，引导乡村学生认知乡村世界，填补乡村学生文化精神的缺失。如乡村教师可以依托乡村的民谣、戏曲等来编写乡土音乐教材，依托乡村的历史、民间故事、名胜古迹、名人先进事迹等编写乡土历史教材，依托乡村的剪纸、编竹等传统工艺来编写乡土美术教材。

同时，教师在教育教学过程中要积极了解学生，将乡土文化内容与学科教学内容相结合，师生双方在对话中建构自己对乡土文化的深层次认知，唤起彼此的文化认同，创造良好的微观乡土文化生态，让学生获得发展的同时热爱乡土文化。总之，乡村教师应该是发展乡土文化的“局内人”，而不是“边缘人”。

其次，运用文化同化和文化适应原理辨古析今、审视中西。文化差异是文化认同的基础，没有文化差异所带来的文化认知冲突也就没有真正意义上的文化认同。教师在面对城市文化与乡土文化时，一方面将感知的城市文化元素加工改造，纳入自身的文化结构；另一方面根据具体情况进行心理与行为的调整，在比较、辨别城市文化与乡土文化的基础上对自身原有的文化认同体系进行解构和重构。发展乡土文化并不是单纯地生搬硬套城市文化，也不是盲目排外，而是要辩证取舍，实现乡土文化的创造性转化和创新性发展。

再次，重塑乡村教师文化形象。教师的形象代表着学校的形象，教师的文化形象在一定程度上表示学校具备的文化气息。而由于过往城乡教育失衡、社会错误认知等原因，乡村教师并未注重自身的文化素养，致使乡土文化难以传承，乡村学校缺乏文化底蕴。因此，振兴乡村和乡土文化，需要重塑乡村教师的文化形象。在打扮穿着上要得体，教师的衣着代表着教师本人的形象，也反映出教师个人的品质和修养，作为乡村教师，要在穿着上给学生朴素大方的感觉，潜移默化地培养学生的正确审美观，陶冶情操。除此之外，还要塑造内在文化形象。教师的一言一行都对学生产生深远的影响，如果教师的思想内涵充满文化气息，学生也会受教师个人魅力影响，更加努力学习，以增加文化内涵。因此，乡村教师平时要多注重阅读书籍并提升自己的文化水平。

最后，加强自身新乡贤文化建设，成为新乡贤队伍的中坚力量。成为新乡贤要做到以下几个方面：一是树立为乡村服务思想。无论地位、经济状况如何，都要铭记自己是服务型新乡贤。二是融入村民。新乡贤也是村民，而不是上对下的领导关系。因此，乡村教师要成为新乡贤，需要融入乡村生活，积极主动地与村民做朋友，与他们深入沟通，成为村民眼中的“自己人”，从他们身上了解更多民间传说、民谣、乡风民俗等乡土文化，同时也参与乡村的治理管理，更好地为乡村建设服务。三是坚定服务乡村的决心。乡村教师可以通过坚定决心抵御城市生活的各种“诱惑”，能够尽快熟悉陌生的乡村情况，明确自身对于振兴乡土文化的不足和努力的方向，不断向新乡贤靠近。

4

文化冲突及其调适

新生代乡村教师

随着时代的发展，新生代乡村教师的比例不断地扩大，逐渐成为乡村教育的主力军。目前对新生代乡村教师理解还未统一，主要是指出生在 1980 年以后，曾就读于高等院校或师范院校，通过教师招考进入乡村学校的青年教师。①与传统一代的乡村教师相比，他们在观念、行为、个性等方面都有明显的新时代痕迹，同时也更具有创造性。目前已有学者对新生代乡村教师这一群体展开了研究，但是从文化角度的研究仍然欠缺。我国现处于社会转型期中的“城乡中国”阶段，这加剧了我国的文化冲突（文化冲突是指不同文化在相互接触中由于文化差异引起的种种矛盾）。②文化冲突问题在新生代乡村教师身上亦有所体现，并且越来越突出，这对解决乡村教师队伍不稳定问题、提升乡村教育质量等形成一定的阻碍。因此，调适新生代乡村教师的文化冲突问题对促进乡村教育发展、加快城镇化进程有重要的价值与意义。

① 王中华，贾颖.论新生代乡村教师乡土知识的建构［J］.教育科学研究，2020（6）:85-90.
② 王中华，贾颖.特岗教师文化冲突及其化解［J］.当代教育科学，2019（11）:64-69.

4.1　新生代乡村教师文化冲突的表现

每一种文化都具有独特价值，不同文化之间具有平等性，无高低、优劣之分。我国是一个具有多元文化的国家，而信息时代促进了不同文化的交流，新生代乡村教师处在这样一个不同文化相互交流，并且可能与自身已有的文化相矛盾的情境下，必然引起文化冲突，具体表现为以下几个方面。

4.1.1　城市文化与乡土文化的冲突

城市文化与乡土文化之间存在着生命延续的关系，从这一角度来看，城乡文化之间并不存在冲突。但是从社会发展的过程与目标来看，城市文化是在逐渐更替、发展和丰富乡土文化，两者的矛盾随之产生，并且两者的冲突在社会各领域、各群体中都有一定程度的表现。城乡文化在观念、社会制度、结构、阶层、风俗、生活方式等方面，都显示出巨大的差异性。新生代乡村教师的城乡文化冲突主要表现在城乡习俗文化冲突、城乡语言文化冲突、城乡地理身份文化冲突、城乡教育理念冲突四个方面。

a　城乡习俗文化冲突

我国的现代城市习俗文化是在中国乡土习俗文化的基础上，吸收、融合了西方文化形成的，因此在许多方面都表现出西方文化的痕迹与特点。虽然城市习俗中仍然保留了部分乡土习俗，但是观念、形态与方式已有很大的改变，相对于城市习俗的随意、简约和开放，乡土习俗显得更谨慎、复杂和保守。新生代乡村教师在城市中接受高等教育，受到了城市文化的冲击，在价值取向上他们更倾向于选择城市习俗文化，并最终反映在其生活方式、日常教育教学工作中。两种不同习俗文化的相遇，无非存在两种情形：一是相互理解与包容，二是发生冲突。现实是冲突居多，有时甚至是对抗性的冲突。

众所周知，我国的乡土习俗文化非常多元，有时甚至是邻村之间的习俗都有很大的差异，并且有较多忌讳，导致长期浸润在城市习俗文化中的新生代乡村教师无法适应。例如，在安徽某一所学校中，一个女学生头发被粘上了起泡胶无法清理干净，为了学生的安全，教师（女性）在经过学生奶奶的同意之后，将被粘住的一截头发剪掉。学生父亲得知后，以破坏其家乡习俗（当地的习俗是女孩子不能由女教师剪头发）为由向女教师索赔。在这则案例中，教师从安全的角度出发为学生剪掉头发，并且是获得学生的家属同意之后才采取行动的，该教师的做法体现了以人为本而且是文明的，这正符合城市习俗文化的特点。新生代乡村教师年轻、经验少，不具备乡土习俗文化知识，而乡民只站在其自身的立场考虑问题，冲突不可避免。

b　城乡语言文化冲突

虽然我国已经普及了普通话，但由于我国是一个多方言国家，每一种方言都有其特色，即使人们说普通话，也难免带有其本地方言的口音和表达习惯。在乡村社会中，大部分乡民使用的仍然是方言，而且由于文化水平不高，通常用词相对粗鲁、不文明，掺杂在普通话中生涩难懂。语言的差异性让不同的文化产生隔阂，新生代乡村教师从城市社会进入乡村社会，他们习惯了城市中更为正式、严谨、文明的语言环境，面对乡村的语言环境或多或少会产生不适。教师听不懂方言，双方存在沟通交流的障碍，给教师的日常生活带来不便，不利于教师展开教育教学工作。乡村儿童长期受到不良语言环境的影响，增加了教师开展教育教学活动的难度，教师需要花费更多的时间和精力去矫正儿童的不良语言习惯。除此之外，由于城乡的现实差距，新生代乡村教师会不自觉地将自己的姿态放在较高的位置，容易对乡村的语言文化环境产生厌恶感。教师的心态没有摆正，就非常容易产生语言交流上的冲突，甚至升级为肢体冲突，这将给其工作的顺利开展带来阻碍。

c　城乡地理身份文化冲突

从人的构成角色考察城市发展历程会引出三个概念，即乡民、市民、国民，它们分别代表了人类社会的不同发展阶段和社会背景。[①]由于我国城乡二

---

① 陈宇飞.城市文化概论［M］.北京:文化艺术出版社，2008.

元经济结构和户籍制度的实行，人们常把市民与乡民的概念用于城乡居民的地域区分上，并且对两者进行社会地位上的区分。在很长的一段时间里，乡民的身份地位处于市民之下，在各领域受到不同程度的歧视，城乡居民之间的文化冲突也因身份的不同而产生，从而形成一种不友好的身份文化。站在乡民的角度，长期受到不公平的对待会使其对市民的到来以及他们的思想、理念等产生排斥和抗拒；市民常常会因乡村落后的物质条件、观念和行为而俯视乡民，自然也不能融入乡民社会。近年来，随着国家对乡村社会发展的重视以及城镇化进程的推进，在大环境下，城乡居民的地理身份文化冲突有所缓解，但是在小范围内，它仍然存在于各领域，在新生代乡村教师身上亦有所体现。有城市户籍的乡村教师经常站在市民的立场，但是他们需要接受乡土文化并且融入乡村学校工作，就此他们陷入了矛盾的境地。

d 城乡教育理念冲突

新生代乡村教师在高等教育阶段就已接受新式的教育理念，因此在工作中会秉持着素质教育和全面发展的教育理念，并将之运用于实践。相对于城市，素质教育和全面发展理念的传达与理解在乡村社会中具有滞后性，相应的教育活动也开展缓慢。无论是家长，还是传统一代的乡村教师，大多数时候都无法理解什么是素质教育，仍然保持原有的应试教育理念。因此，在教育教学的过程中，新生代乡村教师的教育理念容易与家长、传统一代乡村教师、学校的教育理念产生冲突。一方面，大部分家长只认识到知识的重要性，他们文化水平较低，往往片面地认为学生只要会读书写字、考取优异的成绩就好，其他的都不重要，甚至认为开展一些艺体类活动是没有必要的。另一方面，学校和传统一代乡村教师迫于升学的压力及缺乏开展素质教育的经验，并没有给新生代乡村教师开展素质教育提供更多的机会和条件，与新生代乡村教师形成教育理念的代际冲突。此外，素质教育的开展需要建立在一定的教育资源基础上，但是我国教育资源分配不均衡的现实情况俨然成为开展乡村素质教育的客观阻碍。由此可见，新生代乡村教师所秉持的教育理念与现实的教育理念格格不入，冲突就此产生。

4.1.2 现代文化与传统文化的冲突

关于传统文化的定义，学者们各持己见，一直存在着争议。传统是相对于现代而言，而文化具有时空的特性，那么我们在理解传统文化时，就不能脱离其时间性和空间性两大特性，即传统文化需要具备一定的历史积淀，且稳定地存在于特定的族群当中。现代文化也叫现实文化，指“人类基于现实生活和现代实践而形成的活生生的文化。它具有时代特征，且符合人类的现实需要。”[①]现代文化是在传统文化的基础上演进而来的在时间上现代文化虽然是对传统文化的继承与创新，但在空间上两者都有其适用的特定族群和地域范围，一旦超出这个范围，两种文化便会产生认同失调的情形，进而产生冲突。在沉淀着传统文化的乡村中，新生代乡村教师所表现出的现代性特征就容易导致文化矛盾与排斥。

与以宗法血缘维系、强调群体伦理和注重人情的中国传统文化不同，现代文化更强调理性的人本和法治精神，虽然这较之中国传统文化有进步的一面，但是也延伸出了个人主义和自由主义。当前大多数人对于现代文化较为推崇，但对其概念的理解浮于表面，甚至曲解其意，无视中国传统文化中的积极意义和恒久价值。因此，在中国乡村社会中，奉行现代文化的新生代乡村教师在处理人与自然、人与社会，以及人与人之间的关系时难免会引发冲突。

此外，中国传统文化中守旧的一面令新生代乡村教师无从适应。传统文化通过对个人的束缚来阻止新文化产生，[②]在中国传统文化仍占重要地位的乡村社会中，人们通常以审视的眼光看待新生代乡村教师，教育观念与行为方式无法被乡民认同令新生代乡村教师难以适应。中国传统文化束缚着新生代乡村教师。例如，即使是在同一所学校上班的夫妻也不能过多地同时出现在公众场合，因为这在乡民眼中是不文明的行为，为防止被议论，教师们只能

① 周晓阳，张多来.现代文化哲学［M］.长沙:湖南大学出版社，2004.
② 李庆霞.社会转型中的文化冲突［M］.哈尔滨:黑龙江人民出版社，2004.

墨守成规。

4.1.3 青年亚文化与社会主流文化的冲突

青年文化是一个后来的概念，其定义众说纷纭。我国学者倾向于从青年文化的青年性特点对其进行解读，如戴冰认为青年文化是指青年所特有，并为青年所分享的，相对独立于社会主流文化的一种文化现象，它在整体上体现了青年群体基本的价值观念与行为规范。①青年文化在我国学者眼中具有两面性：积极的一面与社会主流文化相联系，符合时代与社会发展的需求；消极的一面与主流文化相冲突，对社会发展起阻碍作用。而西方学者则认为青年文化带有贬义的意味，即青年文化是一种亚文化存在。如美国社会学家T.帕森斯认为："青年文化是由青年人共同分享的独立的文化系统。一种或多或少不同程度的不负责任的青年文化与强调职责、服从和生产劳动的成人观念存在冲突。"②由马克思主义辩证法可知，凡事都具有两面性，因此青年文化具有正负两面性，而青年亚文化特指青年文化中放纵、享乐、不负责的一面，亦是与我国当代以中国特色社会主义核心价值观为核心的社会主流文化相冲突的一面。

新生代乡村教师出生于1980年后，年龄范围是在20~42岁。根据我国最新的年龄段划分，18~45岁为青年阶段，那么新生代乡村教师仍处于青年阶段。所以青年亚文化或多或少地存在于新生代乡村教师群体中，尤其在年龄较小的教师身上表现更为显著。生活在社会稳定、经济和科技水平迅速发展时期的新生代乡村教师，大部分是在衣食无忧的生活背景下成长的，有着较好的生活和教育条件，部分教师甚至没有生活困苦的经历。所以面对艰苦的乡村生活与工作环境，新生代乡村教师会有不同程度的不适应。与此同时，乡村教师的角色及所肩负的使命决定了其工作任务的艰巨性，这要求乡村教师比城市教师具有更坚韧的毅力和更强烈的责任心，这也正符合社会主义核

① 戴冰.青年文化新论［M］.上海:复旦大学出版社，2016.
② 王寒松.当代文化冲突与青年文化思潮［M］.北京:中国青年出版社，1997.

心价值观。此外，在社会大众的观念里，乡村教师是一个相对轻松、简单和稳定的职业，部分教师选择成为乡村教师并非出于热爱。因此部分新生代乡村教师难免带有贪图享乐的心态，缺乏责任意识，这是青年亚文化在新生代乡村教师身上的具体表现，也与我国的社会主流文化相冲突。

4.1.4 角色冲突

角色冲突是指个体不能满足某一角色的多重期望，或个体同时扮演若干个角色，而这些角色在义务、权利和规范之间存在矛盾时，所造成的内心或情感的矛盾与冲突。[①]乡村教师本身就扮演多重角色，角色与角色之间具有较强的关联性，其矛盾性并不突出。但由于新生代乡村教师这一群体的特殊性，角色与角色之间的矛盾性在这一群体身上表现得尤为突出。新生代乡村教师的角色冲突具体表现在以下三个方面。

a 乡土文化传承者与摒弃者的角色冲突

乡村教师不仅担任着教育的工作，还承担着传承传统文化、乡土文化的使命与责任。但是当前新生代乡村教师乡土文化传承者角色呈现出弱化的趋势，而乡土文化摒弃者的角色日渐突出，这是由新生代乡村教师的特殊性决定的。在社会主义初级阶段长期存在的城乡二元结构下，新生代乡村教师的城乡“边缘人”的特殊性仍然长期客观存在，这导致他们对传统文化和乡土文化的认知与认同感会有一定程度的缺失，那么他们在教育实践中的文化传承工作也会受到影响。此外，在大众的观念里，城市的教育是高质量的教育，于是城市教育成为乡村教育模仿的主要对象，并且随着城镇化进程的加快，乡村学校的管理模式也在逐渐趋同于城市学校。这在客观上由外而内地减弱了新生代乡村教师传承传统文化和乡土文化的动力，加剧了他们对传统文化和乡土文化认同感的缺失。新生代乡村教师容易将工作的重心放在追逐城市优良的工作与教育环境上，逃离乡村学校的意愿愈发强烈，进而逐渐成为乡

---

① 董泽芳.论教师的角色冲突与调适［J］.湖北社会科学，2010（1）:167-171.

土文化的摒弃者。因此，在现代化转型期间，新生代乡村教师不可避免地面临着乡土文化传承者与摒弃者的角色冲突。

b　乡土知识传授者与学习者的角色冲突

理论上，不断地学习和扩充知识是一个教师所应具备的素养，所以乡村教师的乡土知识传授者与学习者的角色并不存在冲突，但现实中这两者的角色冲突是真实存在的，且在新生代乡村教师身上尤为突出。乡村教师作为乡村学校和乡村社区的知识传授者，一直以来被赋予乡土知识权威的角色，他们因担负着传播科学知识和现代文明的重任而受到尊重。[①]但是由于新生代乡村教师对乡土知识的认知缺失，以及乡村学生获得知识与信息的渠道日渐增多，新生代乡村教师的知识权威受到一定影响。当新生代乡村教师的知识权威形象在乡村学生的认知与观念中“崩塌”后，就会给学生留下“老师知道的还没有我多”的印象，减弱学生对教师的崇拜与敬畏心理，师生之间的良好关系也会受到影响，同时还为日常教育教学工作增加难度。与此同时，出于教育教学工作的需要，新生代乡村教师需要不断地学习乡土文化知识，完善自己的知识体系，从知识传授者的角色逐渐变成了知识学习者，心理上难免产生失落感。

c　教育工作实际角色与理想角色的冲突

一直以来，教师就被喻为辛勤的园丁、无私的红烛、人类灵魂工程师等，新生代乡村教师在未涉足乡村教育教学实践工作之前，他们对乡村教师的角色定位也是理想化的。所以，大部分新生代乡村教师起初是怀着期待的心态来开展工作的，他们往往将自己看作一个帮助者，认为只要做好教师的本职工作即可。但是乡村教师在实际工作中需要扮演多个角色，由于乡村中老人与留守儿童居多，乡村教师还充当着乡村儿童的家长、监护人、宿管以及乡村儿童心理健康守护者等。这些角色增加了乡村教师工作的复杂性，给乡村教师带来了沉重的工作压力，理想与现实的差距，让新生代乡村教师产生了心理矛盾。

① 朱胜晖，朱金凤.当前乡村教师的四大角色冲突：表现、根源与应对［J］.当代教育论坛，2020（2）:110-115.

4.2 新生代乡村教师文化冲突的原因

4.2.1 文化的差异性与内在矛盾性

从文化本身去考虑新生代乡村教师文化冲突的原因，主要有文化的差异性和内在矛盾性两个方面。文化的差异性是文化冲突的首要原因，从某种意义上说，差异就是矛盾，矛盾则会引发冲突。不同文化相互接触，无论它们是属于不同文化体系，还是属于同一文化体系中因分化而形成的不同形态，它们之间的差异就是引发矛盾、冲突的重要原因，而且普遍存在于一切文化冲突中。

文化的内在矛盾性是文化冲突的直接原因。文化的内在矛盾性体现在文化的自在性与超越性的矛盾上，文化的自在性是文化得以稳定存在的根据，而文化的超越性则是希望摆脱自在性，超越文化自身，从而使文化得以发展。文化的自在性与超越性是相互制约、矛盾的关系，这种矛盾的关系也促成了文化冲突。文化的内在矛盾性折射在文化主体的身上则表现为有的人不想吸收异质优秀文化来丰富、发展已有文化，希望已有的文化能够稳定地保持不变；有的人则想摒弃已有文化而全部吸收新文化、外来文化。以上两类人同样存在于新生代乡村教师队伍及其他乡村社会群体中，所以文化的内在矛盾性是新生代乡村教师文化冲突的直接原因。

4.2.2 城乡的现实差异

a 城乡经济水平的差距

在唯物主义历史观与马克思主义文化观的视野中，文化冲突源于经济冲突，即源于性质不同的生产方式或不同的生产关系之间的冲突。[①]不同的劳动

① 戴圣鹏.论文化冲突产生的原因及其化解途径［J］.广东社会科学，2020（4）:82-87.

生产方式形成不同的文化形式或文化形态，我国城市与乡村的主要劳动生产方式不同，所形成的文化圈亦有所不同，而且在城乡二元结构的经济发展模式下，发展不同步，两者的差距自然而然地形成，从物质上的差距逐渐过渡到精神上的差距。经济基础决定上层建筑，所以新生代乡村教师文化冲突产生的根源在于城乡经济水平的现实差距。现实仍然存在这样的现象，人们习惯性地根据经济水平的高低来评判他人身份地位的高低及其他文化的良莠。新生代乡村教师中难免存在有这样认知的教师，他们从心里不认可乡村和乡土文化，自然不愿全身心融入乡村社会。与此同时，乡村教师的待遇和社会地位较低，更加剧了这部分新生代乡村教师对乡村的不认同。而且，乡民对这类看低他们文化的教师也不欢迎。新生代乡村教师与乡民缺乏平等的对话与交流，引发了城乡习俗文化、地理身份文化的矛盾与冲突。此外，以农业生产方式为主的乡村往往不能给予乡民丰厚的经济收益，从而影响乡民的受教育程度，引发语言文化与教育理念之间的矛盾。所以，经济是新生代乡村教师文化冲突的根源。

b 城乡自然环境的差异

虽然文化是由人的社会实践活动决定，但自然环境也是影响文化形成和发展的一大因素，进而使文化呈现出不同的地域特征。人和自然之间的关系是通过劳动建立起来的，劳动的实质就是双方物质与能量的交换，因此，自然条件的不同必然造成劳动方式的不同。[①]由于劳动方式的差异引起文化的差异，所以当在不同的自然环境下形成的文化产生交集时，会不可避免地出现矛盾与冲突。因此，城乡自然环境差异是构成新生代乡村教师文化冲突的原因之一。一方面，乡村自然环境相对封闭导致乡土文化的保守性特点，乡民不能轻易接受外来文化，对新生代乡村教师的观念、行为等也无法理解。另一方面，从认知到行为都带有城市文化特征的新生代乡村教师，会自然而然地将城市与乡村进行对比，乡村自然环境的原始性特点给新生代乡村教师带

---

① 向翔.哲学文化学［M］.上海:上海科学普及出版社，1997.

来了大自然的美感享受，但这只是短暂的，随着新鲜感的消失，乡村地理环境和气候条件所带来的不便性和不适感会让新生代乡村教师产生退缩之意。一般情况下，这种类型的文化冲突表现为非对抗性的冲突，但文化冲突的对抗程度会因文化生成所依附的自然环境的差异性而有所不同。

c 城乡教育思维模式的差异

受传统文化中求安心思想的影响和乡村自然与社会环境的限制，乡民处于一种传统、保守、求安稳和不敢冒险的思维模式。他们在推动事物发展的过程中，大多数时候会考虑是否有先例，在教育上则表现为求同性。可以通俗地理解为，如果有很多人用了新的教育理念、方法、内容等，并且取得了成功，那么他们会跟随。如果没有高比例的成功案例，那么他们会坚持传统的方式。传统的乡村教师会由于各方面的原因产生职业倦怠，教育热情逐渐削弱，对于引进新式的事物心有余而力不足，为了避免教育事故，他们保持着传统的教育思维模式。新生代乡村教师恰恰相反，他们的眼界与见识在城市中得以拓宽，而且普遍年轻有活力，形成了追求创新、勇于冒险的思维模式，这让他们在开展教育教学工作时积极推行国家的教育政策，引进新式的教育理念，方式、方法上也追求新颖。因此，新生代乡村教师与乡民和传统乡村教师在教育思维模式上的差异，必然引起教育文化的代际冲突。

4.2.3 社会现代化转型所引发的文化矛盾

社会转型是社会学范畴的一个特定概念，主要是指社会从传统社会向现代社会转变的过渡过程。[①]社会转型是一个复杂的社会现象，从内容上来看，它可以社会政治经济体制、社会结构和社会形态的变革，进一步细化，它也可以指社会观念、习俗和生活方式等方面的变迁。结合文化的内涵，我们可以理解为社会转型就是文化的变迁。实际上，我国的现代文化就是在传统社会转向现代社会期间，旧有文化逐渐适应新的社会发展需要所演变成的一种

① 刘祖云.社会转型解读[M].武汉:武汉大学出版社，2005.

新的文化模式，它既包含了传统文化的因素，也包含了西方文化的部分因素。所以在文化变迁的过程中，新旧文化之间势必展开激烈的斗争，文化冲突则成为文化变迁的必然结果，抑或是社会转型的必然结果。因此在这一逻辑上，新生代乡村教师文化冲突，实则是由社会现代化转型所引发的，主要表现为传统文化与现代文化之间的冲突。

现代化转型使我国传统文化走向世俗化，随着社会生产力水平的不断提高，人们从过去的信奉神灵逐渐转向相信科学。但是当下仍然有部分人未完成现代观念的转向，他们以落后的习俗来要求、束缚当代的年轻人，而这部分人主要集中于乡村地区。所以在城市中接受了现代科学文化教育的新生代乡村教师，在进入乡村之后会产生各种类型的城乡文化冲突。此外，社会转型期间还伴随着外来文化的冲击以及本土文化的分解。一个国家的现代化往往是从引进先进国家的资金、技术和管理方法开始的，而后是其观念、行为方式、生活方式的逐渐渗透。我国的现代文化、城市文化就是在这样的方式下形成的，即保留优秀传统文化的同时，也吸收先进国家文化的精华。在此情形下，新生代乡村教师不可避免地面临现代文化与传统文化、城市文化与乡土文化之间的冲突。

4.2.4 文化冲突的代际传递

当两代人之间表现出在思想观念、文化习俗、社会分层和行为方式等方面明显的继承性时，这种继承性就是“代际传递”。[①]经济学中所讨论的代际传递主要是贫困的代际传递问题，贫困的代际传递就是指贫困以及导致贫困的相关条件和因素，在家庭内部由父母传递给子女，使子女在成年后重复父母的境遇——继承父母的贫困和不利因素并将其传递给后代这样一种恶性遗传链。[②]与贫困的代际传递相似，文化冲突也存在一种代际传递的现象，这种文

① 杜智鑫.被忽视的一代：船房社区流动儿童社会融合调查研究［M］.北京:中国发展出版社，2016.

② 王瑾.破解中国贫困代际传递的路径探析［J］.社会主义研究，2008（1）:119-122.

化冲突的代际传递也是引发新生代乡村教师文化冲突的潜在原因。我们知道，文化冲突是不同文化在相互交流、碰撞中所产生的结果之一。那么文化冲突的代际传递主要是指家庭内部的前代将他们的导致文化冲突这一结果的主观因素传递给后代，使后代在成年后重复前代境遇的一种现象。新生代乡村教师是独立的、有自主意识的个体，他们身上所表现出来的文化冲突有其自身的主观原因，但也有可能是受到家庭长辈的观念灌输和行为影响。我们不排除存在这样一种情形：部分新生代乡村教师的父母或长辈不认同甚至是贬低乡村社会、乡土文化、传统文化，新生代乡村教师长期受到父母、长辈错误的引导而形成刻板印象，继承了前代的观念意识、行为方式等，来到乡村后，难免会受到先入为主观念的影响，从而引发文化冲突。

4.2.5　新生代乡村教师自身的因素

新生代乡村教师产生文化冲突的原因有其自身的因素，分别是个性化诉求强烈、奉献意识薄弱和缺乏职业认同感。

a　个性化诉求强烈

新生代乡村教师大多成长于一个多元文化共存的社会环境下，他们受到多元文化价值取向的影响，尤其是西方外来文化的冲击，青年的文化价值取向明显地向强调自由与自我的个人主义倾斜。所以新生代乡村教师在工作的过程中，更强调自我价值，有着强烈的个性化诉求，这与以群体价值为本位的传统文化、乡土文化有非常大的区别，如果新生代乡村教师在乡村的环境下工作过于强调自我意识则会缺乏协作精神，难免产生文化冲突。

b　奉献意识薄弱

新生代乡村教师生活在一个社会稳定、社会经济与科技不断进步的时代，大部分教师的成长环境是安逸的，他们有着强烈的成就动机，向往美好的物质文化生活。但是他们又缺乏吃苦精神，奉献意识薄弱，更有甚者好逸恶劳，不愿履行工作职责，呈现出青年亚文化的一面，与社会主义核心价值观所提倡的爱岗敬业精神相悖。

c 缺乏职业认同感

新生代乡村教师存在缺乏职业认同感、对乡村教师这一职业的接纳和热爱程度不高的现象。一方面是对乡村教师的待遇不理想的现实反映，另一方面则是年轻教师的社会视野较广，在就业时有更多的选择，他们会反复对比职业或者学校。部分新生代乡村教师最终成为乡村教师并不是出于热爱，而是在各种利弊权衡下做出的无奈选择。如果新生代乡村教师对乡村教师职业、乡村教育事业有一颗炽热的心，那么也会热爱乡土文化，文化矛盾亦可避免。

4.3 新生代乡村教师文化冲突的调适策略

4.3.1 厘清文化冲突的内在机制，创新与传承乡土文化和传统文化

唯物辩证法告诉我们，内因是事物发展的根本原因，因此厘清文化冲突的内在机制是调适新生代乡村教师文化冲突非常必要的步骤。李庆霞通过研究发现，文化冲突的一般过程依次经过以下四个环节：文化危机、文化自觉、文化创新和文化整合。她认为文化危机是文化的内在矛盾性在文化冲突中的表现，是文化冲突的首要环节。在文化危机这一环节中，现有的文化不能规范人们的行为和满足人的需要，致使人们的文化认同产生了动摇。文化冲突发生后进入文化自觉的阶段，人们开始对现有文化进行批判和反思。而后到了文化冲突的决定性环节——文化创新，它是解决文化冲突的途径。最后，文化整合是不同文化交融后趋向一体化的阶段，亦是文化冲突的解决阶段。文化创新与文化整合的共同点是，两种方式都需要通过人的社会实践活动来达到解决文化冲突的目的。两者的区别在于文化创新是针对固有文化而言的，通过创新促进固有文化的发展；文化整合则是指新旧文化相互吸收、融合后，逐渐整合为一种新的文化体系。需要注意的是，我国是一个多元文化共存的国家，所有文化都趋向一体化有可能引起社会的动荡，这显然是不合理的，所以文化整合的方式并不适用于解决当前新生代乡村教师的文化冲突。那么，我们可以从文化自知、文化认同、文化自觉和文化创新四个环节去调适新生代乡村教师文化冲突。

第一，在文化自知这一环节上，新生代乡村教师需要深入地了解乡土文化、传统文化，与此同时，还要对它们有“自知之明”。正确地认识它们的来历、形成和发展过程、特色以及未来的发展趋势，知道乡土文化、传统文化才是中国其他文化得以存在和发展的根基。第二，在文化自知的基础上，强化新生代乡村教师对乡土文化、传统文化的认同，从而促进城乡身份等级观念的改变，以此增强他们的乡村身份认同感。第三，文化自觉方面，新生代

乡村教师需要具有文化批判与反思的意识，凡事都具有两面性，既要看到乡土文化、传统文化不好的一面，也要看到它们的价值和重要意义。同样地，在聚焦城市文化、现代文化的种种优势时，也要警惕它们具有“破坏性”的一面。新生代乡村教师要以理性的眼光去看待不同的文化，谨防自身的刻板印象影响判断。第四，乡土文化、传统文化想要保持存在、不被取代，文化创新是重要途径之一。新生代乡村教师作为乡土文化、传统文化的主体，可以利用教育教学工作，参与到乡土文化、传统文化的创新中去，取其精华、去其糟粕，使其得以传承与发展。

4.3.2 加大对乡村建设的经济扶持力度，缩小城乡差距

物质决定意识，引发新生代乡村教师城乡文化冲突，无论是物质层面上的冲突，还是行为、精神层面的冲突，它们的现实原因都在于城乡经济的差距。所以，加大对乡村建设包括基础建设、教育建设和文明意识的经济扶持力度，缩小城乡差距，是调适新生代乡村教师城乡文化冲突的实践性举措。

a 加大对乡村基础建设的经济扶持力度

在乡村基础建设方面，近年来，国家对乡村振兴的重视程度有目共睹，尤其2021年《中共中央　国务院关于全面推进乡村振兴加快农业农村现代化的意见》的颁布，这是21世纪以来我国第18个指导“三农”工作的中央一号文件。从整体内容来看，该文件释放出一条信号：国家财政将要向农村基础建设倾斜，乡村的交通系统、物流系统、网络系统等都将得到进一步改善，人们可以在乡村中享受到与城市一样的便利。那么在此基础上，在为新生代乡村教师的生活提供便利性条件的同时，也为乡土文化走出去和城市文化走进来提供了物质条件，为逐渐改变新生代乡村教师“城市社会优于乡村社会”的刻板印象奠定物质基础。由此可见，新生代乡村教师城乡文化物质层面的冲突，将在国家政策的引导下得到有效的解决。

b 加大对乡村教育建设的经济扶持力度

加大对乡村基础建设的财政投入并不足以完全化解新生代乡村教师城乡

文化冲突，乡村教育作为乡村建设的重要组成部分，加大对乡村教育建设的经济扶持力度也是调适冲突的重要举措。实际上，2020年教育部等六部门颁布的《关于加强新时代乡村教师队伍建设的意见》为调适新生代乡村教师城乡文化冲突指引了方向。首先，可以通过提高乡村教师的生活待遇来提高乡村教师的社会地位，同时也能提升乡村教师的职业吸引力。其次，构建师范院校与乡村学校的对话交流与合作平台，打造高校与乡村学校学习、研究和发展的共同体，在培养和培训教师时实现信息对等也是调适新生代乡村教师城乡教育观念的重要途径之一。高校一方面按照乡村教师的实际需求改进师范生的培养计划，另一方面给乡村教师提供培训机会，并根据实际需要来制定培训内容和方式。最后，加强送教下乡，通过让名师、名校长进入乡村学校向教师、家长传达正确的教育理念和方法等来调适教育观念的冲突。实现这些举措，无疑都需要政府的财政支持。

c 加大对培育乡民的乡村文明意识的经济扶持力度

王忠武认为，乡村文明即乡村的进步开化状态，它所指称和表征的是乡村系统在物质进步、文化发展、制度治理和道德改善层面的状况。[①]新生代乡村教师城乡习俗文化冲突和语言文化冲突的产生，与乡民缺乏乡村文明意识有直接关系。理论上，乡村中的某些落后腐朽的传统习俗应随着社会科技的进步与发展而被淘汰，抑或是进步，在保留优秀传统因子的同时，还需遵循以人为本的原则。此外，乡民的语言文明水平也随着社会的进步不断提升。但是现实与之相反，乡村社会中落后腐朽的习俗文化和低俗的语言用词习惯仍有残余，这些都是乡民缺乏乡村文明意识的表现。强化乡民的乡村文明意识，并不是一朝一夕而成的，这是一个长久的过程。除了时间成本，还需投入较大的经济成本来优化公共文化服务体系，支持社会各类文化组织和机构参与农村公共文化服务，通过社会主义核心价值观以及科学知识在乡村范围的广泛宣传，引导乡民树立科学文化观的同时，提升乡民使用文明用语的自觉性。

① 王忠武.乡村文明的价值结构与新时代重构——实现乡村振兴的文明复兴之路探讨［J］.山东社会科学，2018（5）:43-48.

4.3.3 积极推动中国传统文化的现代化转型

从文化的角度来看，传统文化与现代文化的矛盾在于传统文化强调稳定、延续，而现代文化强调发展、变化，两者的对立关系必定引起文化冲突。社会发展至今日，中国的传统文化传承了千年，积淀了丰富的内容，对人们的生活产生深远的影响。爱德华·希尔斯认为："传统是不可或缺的；同时它们也很少是完美的。传统存在本身就决定了人们需要改变它们。"另外，他还认为："传统并不是自己改变的。它内含着接受变化的潜力；并促发人们去改变它。"[①]中国的传统文化经历了不断变化才有了今日的形态。那么在社会的现代化进程中，传统文化若要生存、延续和发展，就要进行适应和调整。但是在这个过程中，离不开文化主体的实践，传统文化促使人们去改变自身，帮助其完成现代化转型，从而调适传统文化与现代文化之间的冲突。因此，积极地推动中国传统文化现代化是调适新生代乡村教师传统文化与现代文化冲突的途径之一。我们知道"现代化"中包含西方元素，但需要注意的是，推动中国传统文化现代化，并不是完全贬低和摒弃中国传统文化，而去凸显其现代化。虽然中国传统文化中包含着许多与社会现代化发展不相符的内容，但是不能以偏概全，全盘否定传统文化中优秀的内容。所以可以通过推动中国传统文化现代化来调适新生代乡村教师文化矛盾，具体措施如下。

首先，以政府为主导，加大社会主义核心价值观的基本内容在乡村社会的宣传，将其与传统习俗文化相融合。乡村中一些传统的习俗文化具有封建迷信的特点，部分乡民尤其是年老的乡民仍然坚守着这些不良习俗，仅仅依靠新生代乡村教师，无法转变他们落后的观念。因此，需要政府的力量宣传科学的社会主义核心价值观，引导乡民完成价值观念的现代化。其次，运用现代科技的力量传承和创新传统文化。在科技落后的年代，受限于闭塞的信息传输方式，人们对于许多传统文化不甚了解。但是如今科技快速迭代，人

---

① 希尔斯 E.论传统［M］.傅铿，吕乐，译.上海:上海人民出版社，2009.

们的视野和信息面得到前所未有的扩大，足不出户即可知千里之外之事。所以人们可以利用科技传播传统文化、创新传统文化。最后，在进行乡土文化建设时，吸收现代文化中的元素，如开放、民主和法治等。乡土文化是根植于传统文化的，所以在建设乡土文化时，我们不能脱离传统文化，同时需要吸收现代文化中的元素，提升乡村社会的文明度。

4.3.4 创建平等的文化交流环境，抑制刻板印象的消极作用

新生代乡村教师文化冲突，很大程度上受到其自身以及身边人的刻板印象的影响。刻板印象是指人们对特定事物所持有的固定化、简单化的观念和印象，通常还伴随着对事物的价值判断和感情。它有积极和消极之分。[①]不知从何时起，社会中普遍存在着“城市优于乡村、城市文化先进于乡土文化、现代文化先进于传统文化”等刻板印象，人们在潜意识里逐渐由“身份不平等”转向“文化不平等”的错误认知。这类消极刻板印象同样存在于新生代乡村教师身上，可能是他们自身对现实的主观反映，也可能是受到他人的错误引导，如文化冲突的代际传递等。经过长时间的积累，无形中的不平等最终在某一时刻演变成激烈的有形矛盾，从而引发文化冲突。因此，创建平等的文化交流环境，是调适新生代乡村教师文化冲突的途径之一。首先，大众传媒和各类文艺作品是社会群体形成刻板印象的重要信息来源，想要阻断或者抑制新生代乡村教师对待乡土文化的消极刻板印象，在社会层面，社会媒体应积极倡导中国优秀传统文化和乡土文化。同时还需要构建一个文化交流的平台，让不同的文化可以在此进行平等的对话，从而转变人们的刻板印象。其次，新生代乡村教师自身缺乏对乡土文化、传统文化的了解，在他们的教育经历中，传统文化、乡土文化在学校的教育内容、课程上的呈现比例是非常小的，这是其形成片面、笼统的刻板印象的原因。因此，这给当下以及未来基础教育阶段或者高等教育阶段的课程内容改革提出一个要求：注重中国优秀传统文化和乡土文化的传承。最

① 邵志芳，高旭辰.社会认知［M］.上海:上海人民出版社，2009.

后，在高等教育阶段，高校应给予师范生更多接触传统文化、乡土文化的机会，拓宽他们的文化视野，引导他们树立正确的文化观，挖掘和发挥他们在未来的教育工作中的文化联结纽带的作用。

4.3.5 正确把握新生代乡村教师的特点，激发其发展乡土文化的潜能

新生代乡村教师成长于一个技术快速迭代、主流文化与非主流文化共存的时代，各种思想和价值取向影响着他们的思想。他们身上既有当代青年的积极热情，也有消极惰性的一面。因此，我们要正确把握新生代乡村教师的特点，调动其发展的主动性。但是人们更多的是放大了新生代乡村教师消极惰性的一面，忽视了他们身上的积极和热情。新生代乡村教师有着强烈的发展需求和巨大的创造力，他们的自我意识和权利意识觉醒具有无限的可能性。或许是由于一些客观因素，如乡村的生活环境、工作环境等不尽如人意，以至于无法激发他们创造、发展的愿望和潜能，无法使他们展现出积极主动的一面。

新生代乡村教师处于一个农业文明与城市文明互相碰撞的特殊环境中，无论他们选择乡村教师这份职业出于何种目的，我们都要相信，他们在不断调适和改变自己的生活方式，使自己可以更好地适应乡村社会。新生代乡村教师需要的是一个适应乡村环境、学习乡土文化和传统文化的时间，切忌对新生代乡村教师表现出的不同行为妄加判断。尤其是乡村学校方面，学校容易将新生代乡村教师与传统一代的乡村教师做对比，抑或是以传统一代教师的表现作为标准来要求新生代乡村教师，甚至提出更加苛刻的要求，这无疑加剧了新生代乡村教师的文化矛盾。时代在变化，乡村学校对教师的要求也要顺应时代发展做出相应的调整。另外，乡村学校还需给予新生代乡村教师更多的人文关怀，为其创造一个和谐、融洽的工作环境。从情感上缓解新生代乡村教师的心理矛盾，提升他们的身份认同感，调动他们了解、学习乡土文化和传统文化的主动性，激发他们创新乡土文化、发展乡土文化的潜能，进而调适文化冲突。

5

文化自觉的困境与对策

文化自觉的概念最早是由费孝通先生在北大社会学人类学研究所开办的第二届社会文化人类学高级研讨班上提出。他指出，“文化自觉是生活在一定文化中的人对其文化有‘自知之明’，明白它的来历，形成过程，所具的特色和它发展的趋向，不带任何‘文化回归’的意思，不是要‘复旧’，同时也不主张‘全盘西化’或‘全盘他化’。自知之明是为了加强对文化转型的自主能力，取得决定适应新环境、新时代文化的选择的自主地位”。[①] 文化主体的文化自觉是文化认知、文化选择、文化认同、文化冲突、文化创新、文化自信的基础。特岗教师的文化自觉表现为作为文化主体的特岗教师对乡土文化的历史回溯与未来发展的趋势具有清晰的认知，对乡土文化的发展有信心，将保护与传承乡土文化作为自己的责任，并在日常生活实践中践行传承乡土文化的职责。城镇化、工业化的加快致使乡村遭到巨大打击，乡村土地被侵蚀，传统意义上的村庄逐渐消失。乡村青壮年人口流向城镇与工厂，乡村成为老、弱、病、残的乡村。乡村教育“一村一校”的繁荣景象不再，乡村学校逐渐式微。乡村土地、人口、学校的凋敝使失去了传承载体的乡土文化发展举步维艰。特岗教师是我国教育政策向乡村地区倾斜的产物，特岗教师因自身的“特殊性”，其文化自觉往往难以形成，然而文化自觉一旦形成，将对乡土文化的发展大有裨益。从古至今，乡村教育一直是延续乡土文化的重要路径，乡村教师是乡土文化的传承主体。特岗教师作为乡村教师中的一员，他们充满活力与想象力，有工作热情、有创新能力并且能够较快地接受新鲜事物，因此加强特岗教师的文化自觉是乡土文化取得发展的基础。

① 费孝通.论文化与文化自觉［M］.北京：群言出版社，2007.

5.1 特岗教师文化自觉的价值

5.1.1 特岗教师融入乡村社会的保障

我国的特岗教师是通过公开招聘的方式，招聘高校的毕业生到乡村学校任教的，这样的招聘方式将乡村教师的招聘范围从县域放大到了全国，导致特岗教师跨省、跨市、跨县工作的情况较为普遍。特岗教师服务的乡村地区一般较偏僻、遥远且特岗教师群体的平均年龄较小，在跨地区工作时，特岗教师常常因为不了解当地文化而出现融入当地社会困难的情况，再加上特岗教师的身份从“乡村人”转变为“体制人”，这在帮助特岗教师取得国家认可的同时也使其与乡村事务、乡村活动越来越疏远，这种身份上的变化使特岗教师与乡村隔离开来，特岗教师逐渐成为乡村社会中的“边缘人”与“局外人”，特岗教师这种从“乡村人”到“边缘人”“局外人”的身份转变既有被动的因素也有主动的因素。

特岗教师能否顺利融入乡村社会是其在乡村顺利工作与生活的前提，特岗教师要融入乡村社会，就要对其社会中约定俗成的文化有一定的了解和认同。文化认同“就是指对人们之间或个人同群体之间的共同文化的确认。使用相同的文化符号、遵循共同的文化理念、秉承共有的思维模式和行为规范”。[①]文化认同表现在生活中的各个方面，如政治、经济、教育、社交、伦理等方面。文化认同是特岗教师融入乡村社会最容易且最便捷的道路，但从特岗教师的生活经历来看，作为“彻底离土、离农又离乡的一代，他们的身上表现出了较为明显的城市化特征，他们不仅在物理空间上向城市地区靠近，在主观情感上也更加倾向城市，认同自己城市人的身份，行为选择上也较为

① 崔新建.文化认同及其根源［J］.北京师范大学学报（社会科学版），2004（4）:102-104，107.

偏爱城市化的生活方式”。[1]特岗教师对乡土文化的认同现状不容乐观。在特岗教师的生活、教育经历以及身份转变双重因素的作用下，特岗教师难以对乡土文化产生认同。

文化自觉是文化认同的基础与前提，特岗教师的文化自觉是特岗教师个人融入乡土社会的保障，只有对其所属地区的文化发展脉络具有清晰的认识，对乡土文化的发展有信心，特岗教师才能从情感上主动靠近乡村、在行为上主动融入乡村。

5.1.2 保护与传承乡土文化的需要

城镇化、工业化的急速扩张导致乡土文化逐渐失去其文化载体，走向没落。诚如梁漱溟所言，“中国近百年史，也可以说是一部乡村破坏史”。[2]

近年来，乡村发展的重点是乡村教育，乡村教育发展的重点是乡村教师。这个观点已成为广大专家、学者的共识。其实，这个观点并不是现在才有的，乡村教师的重要性，早已在我国的教育史中有所体现。例如，在我国20世纪二三十年代兴起的乡村改造运动中，梁漱溟、陶行知就指出了乡村教师的重要性。梁漱溟认为，“在乡村建设中，学校必然成为社会的中心，教员（教师）必然成为社会的指导者，乡村建设是‘纳社会运动于教育之中，以教育完成社会改造”。[3]从中可以看出，乡村教师在我国的教育史上不只局限于教书匠的角色，他们还是乡村社会的改造者，凭借着自己的智慧与勇气，成为乡村社会发展的引领者。李长吉教授也指出，“对乡村教师来说，参与乡村建设，改造乡村生活，原本就是乡村教师专业发展的应有之义”。[4]所以，不论是近代还是现代，乡村教师都肩负着乡村社会改造的重任，作为乡村社会中的公共知识分子，乡村教师与乡村社会的发展有着密不可分的关系。抛开历史、

① 姚岩，郑新蓉.走向文化自觉：新生代乡村教师的离农化困境及其应对［J］.中小学管理，2019（2）：12-15.

② 梁漱溟.乡村建设理论［M］.上海：上海人民出版社，2011.

③ 宋恩荣.梁漱溟教育文集［M］.南京：江苏教育出版社，1987.

④ 李长吉.农村教师：改造乡村生活的灵魂——兼论农村教师的知识分子身份［J］.教师教育研究，2011，23（1）：29-32，28.

政治、制度、经济等因素，深入分析可以看出，20世纪二三十年代的乡村与现在的乡村其实面临着一个同样的问题，即如何在强劲的西方工业文明的攻势下，坚守自身的文化并吸收西方文化以使自身文化获得长进。在乡村改造运动中，乡村教师充分发挥了他们作为知识分子的重要作用。在整个近代教育史中，乡村教师不仅是教书先生，更是怀揣着改造社会的公共知识分子，作为知识分子，“他们有着服务乡村的桑梓情怀，有着在平凡、艰苦生活中表现出来的职业守望，也有着不怕牺牲、不畏艰难、艰苦奋斗的爱国情怀”。① 乡村教师不是乡土文化的唯一载体，但随着其他文化载体的逐渐消失，作为乡村社会中公共知识分子的乡村教师理应承担起保护与传承乡土文化的责任。作为文化主体的乡村教师，他们的文化自觉是保护与传承乡土文化的基础，面对西方工业文明的影响，乡村教师的文化自觉是抵御与拯救乡土文化的可能路径。作为乡村教师的一员，特岗教师往往充满活力、思想灵活、想象力丰富，可以将世人眼中“落后”的乡土文化通过文化创新转变为“时尚与潮流”，可以帮助乡土文化在现代与传统的博弈间走向现代化的发展之路，改变社会大众对乡土文化的负面看法。

---

① 徐继存，高盼望.民国乡村教师的社会形象及其时代特征［J］.教师教育研究，2015，27(4)：80-85.

5.2 特岗教师文化自觉的困境

5.2.1 思想上：对乡土文化的认识不足而产生漠视、鄙视的态度

长期以来，学界对乡土文化的内涵存在两种看法，一种是在工业化、信息化的时代，乡土文化被认为是落后的、不合时宜的，终将被时代淘汰；另一种是对当前忽视乡土文化、排挤乡土文化的现状感到惋惜，他们呼吁回到过去质朴、简单的乡村社会，对乡村及乡土文化带有一种浪漫主义的想象。前者对乡土文化完全持否定的态度，后者将乡土文化看作纯粹优秀的文化，对其抱有强烈的浪漫主义的幻想，将乡土文化看作一成不变的文化。不论是哪一种看法都没有真正理解乡土文化，也没有用发展的眼光去看待乡土文化。城市在发生变化的同时，乡村也在改变，乡村社会中的乡土文化当然也在不断地优化。要充分理解乡土文化，就要融入乡村社会与其进行“亲密接触”，主动接受乡土文化的滋养与熏陶并以发展的眼光看待乡土文化。

特岗教师是接受了高等教育后通过考核进入乡村执教的教师群体，在他们的成长历程中，他们的学习、生活、社交、娱乐等行为大部分都发生在城市地区。作为离土又离乡的一代人，他们大多是在缺少乡土文化背景的教育中成长起来的，也是从小接受城市化教育的一代，在这样背景下成长起来的特岗教师，其思想更加靠近城市文化，远离乡土文化。

一方面，来到一个陌生的社会，特岗教师面临着社会融入问题，从小接受城市化教育的他们对陌生的乡村社会几乎一无所知。在理想与现实的对比中，乡村社会的落后被其放大，城市生活的快捷、便利冲击着特岗教师对乡村社会的原有认知，消解着乡土文化对于特岗教师的意义，造成特岗教师对乡土文化知之甚少，乡土文化在城市文化的影响中日渐式微。对乡土文化的认识不足使特岗教师的文化认同出现危机，对乡土文化产生漠视甚至鄙视的

态度。另一方面，城镇化建设使城市文化在乡村社会中无处不在。在校园中，学校发展的模式、校园文化、教师文化、教师专业发展模式都是以城市校园为蓝本，培养的学生也是为了满足城市化建设的需要，乡村学校也成了为城市选拔人才的“筛选器”。在这样的校园环境中，特岗教师感受不到自己与城市教师的差别，但教育地点、教学评估又将他们清晰地划为乡村教师，在乡村社会中，乡民们又将他们划为城市人、“公家人”。许多特岗教师的内心独白是“在城市中，我们被划为乡村人，但与真正的乡村人相比，我们又觉得自己是外人”“在乡村中，我们被划为城市人，但在所属地域上，我们又是乡村人”。特岗教师长期处于这样的矛盾中，“我到底是谁，到底归属于何处”成为困扰他们的首要难题。特岗教师与乡村社会的直接接触本就较少，乡村学校作为连接特岗教师与乡村社会的纽带，并没有很好地发挥纽带的作用，传递给特岗教师关于乡土文化的潜在知识，乡村学校的围栏将特岗教师与乡土文化隔离开来，乡土文化在特岗教师的生活中难觅踪影。许多特岗教师在乡村执教大都是无奈的，特岗教师是他们就业选择中的最后一个选项。就业竞争的加剧、生活成本的提高、家人朋友的催促等各方面的因素致使他们选择特岗之路，一旦有机会远离乡村，他们便会抓住机会，许多调查都显示特岗教师的流动性与流动意愿较高，影响其流动的因素也呈现出多样化状态。与传统乡村社会中的乡村教师相比，他们更加关注自己的发展，乡村的发展、乡土文化的发展根本不在他们的考虑与关心范围之内。

5.2.2 行为上：文化消费、文化娱乐等日渐脱离乡村社会

认同与消费之间有着密切的关系，正如韩震所言：“你的消费界定你存在的边界及其构成。”[①]消费在一定程度上就是一种文化生活的表征，每一件商品有其独特的文化意义。经济全球化时代，一件商品通过加工、运输，直至销售到购买者手中，购买者不只因其使用价值而选择它，更因为其代表的深

① 韩震.全球化时代的文化认同与国家认同［M］.北京：北京师范大学出版社，2013.

层次的文化含义，商品的输出其实就是其背后文化符号的向外输出。正如同样的商品，有本土商品与进口商品之分，某些消费者会为满足虚荣心而选择进口商品，并在看似不经意间向他人展示出进口的标志，通过消费方式与消费行为彰显自己的身份地位。这在世界范围内已是一个普遍的现象。在我国，这一现象多发生在青年群体中，以城市文化为代表的文化对特岗教师有着强大的吸引力，特岗教师在来到乡村生活与执教前，潜意识中已经将乡村看作落后的地方，通常除了必要的生活物品会选择在附近购买，更多的消费选择在城市中进行，他们大都是在周末进城消费或者网络购物。这将他们同乡村社会隔离开来，通过城市取向的消费来彰显他们的城市身份，这不是个例，而是一个普遍的现象。特岗教师的衣食住行各方面的消费充斥着城市消费文化的身影。城市的消费文化受到特岗教师追捧的关键在于这样的消费方式能够使他们感受到自己作为“强者”带来的舒适感。可以看出这是特岗教师对乡土文化的认知错位与妄自菲薄，对城市文化的盲目崇拜。

在大众传播媒介与网络信息技术的快速发展下，社会进入了一个“娱乐至死”的时代，每个人都在关注着社会中又发生了什么可以娱乐大众的事情，人人都在挖掘身边的新奇事物，以便获得世人的关注。在这个时代，任何的文化都可以借助娱乐的方式表现出来，娱乐方式的泛滥消解了人们对于重大事件的严肃回应。在这样的时代背景下成长起来的特岗教师对乡土文化的了解与认同相对肤浅与淡薄。究其原因，其一，在传播媒介与网络技术不发达的时代，特岗教师可以将课余时间用来读书与反思，通过阅读经典著作及各类地方性书籍来增加自己的文化涵养，但是现在，特岗教师们的课余生活与假期时间变成了看各类连续剧、日韩综艺、美剧及好莱坞大片，这些占据了他们生活中的大部分时间，他们的生活中充斥着娱乐文化。毋庸置疑，看剧、看电影这些娱乐活动也是业余消遣的一种方式，是人们增进文化认知、文化情感的一种手段，但是书籍作为一种全面、系统的文化载体相较于这些碎片化的文化载体来说，具有更深厚的文化底蕴，接受系统而全面的文化学习与熏陶是形成文化认同的前提与基础。其二，城市文化的娱乐方式深刻地影响着特岗教师的文化心态与价值观念。虽然，这些娱乐方式中同样有挖掘人性的真善美与刻画人性的闪光点，这些积极的文化因素也在潜移默化地感染着特岗教师，但其中也不乏金钱至上、个人主义等价值观，这些媚俗、庸俗的文化冲击着特岗教师的价值观，也挑战着特岗教师的道德观念。

5.3 特岗教师文化自觉的策略

文化的发展不是一蹴而就的，而是需要不断累积与建设的。面对多元文化冲击与碰撞，推进特岗教师的文化自觉这一任务较为艰巨。正如费孝通先生所言："文化自觉是一个艰巨的过程，只有在认识自己的文化、理解所接触到的多种文化的基础上，才有条件在这个正在形成中的多元文化的世界里确立自己的位置，然后经过自主的适应，和其他文化一起，取长补短，共同建立一个有共同认可的基本秩序和一套各种文化都能和平共处、各抒所长、联手发展的共处原则。"[①] 文化自觉的过程其实就是文化自觉的主体（特岗教师）与文化自觉的客体（文化本身）之间的良性互动。具体来说，推进特岗教师文化自觉的策略就需要从以下方面进行。

5.3.1 国家层面上的制度引领

特岗教师的文化自觉缺失的一个重要因素就是缺少制度的引领。作为国家意志的体现，正如"一个硬币有两面"的谚语一样，制度对乡村教师的文化自觉的建构既是推力也是阻力。制度在乡村教育的发展与乡村教师建立文化自觉的过程中起着重要的推进作用，它能成为乡村教师构建文化自觉的促进力量。

首先，国家应制定专门针对乡村教师专业标准，强化乡村教师的乡土文化意识。正如法国学者西蒙娜·薇依所指出的"乡村教师的行业应具有独特性，其培养过程不仅是特殊的，而且应全然不同于城市里的教师"。[②]纵览教师专业发展的标准，我国乡村地区的教师与城市地区的教师在专业发展上的要求是一致的，这种要求忽略了乡村地区的特点，没有做到具体情况具体分析。

① 费孝通.论文化与文化自觉［M］.北京：群言出版社，2007.

② 西蒙娜·薇依.扎根：人类责任宣言绪论［M］.徐卫翔，译.北京：生活·读书·新知三联书店，2003.

制定专属于乡村教师的专业发展标准，并不是要降低对乡村教师的要求，而是要强化、突出乡村教师的“乡村属性”，更好地助力乡村教师的专业发展及乡村教育的发展。新制定的乡村教师专业标准还应凸显乡村教师的文化使命与文化意识，在针对乡村教师的培训中，有必要让乡村教师了解在历史的长河中他们的角色变化历程，有必要让他们了解自己身上所承载的发展乡土文化、改造乡村社会的历史使命。

其次，国家应保障三级课程的落实，尤其是地方课程与校本课程的实施与反馈。地方课程与校本课程是最能体现出乡土文化的课程，各地可以将具有特色与价值的乡土文化编成乡土教材、利用地方课程与校本课程这个平台，将乡土文化更好地传承下来。地方课程与校本课程中的乡土文化“是对作为课程主体的乡村教师乡土文化意识的引领和构建，也是对未来可能成为乡村教师的乡村学生进行乡土文化的启蒙与传承”。[①]我国的三级课程在实施中，各级都有其局限性，国家课程中关于乡土文化的内容较少，地方课程与校本课程在各级学校中是否得到落实，对其是否有健全的评价机制？这些局限性需要制定相应的制度进行规范与治理。

最后，从教师本人的角度来说，特岗教师本就是特定的岗位，乡村条件的艰苦，导致乡村教师的流失率较高。为稳定乡村教师队伍，应对其进行物质上的支持，乡村教师队伍的稳定离不开物质的支持。“同样是教师，干的活比城市教师多，工作也比他们辛苦，生活条件也较艰苦”，长期处于这样状态中，他们不免将自己同城市教师进行对比，无助、焦虑的感觉将其推向乡村之外，应适当给予他们丰厚的报酬，让他们安心在乡村执教，不再将当特岗教师作为进入城市工作的一个跳板或者一个短暂的停靠站，让他们认识到自己的价值与意义。

---

① 申卫革.乡村教师文化自觉的缺失与建构［J］.教育发展研究，2016，36（22）:47-52，57.

5.3.2 社会层面的文化实践引领

特岗教师文化自觉的建构不仅需要国家层面上的制度引领，也需要社会层面的文化实践引领。文化自觉离不开文化实践，文化自觉的过程就是文化实践不断深入发展的过程，只有通过实践，文化才能被生产、保存，并最终实现传承与创新。

作为特岗教师工作、生活的场域，乡村社会应积极开展各类乡村活动，主动邀请特岗教师加入。乡村活动不仅是乡土文化的表征，也是文化交流的过程。特岗教师在参与乡村活动的过程中，能够增进他们对于乡土文化的了解与认同，在城乡文化的交融互动中，正确、清醒地辨识城乡文化的区别。开展乡村活动的深层目的在于培养他们的文化判别能力，使其面对多元的现代社会能够从容不迫，不失方向。开展各类乡村活动就是使特岗教师融入乡村社会，使其认识乡土文化，在文学写作与教育教学中传播乡土文化，在对乡土文化的批判与改造中创新乡土文化。通过对乡土文化的认知、传播和创新增强特岗教师的文化自信。

全社会还应多开展乡村文艺作品展。文艺作品源于生活又高于生活，优秀的文艺作品往往是社会核心文化的凝练与升华，文艺作品对人具有潜移默化的作用。优秀的乡村文艺作品可以潜移默化地传播乡土文化，促进社会群体接受并认同乡土文化。然而，当前我国关于乡村题材的优秀作品无论是在数量还是质量上都难以与代表城市文化的文艺作品相提并论。社会各界应积极、广泛地挖掘乡土文化，制作优秀的弘扬乡土文化的文艺作品，以积极向上的乡土文化去感染他人，引导社会群体将正确的价值观念与文化观念带入生活实践。

5.3.3 个人层面的主观能动性

文化自觉是文化自觉的主体（特岗教师）与文化自觉的客体（文化本身）之间的良性互动，为文化自觉的主体，增强特岗教师的文化自觉就要求其发挥自身的主观能动性，肯定并接纳乡土文化，积极参与乡土文化的发展与传承。在全球化不断发展的时代，对特岗教师的文化教育形式也应与时俱进。传统的知识体系，尤以城市取向教育为知识的体系不再适用于具体的乡村情境了，不再很好地适应新时代背景下的特岗教师文化自觉发展的需要。城市化取向的知识体系与教育方式容易使乡村教师和乡村学生对乡土文化有无用的感觉，甚至产生轻视、漠视、蔑视的态度，无法实现对乡土文化的认同。大多数刚走上工作岗位的特岗教师的思维方式还处于一个转变的过程。根据特岗教师的认知特点，对他们进行乡土文化的教育必须采用互动与探究的方式，打破空洞说教、灌输模式，充分发挥特岗教师的主体作用，尽可能地发挥特岗教师的主观能动性，促进特岗教师对乡土文化的掌握与了解，形成文化自觉。

文化主体的文化自觉无论是在过去还是未来都对文化的发展有着重要的意义。正如费孝通先生所言："今天世界上不同文明之间已经使'你中有我，我中有你'。今日之世界文明，已非昔日历史文献、经典书籍中所描绘的那种'纯粹'的文明了。"[①] 文化之间的交融使我们必须改变过去刻板的看法，以多样化、多层面的眼光来看待当今文化。采取措施推进特岗教师的文化自觉，增进其文化认同是抵御与拯救乡土文化的可能路径。通过特岗教师的文化自觉与文化认同帮助乡土文化在西方工业文明的影响下，坚守自身的文化并吸收西方文化，走出具有乡村特色的文化之路。最终实现费孝通先生提出的"各美其美、美人之美、美美与共、天下大同"的设想。

① 费孝通.论文化与文化自觉［M］.北京：群言出版社，2007.

6

乡村特岗教师文化自信的缺失及其超越

2016 年以来，“四个自信”逐渐成为我们党和中国特色社会主义建设的文化依据。2018 年全国教育大会上，进一步坚定了“文化自信”。可见，文化自信引领着我们各个领域的理论发展和实践进步。我们知道，文化是一种黏合剂，优秀的文化能够聚集众人的力量，形成文化凝聚力。特岗教师属于乡村教师范畴，是乡村社会的精英，作为乡土文化传播的主体与载体，理应对乡土文化有着坚守与自信。特岗教师如果缺少对乡土文化的自信，就会丧失其在乡村社会中的文化凝聚力，导致乡村社会各阶层缺少对乡土文化的认同。现实中的特岗教师往往缺乏自信的力量，在文化的选择中退缩，这样一来，新时代的乡土文化的建设将会是漫长而空虚的过程。为此，只有将文化自信的基因植入特岗教师的精神生活与物质生活中，他们才能摆脱文化自信缺失，正确对待乡土文化，推动乡土文化的建设与繁荣。

6.1　特岗教师文化自信的缺失表现

特岗教师有着被尊重的需要，当这点没有得到满足时，作为乡土文化主体的他们容易产生文化自信缺失的心理，文化自信的缺失使其深陷泥沼，走上崇拜其他文化的道路。文化自信缺失心理会影响特岗教师的思想与言行，主要表现在特岗教师对乡土文化的漠视、对自身身份的轻视以及对城市文化的青睐及追捧。

6.1.1　对乡土文化的漠视

特岗教师是我国教育政策向乡村地区倾斜的产物，作为乡村社会中的特殊存在，他们在任职满三年后会有两个选择：要么通过考核留在当地成为正式编制教师，要么选择离开，离开的教师在参加一些全国性的考试时会享受相应的优惠政策。无论特岗教师的来源是乡村还是城市，他们自小都接受的是城市化倾向的教育。在文化多元化的今天，特岗教师对以城市文化为代表的其他文化的熟悉程度远远超过对乡土文化的熟悉程度，当他们到乡村执教时，他们认知里的乡土文化还不足以对乡村产生认同感、自觉地将自身划为乡村社会的一分子。接受过多元文化熏陶的他们，在面对文化选择时，容易产生文化冲突。特岗教师身上的城市文化、虚拟文化、西方文化在与以乡村社会为代表的乡土文化进行碰撞与融合时，他们可以明显感觉到文化变化对他们的影响。

特岗教师作为自身所处的地域文化的传承主体，在与以城市文化为代表的文化进行比较时，容易缺失文化自信。文化自信缺失产生后，特岗教师通常会对自身进行自卑补偿，即特岗教师在产生文化自信缺失后，他们会选择其他可能的成功代替当前的失败或不适，以弥补或减轻心理的不适感。自卑补偿有积极与消极之分，积极的补偿可以帮助特岗教师顺利解决文化自信缺失。消极的补偿会导致特岗教师的文化自信缺失日益加重，使特岗教师陷入文化自信缺失的泥沼，难以自拔。陷入文化自信缺失的特岗教师，要么依赖其他文化的拯救，要么形成对自身文化的轻视。

特岗教师是乡村教师的一分子，从乡村教师的历史角色来说，他们作为乡村社会的精英承担着乡土文化的传承与发展的重任，然而，在多元文化的社会中，在特岗教师文化自信缺失的影响下，他们无法对乡土文化形成全面而正确的看法，对于日常生活中或网络上诋毁乡土文化的看法，他们常常不假思索地信以为真，进而将所有的乡土文化看作是落后的。在泛化心理的影响下，他们逐渐产生漠视乡土文化的想法并在其行为中表现出来。

6.1.2 对自身身份的轻视

特岗教师对自身乡村教师身份的看轻，也是其文化自信缺失的又一表现，也就是其身份认同出现了危机。特岗教师对自身身份的看轻主要表现在以下几个方面：第一，在城市文化与乡土文化的冲突中，特岗教师找不到归属，他们感到“无家可归”。在乡村社会中的特岗教师接受着乡土文化的熏陶，但原有的城市文化又吸引着他们进行文化选择，特岗教师既想摆脱乡土文化对其身份的束缚又想拒绝城市文化的规训，在这种矛盾中，特岗教师处于失落状态。因为缺少确定的文化参照体系，特岗教师以往的经验又不足以支撑其找到自己的文化归属，他们变得焦躁不安，无法确定自己是属于乡村，还是属于城市。特岗教师成了乡村的局外人与城市的边缘人，从而产生厌恶自身的想法。第二，在与城市教师专业发展、待遇、社会交往和受尊重程度的比较中，特岗教师产生了自卑心理。首先，城市教师在专业发展上比特岗教师更具资源优势，他们更容易获得专业发展的机会，在评定职称上也有一定的优势。其次，城市教师的薪资待遇高于特岗教师，与城市教师进行比较，特岗教师感到同工不同酬，在工作量与任务的比较中，特岗教师任务重、工作量大，几乎没有时间进行个人专业发展。再次，在社会交往方面，城市教师的社会交往面广，特岗教师社会交往面相对较窄。最后，在受尊重的程度上，部分民众通常将乡村教师这项工作看作个人能力不行的体现，认为只有没有能力留在城市的人才会选择去当乡村教师，所以常用一种异样的眼光去看待特岗教师。第三，在同乡民的比较中，特岗教师产生了身份自卑。乡村教师作为乡村社会的精英，在乡村社会中应发挥好中流砥柱的作用，对乡村社会的发展与建设有着重要的贡献，但随着城市化、工业化的发展，乡民通过外出务工或土地赔款提高了自己的经济收入，特岗教师在乡村社会中的经济收入的比较优势不再。另外，因外出务工而获得新知识的乡民不再将乡村教师看作乡村权威，他们在城市中接触到了法制、平等等思想，学会了使用各种工具去了解新知识，不再认同教师是知识的唯一载体，特岗教师的文化地位优势一去不复返。第四，在同教师职业外的人的比较中，特岗教师产生了身份自卑。许多特岗教师面临着交友、婚配的现实问题，特岗教师在交友与婚配中处于劣势地位，当对方了解他们的职业后，很多人会因为他们在乡村工作对他们敬而远之。这与城市教师的待遇大相径庭，无形中加重了特岗教师对其职业的不认同。在上述的种种比较中，特岗教师产生了对其职业与身份的认同危机。在文化自信缺失下，在他人眼光里，特岗教师容易妄自菲薄。

6.1.3 对城市文化的青睐及追捧

特岗教师陷入文化自信缺失的泥沼后，容易产生对城市文化的盲目崇拜。随着城乡一体化发展的推进，大多数人形成了一个错误的认识——中国的现代化运动必然是城市建设与发展的过程，是城市的标准逐步覆盖农村，即农村逐步变为城市或城乡差别逐步消灭的过程。[①]在这样的认知下，社会结构以城市社会为支撑，城市文化成为社会的主流文化。城市文化向乡村快速扩张，将乡土文化逼到了狭窄的角落。特岗教师为走出文化自信的缺失，选择依赖城市文化。特岗教师对城市文化的青睐及追捧主要体现在以下两个方面。一方面，对城市消费文化、娱乐文化、流行文化等文化的追捧。首先，消费文化在广义上是一种消费领域的观念文化，乡村社会中的消费文化“侧重实用

① 黄永林.论新农村文化建设中的现代与传统［J］.民俗研究，2008（4）：14-23.

型消费，日常开支通常以量入为出为基准，极力储蓄的现象蔚然成风”。[①]然而，城市社会中的消费文化侧重集中型消费，日常开支通常以预支预付为主要方式，人们更倾向于及时享乐。乡土文化的落后使特岗教师为了将自己与乡土文化隔离，通常会选择通过消费来彰显自己的身份，因为消费在一定程度与意义上就是一种文化生活的表现。其次，乡村社会的娱乐方式主要是传统的乡村活动，如春节庙会等，但随着城市化进程加快，乡村社会的娱乐方式变成了打牌、打麻将等，这样的转变使乡村娱乐文化的生命力走向衰竭。再次，城市社会的娱乐方式以看剧、看电影等休闲活动为主，这些活动既能打发闲暇时间也能提高人们的审美水平。在城乡娱乐文化的对比下，作为特岗教师更倾向于选择城市娱乐文化。最后，流行文化一般发端于城市，青年人通过网络传播各种流行语言或流行文化。城市文化以其开放、流动、法制等特征领先于封闭、传统和保守的乡土文化，作为一个与他人具有相同需要的个体，特岗教师容易在文化自信缺失中选择城市文化。另一方面，对城市生活方式的追逐。特岗教师的居住空间以城市地区为主，尽管以他们的经济实力，在城市购房压力不小，但许多教师为了日后子女的教育都会选择在城市购房定居。特岗教师接受着城市文化的影响，他们喜欢城市生活的有序与便捷，乡村地区的各种局限使他们更加偏爱城市生活，尤其是对所处地区的乡村伦理不熟悉，他们难以融入乡村生活。为了缓解这种状况，他们选择城市文化作为自己的文化取向，逐渐走上对城市文化的崇拜之路。

---

① 张小莉.农村消费文化的现状分析及建议［J］.理论视野，2014（3）：76-79.

6.2 特岗教师文化自信缺失的原因

特岗教师的文化自信缺失的形成既有客观原因，也有主观原因。客观原因在于乡土文化的凝聚力被弱化、乡村教师群体被污名化，主观原因在于特岗教师错误地将经济落后等同于文化落后及对乡土文化发展的不当心态。

6.2.1 乡土文化的凝聚力被弱化

随着城市化进程的快速扩张，城市文化涌入乡村社会给乡土文化造成了一定的冲击，使乡土文化的凝聚力被削弱。乡土文化的凝聚力弱化造成了乡土文化主体的空心化、乡土文化边缘化与乡土文化主体对乡土文化的疏离感。乡土文化主体的空心化体现在乡土文化创造主体与乡土文化传承主体被削弱：人是文化的主体，乡民无疑是乡土文化创造的主体，但随着大量壮年劳动力进入城市务工，乡土文化的根基日渐削弱，从而造成了乡土文化创造主体的空心化；乡土文化精英也在经济化的市场冲击下纷纷远离乡村，不仅造成了乡土文化传承主体的断裂，也造成了乡村公共社会资源的流失。乡土文化日益边缘化是城乡二元结构体制的结果，城乡二元结构体制的实施加固了城乡间的壁垒，加大了城乡文化之间的距离，乡土文化在城市文化的挤压下生存空间逐渐缩小。无论是乡土文化的创造主体还是传承主体，在城市文化的冲击下，他们的思维方式、生活方式、价值观念等都在潜移默化中发生着变化，其中一些低俗文化的肆意传播也动摇着乡土文化的根基。在城乡文化的冲突中，“乡村社会逐渐丧失了文化培育的独立性和自主性，丧失了自己的话语表达和文化自信，从而失去了文化认同的基础”。[①] 乡土文化凝聚力的丧失使乡民追随着城市文化的步伐，尤其是对于“新生代”的民众而言，他们大都是在缺少乡土文化背景的教育中成长起来的，也是从小接受城市化教育的一代，

① 赵霞.传统乡村文化的秩序危机与价值重建[J].中国农村观察，2011（3）：80-86.

“他们从未真正从事农业生产，城市和非农业生产的生活已经抽空了他们对农村和农业文明的文化认同，家乡逐渐成为一个越来越陌生的文化存在，一个标识着让人看不起的农民身份的文化符号，一个血缘和宗族文化秩序迅速溃败的沦陷之地”。[①]

6.2.2 乡村教师群体被污名化

“教师污名是教师个体或群体拥有或被认为拥有的所在社会不期望或不名誉的特征，是固化在教师身上的贬低性、侮辱性的标签。”[②]我国的教师一直都以一种正面、崇高的形象受到社会大众的尊敬，然而，随着个别乡村教师的极端个案被报道出来，乡村教师的形象日益被“妖魔化”。例如：随着乡民经济水平的提高，更多家长开始关注孩子的培养，一些乡村教师在这个时候开设补习班，利用家长望子成龙、望女成凤的心态，对其进行高收费。这样的情形不仅加重了乡民的经济负担也损害了乡村教师的形象。再如：一些乡村教师存在对学生使用语言暴力的现象，他们随意辱骂学生，还有一些教师对学生进行冷暴力。相关研究显示，语言暴力和冷暴力比体罚的伤害更大、更长远。另外，还有一些恶性的乡村教师猥亵留守儿童事件。这些恶劣事件在网络中被快速传播开来，使乡村教师的整体形象受损。一人的错误被泛化为整个群体的错误，其结果便是每一个乡村教师无一例外地背上黑锅。

6.2.3 将经济落后等同于文化落后

经济基础决定上层建筑，上层建筑反过来也作用于经济基础。乡土文化是乡村经济的上层建筑，对乡村经济的发展有着一定的影响，乡村社会的经济发展缓慢，导致特岗教师错误地认为其文化落后，在日常生活中对乡土文化采取漠视的态度。作为文化传承主体，特岗教师这种错误的认知会导致乡

① 孙斐娟.进入现代世界的农民文化命运与新农村建设中的农民文化认同再造[J].社会主义研究，2009(6)：71-75.

② 肖正德，谷亚.国内教师污名研究：价值意蕴、主要内容及未来走向[J].当代教育与文化，2018，10(6)：73-80.

土文化的发展陷入恶性循环，最终走向衰亡。对乡土文化的漠视还因为特岗教师对自身所处的地域文化了解不深。社会长期以来将乡土文化视为落后文化，一些乡村地区还被视为蛮夷之地，这既加深了外界对该地区的歧视程度，也在无形中打击了该地区人民的文化自信心，造成该地区人民形成文化自信缺失心理，当他们面对异质文化的侵袭时，容易产生依赖他文化的心理与行为。

6.2.4 对乡土文化发展的不当心态

特岗教师感受过城市生活带给他们的各种便捷，当他们来到乡村后，心中不免产生落差，但既来之、则安之的心态使特岗教师对乡土文化的发展充满期待，初入乡村社会的他们希望通过自己的工作为乡村教育及乡土文化做出自己的贡献，况且国家对乡村教师的各项政策也在助推着特岗教师的这种积极心态。但我国地区与地区间文化发展具有不平衡性。一般来说，如果特岗教师所在的乡村经济基础雄厚，乡村企业发展快速，基层干部与群众重视乡土文化的发展，那么该地区的乡土文化是与社会发展与时俱进的。但如果特岗教师所在地区经济条件较差，非农企业较少，基层干部与群众也不重视乡土文化的发展，那么该地区的乡土文化是封闭的，其文化变革呈现出一定的滞后性。另外，个体间具有差异性，部分心理素质较强、能力和素养较高的特岗教师对发展中的乡土文化持正面态度，他们能够积极、正确地看待文化发展进程中出现的各种阻碍；还有一些特岗教师，在乡土文化的发展遇到阻碍时则会片面地看待乡土文化，认为乡土文化难以发展，最终对乡土文化的发展失去信心。敦促特岗教师对乡土文化的发展持正确的态度，推进他们的乡土文化心态建设，疏导其不良心理，为乡土文化的建设营造良好的氛围已成为当前的一项重要工作。

6.3 特岗教师文化自信缺失的超越策略

“我们之所以追求优越，是因为我们感到自卑，因而力图通过富有成效的追求来克服这种自卑。”[①]特岗教师的文化自信缺失的超越策略可以从乡土文化的建设、重塑乡村教师的正面身份、发展乡村经济以及调适特岗教师的心理状态着手。

6.3.1 乡土文化的建设

乡土文化的凝聚力被弱化，这就要求我们加强对乡土文化的建设。制度曾经加速了乡土文化的衰落，所以也要在乡土文化的建设中发挥其积极作用，国家应制定相应的制度推动乡土文化的发展，自上而下重视乡土文化，使乡土文化观念更好地融入人们的思想观念中。加强乡土文化的建设还离不开乡土文化传承主体与创造主体，即离不开乡村教师与乡民。特岗教师作为乡土文化的传承主体，国家应专门制定乡村教师专业标准，强化乡村教师的乡土文化意识与文化使命。高校应在教师教育中加强对乡土文化的教育，在招生选择、课程设置、培养方法上都应向乡村社会靠拢，这样才能帮助特岗教师更好地融入乡村社会。社会应该改变对乡土文化的刻板印象，将互联网和乡土文化进行结合，传播优秀的乡土文化，形成重视乡土文化发展的氛围。乡村文化是农民自己在生产生活中创造出来的文化形态，农民理应成为乡村文化创造的主体。[②]所以，还应培养广大乡民的文化主体意识，调动他们参与文化建设的积极性，实现乡民的文化自觉。乡民的文化自觉离不开他们的创造性与主动性，在乡土文化建设中，应尊重他们的主体地位，发动乡民中的精英力量，积极创新乡土文化，实现乡土文化的建设从“输血”走向“造血”。

---

① 阿尔弗雷德·阿德勒.儿童的人格教育［M］.彭正梅，彭莉莉，译.上海：上海人民出版社，2010.

② 沈妩.城乡一体化进程中乡村文化的困境与重构［J］.理论与改革，2013（4）:156-159.

6.3.2 重塑乡村教师的正面身份

乡村教师群体的污名化导致乡村教师的文化自信缺失，应重塑乡村教师的正面身份。选择成为特岗教师的一分子，除了部分人是基于就业压力的无奈选择，还有许多人是因为热爱教育、喜欢教书育人才成为特岗教师的。乡村与教师，一个是地域及文化的概念，一个是职业的概念，当他们组合在一起，是带有特定含义的职业概念。目前，“乡村”给社会大众留下了“落后”“愚昧”的刻板印象，乡村教师往往被划为没有能力、文化素质较差的一类群体，乡村教师群体被污名化，这给已经成为特岗教师或即将成为特岗教师的准教师带来消极影响，所以国家应借助社会舆论在社会中重塑乡村教师的正面形象。乡村及乡村教师并非意味着落后、文化素质较差，而是质朴、自然、纯真的代名词，年轻人选择成为特岗教师是其愿意致力于乡村教育、乡土文化的表现，这是值得宣传与鼓励的。现今，在我国一些地区已经出现“逆城镇化”现象，一些城市居民选择搬回乡村居住，开启田园生活，这给特岗教师的正面身份想象带来一定的基础。国家应将乡村及乡村教师的正面形象传递给社会大众，各部门通力合作，发挥良好的社会舆论导向作用。

6.3.3 发展乡村经济

乡村经济的发展是与乡土文化的发展紧密联合在一起的，所以发展乡土文化就要发展乡村经济。乡村经济的发展可以从乡村农业的发展及乡土文化旅游发展入手。乡村农业的发展应朝向农业现代化的方向：一方面，通过农业的产业化与集约化提高农业的生产效率，增加乡民的收入，将其从土地的束缚中解放出来，收入的提高可以刺激乡民的精神文化消费，这样就可从精神文化上对乡民进行教育；另一方面，农业产业化也需要有文化、懂技术的村民，所以又促进了乡村教育的发展，乡民接受文化教育后有助于乡土文化的创造与传承。发展乡土文化旅游业，在增加乡民收入的同时还可以传承与保护乡土文化，但是，随着大量城市居民的涌入，乡土文化面临着被城市文化同化的危机与乡民的生活秩序被打乱等问题。针对这样的现状，相关部门应建立乡土文化传承与保护的机制；防止开发过程中的城市化倾向；杜绝乡村旅游的过分商业化；实行人流控制预案等措施。同时还应鼓励当地的乡民参与乡土文化旅游的开发，发扬乡民的主人翁精神，使其认识到乡土文化的重要性，积极为乡土文化的发展建言献策。

6.3.4 调适特岗教师的心理状态

特岗教师文化自信缺失的心态调节对改善其文化自信缺失有着非常重要的作用，特岗教师应看到每一种文化都有自己的优缺点，发扬优点，改善或克服缺点是调节文化自信缺失应有的心态。“不足的感觉实际上是一项有正面意义的痛。”[①]我们应正确地看待文化自信缺失，敢于接纳自身文化的缺点，学会接受其中的不完美。特岗教师文化自信缺失的消解要求特岗教师从根本上消除乡土文化不如城市文化的这种错误认知。走出错误的认知并不是简单地思想教育或乡土文化灌输就可以解决的，而是应使其了解文化自信缺失的后果，建立对乡土文化的自信。在这个过程中将乡土文化真实的现状呈现在他们面前，使其深刻地认识到他们的文化自信缺失不值得他们如此在意，这样建立的文化自信才是有着深厚根基的文化自信。

总之，特岗教师的文化自信缺失是伴随着乡土文化的衰落而产生的，要消除该现象就必须加强对乡土文化的建设。乡土文化是城市文化的根，如果乡土文化最终走向衰亡，那么城市文化也不会长久。

---

① 阿德勒.阿德勒人格哲学［M］.罗玉林，等译.北京：九州出版社，2004.

7

乡村教师文化自卑与超越

2018年，中央一号文件《中共中央 国务院关于实施乡村振兴战略的意见》强调，优先发展乡村教育事业，建好建强乡村教师队伍。[①]可见，国家逐步在重视乡村教师队伍建设，毕竟这是乡村教育振兴、乡村文化发展以及提高乡村人口素质的重要保障。而乡村教师文化又是乡村教师队伍建设的重要内容。特别是在教育改革过程中，受城乡差距因素等客观存在的影响，乡村教师文化的振兴成为迫在眉睫的课题。通过调研发现，乡村教师存在比较严重的文化自卑现象，诸如一味地模仿城市教师的观念与行为等。乡村教师文化自卑给乡村教育带来了许多危害，日本学者关计夫认为，教师文化自卑产生了严重的危害，诸如投射现象、官僚主义、畏首畏尾、虚张声势、性格沉郁/阴郁、逃避现实等。[②]所以，我们需要思考是什么原因导致乡村教师文化自卑，又应该如何解决。这是我们研究乡村教育和乡村教师过程中不可回避的问题。

① 新华社.中共中央 国务院关于实施乡村振兴战略的意见［EB/OL］.http://www.gov.cn/zhengce/2018-02/04/contont_5263807.htm.

② 刘维良.论教师职业自卑心理及解决的对策［J］.北京教育学院学报，1998（3）：45-47.

7.1　乡村教师文化自卑的表现

7.1.1　观念方面

乡村教师文化自卑的首要表现就是观念上的自卑，主要表现在以下两个方面：一方面，自我职业认同感低。乡村教师职业认同感主要是指乡村教师对自己处于乡村学校从事乡村教育工作的一种价值观上的认同以及对工作方法、工作习惯、工作环境等方面的心理上的认可。乡村教师的职业认同感非常重要，其不仅影响着乡村教师的职业发展、职业选择，也影响着乡村教育和中国教育现代化的全局，是刻不容缓需要重点解决的问题。①但是，目前的乡村教师缺少更多的职业认同，主要是乡村教师缺少对乡村学校学生的认知和对乡村学校的情感，没有真正融入乡村社会。另一方面，期待离开乡村学校。由于乡村与城市之间的差距，以及一些客观原因，乡村教师通常向往城市学校，期待有一天能离开现在所在的乡村学校。笔者在一次乡村教师调查过程中发现，在关于“乡村教师调动或改行意愿”的调查中，只有13.04%的乡村教师“从来没有”想过离开乡村学校（见图1），在关于“乡村教师流失和调出现象”的调查中，84.35%的乡村教师认为乡村教师流失和调出现象比

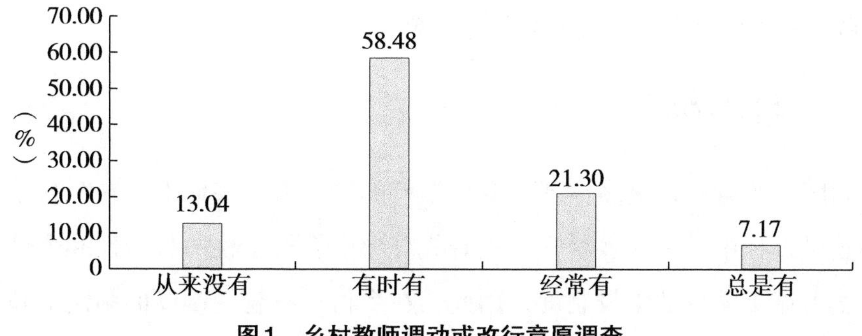

图1　乡村教师调动或改行意愿调查

① 宁本涛.让乡村教师留得住教得好［N］.光明日报，2018-01-09（013）.

较严重和非常严重，其中有32.83%的教师认为流失非常严重（见图2）。同时，一些乡村教师的调离行为和现象也给在岗的教师造成了一种教师队伍不稳定的感受。总之，笔者认为这是乡村教师在观念上所体现出来的自卑表现。

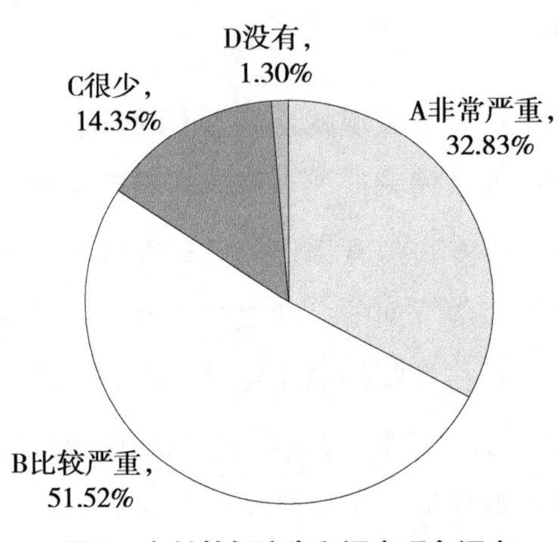

图2　乡村教师流失和调出现象调查

7.1.2　行为方面

乡村教师文化自卑还表现在行为上的自卑。乡村教师盲目学习城市教师的各种行为，在一些调查中发现，有些乡村教师喜欢盲目地模仿城市学校教师的说话方式，试图让自己更像一个城市教师，这充分印证了乡村教师行为文化自卑，而且根据学者对1023名小学教师的性格、状况的相关研究发现，65%的乡村教师存在不同程度的行为自卑。①

7.1.3　制度方面

制度上的自卑，更多体现在乡村学校的管理人员层面上，在乡村学校制度的建设过程中，一些乡村学校没有充分考虑乡村学校的特殊性和个性，盲目地学习城市学校的学校制度，因此，在乡村学校管理制度的制定上缺乏鲜

① 时巧玲.农村小学教师自卑心理的自我调适［J］.教书育人，2006（33）：43-44.

明的个性和特色，往往千篇一律。

7.1.4 物质方面

在乡村教师文化自卑的表现中，物质方面也是一个重要内容。我们知道，通过乡村学校物质文化建设可以使学生变得高雅，正如苏霍姆林斯基所说:“对周围世界的美感，能陶冶学生的情操，使他们变得高雅。”乡村教师文化自卑在物质层面的表现主要在资源建设、教室布置，以及相关的物质文化的建设中。乡村教师往往对这些建设内容感到自卑，总是感觉不如其他学校好。例如，在一次调查访谈过程中，一些教师对自己的学校建设，如校门、教室的建设等显得很自卑，无法对自己的学校物质建设表示满意。

7.2 乡村教师文化自卑的危害

7.2.1 教师自身方面的危害

毋庸置疑，教师文化自卑不仅会让教师变得内向、不喜欢和别人说话，还会使他们变得消极和孤僻，导致教师对生活没有追求，失去方向，这是教师文化自卑的主要危害。其危害性主要体现在两个方面：一方面，乡村教师对自己的自信心不足，体现在与他人的交往过程中“抬不起头”，不敢与他人进行更多的交流。他们认为自己作为乡村教师“比别人要矮一截”，这在乡村教师调研中已经充分显现出来了。另一方面，体现在教师对教育工作的热情。

7.2.2 学生方面的危害

“师者，人之模范也。”乡村教师是乡村学生的榜样，乡村教师的一言一行时刻影响着学生的言语和行为，那么，乡村教师文化自卑也会在有形和无形中对学生产生影响，导致乡村学生产生文化自卑。同时，乡村教师文化自卑，导致乡村教师在教育教学时对学生产生一些负面影响，因为教师的自卑情绪会影响其在智力、情感、意志等方面的机能无法稳定发挥，从而影响教学效率和学生的学习效果。①

7.2.3 学校方面的危害

乡村教师文化自卑将给学校带来负面影响。毕竟乡村教师是乡村学校的主要力量，乡村教师的文化自卑也给乡村学校的生存和发展带来一定的危害，主要是：第一，乡村教师文化自卑导致其对学校的认同度不高，将影响学校

① 王中华.论中小学教师情绪管理［J］.中小学教师培训，2014（2）：55-57.

的对外宣传。在此过程中，一些乡村教师不认为自己是某个学校的教师，而是将自己看作某个地区的教师，从而影响该乡村学校在外界的宣传和推广。第二，影响乡村学校的管理工作。乡村教师文化自卑导致其对学校管理工作漠不关心，更多的是考虑自身的想法和做法，对学校的生存和发展采取冷漠态度，同时，部分乡村教师也时刻想着离开乡村学校，较大的教师流动性使教育教学工作的延续性和一致性非常差，如笔者在某个乡村学校进行调研时发现，该学校一个学期有20余名教师辞职，只有重新招聘教师进行教学工作。因此，乡村教师文化自卑给学校方面带来了许多负面影响。

7.2.4 教师队伍建设方面的危害

乡村教育的发展离不开乡村教师，这已经是一个常识。所以，乡村教师建设乡村学校，振兴乡村，是乡村学生的希望所在。但是，目前乡村教师队伍建设存有这样那样的问题，给乡村教育和乡村学校带来了一定的危害。其中，一个非常严重的问题就是教师的流失，我国著名学者朱永新先生指出：乡村教师流失问题依然严峻。[①]由于乡村教师文化自卑，导致他们看不起乡村学校，瞧不上乡村文化，他们会竭尽全力去考研、考公务员、考城市教师编制，通过种种方法跳出“农门”，离开乡村学校。相关研究显示：65.7%的乡村教师希望到城市任教。而在有流动意愿的乡村教师之中，93.35%的村屯教师希望到乡镇及以上地区任教，90.33%的乡镇教师希望到县及以上城市任教。[②]可见，乡村教师流动频繁是乡村教师文化自卑的一个表现，反过来，乡村教师文化自卑也是乡村教师流动频繁的一个原因。

---

① 董鲁皖龙，赵彩侠.实施乡村教育振兴行动计划［N］.中国教育报，2018-03-05（05）.

② 宋伟涛.《中国农村教育发展报告2013—2014》显示超六成农村教师希望到城市任教［N］.中国教育报，2015-01-27（001）.

7.3 乡村教师文化自卑的原因

7.3.1 客观原因

乡村教师文化自卑有其客观原因。首先教师文化自卑是乡村社会发展的必然。乡村社会的每个重大变革期都是乡村文化自卑的重要沉浮期，乡村文化自卑的重要调整期，也是乡村文化自信的构建期和乡村文化形态的重塑期，这是基本规律。[①]那么，在乡村文化重构过程中，乡村教师文化面临新的文化选择和新的文化模式的形成，但是，遭遇了城市教师文化的优先发展，乡村教师文化将失去其文化的优势和核心，于是，乡村教师感觉乡村文化落后，缺乏个性化和特色，出现“皮之不存，毛将焉附”的局面。所以，乡村教师文化自卑与乡村社会文化的激荡和洗礼等客观原因是密切相关的。

7.3.2 主观原因

马克思主义哲学原理告诉我们：事物发展的根本原因是内因。正如美国心理学家埃利斯的ABC理论所认为的：人们头脑中的信念是产生某种情绪的根本原因。乡村教师文化自卑与其自身原因是分不开的，乡村教师总是在心里认为自己比别人要差，于是缺少自信心。正如在对外交流过程中表现出来的“我们学校条件不如你们学校”“我们乡村学校比较落后”“我们水平比较差，不如你们城市学校的教师”等，而这些话语背后就彰显了乡村教师的文化自卑。

---

① 谢志强，姜飞云.理性看待文化自卑［J］.人民论坛，2013（18）：9-11.

7.4　乡村教师文化自卑的超越

7.4.1　国家层面

第一，进一步完善对乡村教师的支持政策，促进教师物质文化的蜕变。尽管在2015年，国家颁布了《乡村教师支持计划（2015—2020年）》等关于乡村教师支持方面的政策，2018年又颁布了《中共中央　国务院关于实施乡村振兴战略的意见》等支持政策，为我国乡村教师文化发展提供了更加有力的制度保障，但是，在乡村教师文化发展过程中，需要进一步加强乡村教师的支持政策。第二，进一步完善乡村教师的奖励制度，促进乡村教师行为的进步，给予乡村教师更多的关注。2015年以来，我国建立乡村教师荣誉制度，而且2015年9月16日，马云在北京师范大学启动"马云乡村教师计划暨首届马云乡村教师奖"，给予乡村教师更多的精神鼓励和物质上的支持。但是，这些奖励还不足以激发乡村教师的工作热情，因此还需要进一步完善奖励制度，给予乡村教师更多的支持，以鼓励那些正在从事乡村教育的乡村教师以及具有从事乡村教育意愿的教师。第三，完善乡村教师相关法律，给予乡村教师以法律保障，提升乡村教师制度文化的发展。通过乡村教师相关法律的制定，为乡村教师文化的建设和乡村教师文化自信的形成奠定基础。第四，进一步加强乡村教师的价值引领，让乡村教师成为重塑乡村社会文化的中坚力量，改革教师观念文化。乡村文化建设离不开乡村教师的文化建设，乡村教师是建设新乡村、重塑乡村文化的灵魂，[①]所以，我们需要重视乡村教师观念的建设，借助乡村教师观念的发展来辐射整个乡村，从而促进乡村文化的进步与发展。

---

① 马敏.让乡村教师成为乡村社会文化建设的中坚力量［EB/OL］.http://edu.people.com.cn/n1/2016/0909/c/006-287051qq.html.

7.4.2 学校方面

前面我们提到了乡村教师文化自卑受外因和内因影响，那么，我们需要从外部因素来进行考察。根据人的成长规律，我们知道环境是成长的重要影响因素，而学校是乡村教师存在与发展的主要场域。因此，学校需要为促进乡村教师超越文化自卑提供条件。在观念上，乡村学校需要进一步改变对乡村教师的管理理念，人性化的管理理念以及管理制度可以为乡村教师的生存与发展提供更好的条件。与此同时，要重视教师的心理资本。在促进乡村教师超越文化自卑的过程中，需要重视乡村教师的心理资本，不仅需要从农村好教师的静态心理表现出优秀的心理品质，更要从发展的动态表现出恰切的心理品质。①通过提升乡村教师的心理自信，让乡村教师具有积极乐观的人生态度，使乡村教师具有较高自我效能感，从而激发乡村教师的文化自信心。

7.4.3 教师方面

外因是事物发展的影响因素，而内因是事物发展的根本原因。所以，要促进乡村教师超越文化自卑，就需要乡村教师自身积极改变，乡村教师需要不断学习陶行知先生那种“捧着一颗心来，不带半根草去”的奉献精神，更要具有孟子“得天下英才而教育之”的气概，也有晏阳初“不做官，不发财，把我的终身献给劳苦的大众”的壮举，积极地认识到乡村教师也是重要的职业，树立一种文化自信，从而提升自我效能和职业认同。

7.4.4 社会方面

社会支持是社会对弱势群体的一种心理援助以及物质、资源等方面的支持。社会支持对于乡村教师的文化自卑的超越和文化自信的建立具有不可磨灭的价值。笔者认为，在乡村教师超越文化自卑的过程中，要做到如下几点。

---

① 代静亚，王中华.心理资本对乡村好教师培育的价值与策略［J］.中小学教师培训，2017（11）：26-29.

首先，社会对乡村教师的尊重。尊重是对乡村教师最大的鼓励和肯定。乡村教师的文化自卑状况与社会对乡村教师的尊重程度是密切相关的。根据笔者调研发现，在乡村教师的社会交往过程中，乡村教师感觉到被忽视，不被学生尊重，也不被学生家长尊重，更不被社会尊重，这是客观存在的事实。所以，通过提升社会对乡村教师的尊重，能更好地提高乡村教师的自尊感，增强其工作的自信心。其次，社会新闻媒体对乡村教师的关注，特别是正面的宣传报道，能更好地给予乡村教师正能量。在当前媒体发展日益迅速的时代，媒体对乡村教师正向的宣传和报道可以引发“蝴蝶效应”，更好地促进乡村教师树立文化自信。最后，建议设立“乡村教师节”等节日来提醒社会关注乡村教育和乡村教师。通过“乡村教师节”等节日，一方面，提升乡村教师的自我认同感和自我归属感，获得更多的乡村教育事业的归属感，从而获得职业上的自信；另一方面，通过社会关注让更多的社会人士重视乡村教育，给予乡村教师更多的从业信心，从而形成观念、行为等方面的自信，摆脱自卑。

总之，乡村教师文化自卑的客观存在，给乡村社会发展和教育的进步以及乡村教师自身的发展带来了危害，那么，我们需要积极地采取措施，解决此问题，形成乡村教师文化的自信。

8

乡村振兴背景下乡村教师文化危机的检视

随着我国城镇化、工业化和市场化速度加快，乡村社会不断遭受冲击，乡土文化逐渐被瓦解，使乡村教师面临着多种潜在的文化危机。乡村教师的文化危机阻碍了乡村教师队伍的建设和乡村教育事业的发展。重视乡村教师文化危机可以帮助乡村教师树立文化自信，改善乡村教师文化形象、助推高质量乡村教师队伍建设，留住更多的乡村教师。同时，重视乡村教师的文化危机还可以提升乡村教师参与乡土文化振兴的意识和能力，形成乡村教育的“根”和“魂”，进而打造高质量的乡村教育。据此，如何化解乡村教师文化危机是一个重要的议题。

8.1 乡村教师文化危机的意蕴

8.1.1 乡村教师文化

关于教师文化，我国有不少学者阐释了自己的观点。《教育大词典（增订合编本）》将“教师文化”定义为“教师的价值观念及行为方式”①。袁振国认为，教师文化是教师群体的价值取向、集体风气、人际关系、角色特点的总体特征。②冯生尧、李子建认为，教师文化是在教师群体之间，教师成员所共有的态度、价值取向和社会交往形式等。③车丽娜则认为，教师文化是由教师独特的知识体系、个人信仰、思维方式及价值观念系统等构成的复合整体，是支配教师行为方式的深层精神因素。④关于何为乡村教师文化，综合前研究者对文化、教师文化和乡土文化的定义，本研究认为乡村教师文化是指在乡村工作的教师在长期参与乡村教育教学实践活动中形成与发展起来的价值观念、思维方式和行为方式，主要包括教师的职业观念、身份认同、专业伦理、价值取向、思维方式、情感态度与行为方式等。其中，价值观念是乡村教师文化的核心。行为方式是乡村教师文化的外在呈现形式，是乡村教师文化的表征与外显。

8.1.2 文化危机

文化的生成与发展是以人的实践活动为基础的，当生产资料和交换的社会文化滞后社会发展时，旧的文化和新的文化之间就会产生冲突，从而导致文化危机。“文化危机的实质是社会原有的文化系统与文化价值观念不适应人们社会实践的发展与生活变化的要求，人们的文化认同与社会实践的变化之间发生严重的冲突与对立，从而使在社会中生活的人们精神上陷入困惑与迷

① 顾明远.教育大词典（增订合编本）[M]. 上海:教育出版社，1998.
② 袁振国.当代教育学[M].北京:教育科学出版社,2004.
③ 冯生尧,李子建.教师文化的表现,成因与意义[J].教育导刊,2002(7)：32-34.
④ 车丽娜.教师文化初探[J].教育理论与实践,2006(11):45-48.

茫，对传统文化产生怀疑与丧失信心，传统文化的生存与延续受到威胁与挑战的一种表现。”①

8.1.3 乡村教师文化危机

a 乡村教师文化危机的内涵

乡村教师文化危机是指由于乡村教师自身价值观念的冲突以及新旧教育范式的冲突，导致乡村教师的教育观念、教育信仰和教育行为的失范，乡村教师的文化精神失去了生命活力，成为阻碍乡村教育教学改革的进程及乡村教师自身专业成长的重要因素，而充满生命力的新文化精神还没有重新确立起来。目前乡村教师文化危机尽管存在着内源性与外源性文化危机相互交织的状态，但由于乡村教师文化自觉、文化自信和文化批判等意识的缺失，乡村教师文化危机主要表现为外源性文化危机。即这种文化危机是由外在于我国乡村教育的文化模式和文化精神引起，使乡村教师文化模式的稳定性结构发生改变。一是城乡二元结构制度导致城市和乡村成为两个不对等的二元社会经济结构，同时也产生了两种不对等的文化模式，而随着城镇化的快速发展，城镇文化对乡土文化产生了严重影响，使乡村教师的文化模式发生裂变；二是在互联网快速发展时代，乡村教师受到外来文化的影响，使自身价值观念、教育信念产生冲突；三是乡村教育体制改革对乡村教师的需求不断调整，乡村教师的教学理念、教学模式及教学方法等亟待变革。

b 乡村教师文化危机的特点

危害性。乡村教师文化危机势必会对乡村教师、乡村以及社会产生一定的危害。从乡村教师个人来看，文化危机的核心是价值观念的危机，乡村教师文化危机会使乡村教师的价值观念产生异化、摇摆不定，阻碍乡村教师形成正确的价值观念。乡村教师文化危机对乡村教师个体的危害还表现在乡村教师文化心理的崩溃。文化心理是指在一定文化传统影响下形成的社会群体

① 林剑.文化危机与文化进步［J］.江汉论坛，2011（10）：13-16.

心理，它是一定的文化成果在社会心理中的反映和积淀，大体上包括带有该文化性质和特征的社会性情感、意向、成见、信念以及自发的倾向等因素。[①]乡村教师文化危机势必是乡村教师新旧文化的博弈，在博弈中，如果新文化占优势地位，旧文化走向末路，那么乡村教师文化心理定式的瓦解就代表着人们文化心理的崩溃，进而造成人们价值观念的混乱和对未来的迷茫。与此同时，乡村教师文化危机会给乡村以及社会带来“阵痛”。乡村教师作为乡土文化的继承者和传播者，其产生文化危机定会影响乡土文化的发展和传承，导致乡土文化逐渐落寞，这时整个社会势必也会受到影响。

复杂性。乡村教师文化危机的复杂性是由危机产生原因的复杂性、危机的危害性等决定的。乡村教师文化危机产生的诱因多种多样，有乡村教师自身的原因、国家政策的原因、社会文化环境的原因等。由于乡村教师文化危机存在危害性，如果不能正确应对乡村教师文化危机，又会引发其他的危机，产生多米诺骨牌效应。所以说乡村教师文化危机存在复杂性。

双重效果性。“危机”这个词在汉语中很有意思，从字面看，是由“危”和“机”两个字构成的，一方面表示危险的状况，另一方面也意味着大量的机会。正如古人云：“福兮祸之所倚，祸兮福之所伏。”危机的英文“crisis”同样意有所指，其本意是十字路口，做出重大抉择的关头，在十字路口做出的选择就暗含有机遇。因此，危机具有危险和机遇双重含义。同理，乡村教师文化危机也具有危险和机遇。一方面，乡村教师文化危机会给乡村教师、乡村以及社会造成严重危害；另一方面，乡村教师文化危机也孕育着新的机遇和转机。正如奥古斯丁所说的那样：“每一次危机既包括失败的根源，又孕育着成功的种子。”乡村教师文化危机的产生，会使乡村教师对传统乡土文化进行反思与挖掘，有助于丰富乡土教师对乡土文化的认知。同时，乡村教师文化危机的产生，会让众多学者以及社会各界人士重识乡土文化的价值和意义，有利于乡村教育事业、乡村振兴战略以及乡土文化的发展。

① 郭天海.略论文化心理在认识中的作用[J].天津师范大学学报（社会科学版）,1994(3):25-28.

8.2 乡村教师文化危机的表征

8.2.1 城乡文化模式博弈中文化适应的缺失

何谓“文化适应”？目前学术界比较认可的是雷德菲尔德（Redfield）等人对文化适应的界定：“两种具有不同文化的群体在直接的连续接触的过程中所导致的两种文化模式的变化。”[①]这种界定只强调群体水平上的文化变迁，而忽视了个体水平的文化适应，即文化变化全过程中人的行为、态度以及价值观的变化。鉴于此，心理学家T.D·格里夫斯将个体的文化适应称为“心理文化适应”，并将其界定为：“由于与其他文化相接触或参与到自身文化或民族的文化适应过程中所产生的个人体验的变化。”本书的“文化适应”强调的则是个体层面的文化适应，指乡村教师在城市文化模式与乡土文化模式博弈中，自身是否能适应这种相互交织的文化模式，坚定自身的教育行为、教育信念，并走出自己的路。乡村教师作为文化主体，理应很好地适应所处乡村的文化模式，但是由于城市主义取向的文化在乡村日益兴盛，使乡村教师倾向于选择城市文化，使自己成为“离乡离土”的乡村人。乡村教师在城乡文化模式博弈中文化适应的缺失，导致他们很难灵活运用乡土文化，乡村教育也很难在乡村振兴战略中脱颖而出，乡土文化从而走向凋敝。

8.2.2 现代文化与传统文化角逐中文化认同的不足

关于“传统文化”，我国很多学者都阐述了自己的观点，但是由于传统文化是一个复杂的概念，到目前为止，国内学术界还没有达成共识。朱维铮认为，“传统文化”是属于历史的东西，是一定社会物理世界和心理世界的中

① REDFIELD R，LINTON R，HERSKOVITS M J. Memorandum on the study of acculturation [J]. American Anthropologist，1936，38（1）:149–152.

介，与“文化传统”不同，“传统文化”一般是确定性的文化。①赵吉惠则认为，中国传统文化是指在历史积淀下来成为传统，并且已经具有稳定形态的中国文化，包括语言、思想观念、礼仪制度、思维方式、价值取向、道德情操、生活方式、风俗习惯等内容。②现代文化是相对于传统文化而言的，也叫现实文化，指“人类基于现实生活和现代实践而形成的活生生的文化，它不仅具有时代特征还符合人类的现实需要，可以说现代文化既是传统文化演进的现实结果，又是未来文化或应然性文化的前提”。③由于现代文化是在传统文化的基础上演变形成的，它有着与传统文化不同的文化理念，比较符合当代人的需求，使乡村教师在现代文化与传统文化的角逐中选择了现代文化，传统文化遭到质疑，乡村教师的文化认同产生危机。那么，何为文化认同？崔新建认为：“文化认同就是对人们之间或个人同群体之间的共同文化的确认。”④乡村教师的文化认同既不是抱残守缺的死认同，也不是浮于表面的假认同，而是基于情感认同的双向文化认同，即乡村教师既要认识自身文化的优势，也要汲取其他优秀文化的精髓。在现实中，很多乡村教师对“传统文化”“乡土文化”没有很充分的认识与了解，将“乡土文化”等同于“传统文化”，“传统文化”等同于“落后、腐朽的文化”。以至于在现代文化与传统文化的角逐中，乡村教师文化认同出现危机，认为乡土文化是隶属于传统文化的“死文化”，乡土文化不值得继承与发展，是需要放弃的落后文化。乡村教师文化认同危机会使乡村教师的价值观念、行为方式产生偏差。

8.2.3 乡土文化转型发展中文化创新的漠视

在工业化与城市化快速发展的时期，我国乡村以土地、资本和劳动力为核心的乡村发展要素发生了重大变化，导致乡村地域系统的要素结构和地域功能

① 朱维铮.传统文化与文化传统［J］.复旦学报（社会科学版），1987（1）：48-54.
② 赵吉惠.中国传统文化导论［M］.南京：江苏教育出版社，2007.
③ 周晓阳，张多来.现代文化哲学［M］.长沙：湖南大学出版社，2004.
④ 崔新建.文化认同及其根源［J］.北京师范大学学报（社会科学版），2004（4）：102-104，107.

发生了一系列转变，乡土文化进入转型发展时期。在乡土文化转型发展中，由于乡土文化自身具有封闭性、多样性以及复杂性等特征，乡土文化转型发展在一定程度上导致了乡村衰落，也引发了乡村教育的一系列问题。乡村教师作为乡土文化的主要传播者和继承者，在乡土文化转型发展中承担着不可替代的作用。而很多乡村教师在乡土文化转型发展中，存在参与乡土文化振兴的积极性不高、主动性不强等问题，很多时候都是盲目跟风与模仿，没有结合当地乡土文化发展的需要进行创新，一味接收和宣扬具有城市主义倾向的文化，对乡土文化的创新只是浮于表面，没有对乡土文化进行本质上的创新。习近平同志曾多次强调，乡土文化的创新是实现乡村振兴战略的关键，是乡村振兴的基础和保障。正如哲学家王船山先生所说的那样，乡村教师对待乡土文化要“新故相资而新其故”，即乡村教师要深入了解乡土文化的本质和特殊性，在继承优秀乡土文化的基础上，推陈出新，进而推动乡村教育的发展和振兴乡土文化。

8.2.4　乡土文化批判中文化继承的忽视

提到乡土文化，很多人就会联想到“落后、封闭、愚昧”等词语。在城镇化快速发展的进程中，很多乡村教师都向往城市生活，认同城市取向的文化，在城市文化的熏染中乡村教师对于乡村传统生活方式和乡村价值观产生怀疑，认为乡土文化是落后的，城市文化要优于乡土文化。乡村教师只是一味批判乡土文化，而没有从内心认识和反思乡土文化，在自己的教学行为中也没有做到文化继承。在现实中，很多乡村教师没有将所在地的乡土文化，如手工艺、风俗习惯、乡约民规等融入日常的教学活动和课程开发，从自己的行为上忽视了乡土文化的继承。我们常说批判地继承，即在批判乡土文化的同时，也要牢记乡土文化的继承，如果只是批判而没有继承，那么乡土文化将会失去原有的灵魂，没有实际意义。

8.2.5　城乡文化冲突中文化自信的陨落

习近平同志曾强调，坚持不忘初心、继续前进，就要坚持中国特色社会主义道路自信、理论自信、制度自信、文化自信。而文化自信，是更基础、更广泛、更深厚的自信。[①]乡村教师的文化自信即乡村教师对所处乡村的乡土文化经过认知、反思、批判、比较及认同等过程后形成的稳定和确信心理。当“现代文明”这顶帽子被城市文化所拥有，乡土文化就遭到了不同程度的削弱，乡土文化以及相应的乡村生存姿态与理念就不断被轻视，乡村教师文化自信逐渐消失。且现代社会中的乡村教师与传统社会中的乡村教师有所不同，传统社会中的乡村教师大都是生于斯、长于斯的地地道道的乡村知识分子，是乡土文化传播和继承的领军人物，也是发展乡土文化的核心人物；现代社会中的乡村教师大都接受过高等师范院校教育，受到了城市文化的洗礼与熏染。当他们来到乡村工作时，会发现乡土文化与城市文化有所差别，这势必会产生文化冲突继而产生文化选择。由于乡村教师文化逐渐受到城市文化的同化，他们不再自然而然地选择乡土文化，而是被城市文化所左右，这时他们不再是乡土文化的核心，而是乡土文化的“边缘者”，身份地位的变化必将影响乡村教师的文化自信。

① 习近平.习近平：在庆祝中国共产党成立 95 周年大会上的讲话［EB/OL］.http://www.xinhuanet.com/politics/2016-07/01/c_1119150660.htm. 2016-07/01.

8.3 乡村教师文化危机对乡村教师的影响

8.3.1 “逃离与挣扎”：乡村教师身份认同的纠结与摇摆

乡村教师身份认同指乡村教师对于“我是谁”“我应该是谁”“我将要成为谁”等问题的认识和理解。现代乡村教师大部分都接受过高等师范教育，受到城市文化的渲染和洗礼，所以他们的文化是现代的、城市化的。而当他们因为各种原因不得不回到乡村工作时，工作的环境又是封闭的、乡村化的。乡村教师向往城市生活却不得不在乡村工作，他们在城市和乡村之间徘徊、游走，不再是以前熟悉乡土文化和乡土气息的乡村教师。这就形成了一种悖论：乡村教师既无法将自己视为真正的城市人也无法很好地融入乡村，而是在“城市人”与“乡村人”之间左右摇摆。大部分乡村教师以前都是乡村人，在传统观念的影响下，他们都认为通过读书可以跨越“农门”，过上城里人的生活，所以他们从内心深处是向往城市生活的。当他们成为乡村教师时，他们内心是纠结的，因为自己想成为“城市人”，想在城市里生活，但是自己的职业却是一名乡村教师，所以他们往往将“乡村教师”作为自己职业生涯的过渡，随时做好逃离乡村的准备，这导致很多乡村教师将自己定位为乡村的“局外人”“外来者”，是游离于“城市”与“乡村”的“漂泊者”，且往往有“身在曹营心在汉”的心理特征。同时，由于乡村学生比城市学生的文化基础弱、学习状态欠佳，留守儿童居多，教育教学工作更复杂，任务也更繁重，而且本该由家庭、学校共同承担的乡村教育，家庭教育却日渐式微甚至缺位，导致乡村教师在本职工作外要承担更多的责任。这些都会让乡村教师对自身的身份感到失望与迷惑。

8.3.2 “祥林嫂情结”：教学效能感受挫

在振兴乡村教育的过程中，一些乡村教师产生了“祥林嫂”般的怨妇情绪，导致自身教学效能感受挫，这往往表现在对学校的领导缺乏信心，对乡村学校的发展前景缺少期待，对学校学生的学业成就产生焦虑，对乡村教师工作缺少激情等。第一，“怨”乡村学校校长管理无方，对校长的领导能力缺乏信心。很多乡村教师将乡村教育发展不乐观、乡村教育质量一直上不去的原因归结于乡村学校校长的管理，埋怨乡村学校的校长“抠门”，乡村学校教师待遇太差，常常感叹“现在什么都在涨，就是工资不涨”，导致自身教学效能感不高。第二，“怨”乡村学校学生基础差，对教好乡村学生缺乏信心。在乡村，家长往往将把孩子送到大城市读书作为奋斗目标，所以导致很多乡村优秀学生外流，乡村学校留下的学生基础有限。这时很多乡村教师就陷入“教不好”“不知道怎么教”的困境，久而久之，乡村学校被贴上了“差校”的标签，乡村教师也被贴上了“能力弱”的标签，这将导致恶性循环。第三，“怨”乡村学校环境太差，对乡村学校发展前景缺少期待。相较于城市学校，乡村学校的基础设施和地理环境都比较差，很多乡村教师认为在乡村工作待遇差就算了，生活环境也不好，发展前景也有限。在此种情况下，乡村教师对乡村教育工作也就缺乏激情。

8.3.3 “破罐子破摔”：教育信念僵化

信念是情感、认知和意志的有机统一体，是人们在一定的认知基础上确立的对某种思想或事物坚信不疑并身体力行的态度。由于城市文化的不断冲击，乡村教师的教育信念日渐扭曲，逐渐僵化。一方面，在乡村教师人才招聘的过程中，部分乡村教师通过面试就可以到乡村工作，没有参加笔试，存在人才素质参差不齐的现象。大部分乡村教师起初参加工作都很有热情，但是由于部分乡村学校区别对待老教师和新教师，没有做到奖罚分明等，造成部分乡村教师失去工作的热情，形成“破罐子破摔”的教育信念；另一方面，由于社会给乡村教师贴上了各种负面标签，缺乏对乡村教师贡献和默默付出的肯定，导致很多乡村教师感慨自己“怀才不遇”，感叹自身的人生价值得不到实现，认为自己待在一个落后的乡村学校没什么出息，也会使这些乡村教师形成“破罐子破摔”的教育信念；此外，由于市场经济的快速发展，很多乡村教师产生了唯利是图、急功近利的价值取向，将“乡村教师”单纯视作谋生的职业，没有将自己的精力放在教学上，忽视了自身对乡村学生的影响。

8.3.4 “当一天和尚撞一天钟”：危机意识薄弱

目前，很多乡村教师刚上岗就过着“养老”般的生活，抱着一种混日子的态度，面对众多乡村教育教学任务，大部分乡村教师认为搞科研是高校教师的事情，自己只需要把课程教学工作完成即可，从不主动参与科研工作。对评聘职称、科研以及学校管理工作方面都“视若无睹”“心不在焉”，以至于在乡村教师群体中存在学校工作能少参与的尽量不参与，能避免的就避免，“事不关己，高高挂起”的现象。有些乡村教师甚至将乡村教育教学工作当成“副业”，自己在学校以外的工作才是自己的“主业”，在经济全球化、互联网快速发展以及乡村振兴背景下，乡村教师获得了国家的重视，但也存在许多潜在的危机，如乡村学校规模逐渐萎缩、乡村教育质量上不去、自身专业知识陈旧等危机，但是大多数乡村教师只知道享受社会大背景下乡村教师的福利，而没有意识到乡村教师自身面临的危机，从而影响了乡村教育以及乡村教师队伍的整体风貌。

8.3.5 “漠不关心”：乡土情怀的缺失

情怀是一种感情、心境和胸怀的总和，是个体对某种情感的态度，也是个体行为的催化剂。根据布鲁姆对教育目标的分类可知，教育不仅是知识、技能的教育，更是情感生命的教育。乡土是乡村学生生活、生长之地，对乡土的热爱是一个正常人的基本情怀，也是教育的重要内容。作为一名乡村教师，除了基础的教育情怀，还应该具备乡土情怀。这是他们从教的情感基础，也是教育教学甚至是在乡村生活不可缺少的因素。乡村教师的乡土情怀是对乡村学生开展“有根、扎根”教育的基础，也是确保乡村教育回归乡土的重要保障。在城镇化、城乡二元结构的背景下，很多乡村教师的乡土情怀严重缺少，主要表现在以下几个方面：第一，以“逃离”乡村为奋斗目标。在现代化进程中，人们逐渐将“乡村”与“城市”作为对立面来进行比较。不管是经济还是文化，乡村都是落后于城市的，相较于城市而言，乡村慢慢被人们看作“落后、封闭”的代名词。随着城镇化的快速发展，乡村现代化发展较为缓慢，早已不能跟上整个社会发展的步伐，乡村逐渐变成“空心村”，乡村学校逐渐变成“空壳校”。在此背景下，很多乡村教师将“乡村”作为自己的“暂休之地”，将“乡村教师”作为谋生的职业，无时无刻不想着如何“逃离”乡村。第二，以“扎根”城市为荣。虽然大部分乡村教师都出生于乡村，但进城安家一直是多数乡村教师的愿望。大部分乡村教师来到乡村工作不是自身的意愿，而是迫于现实因素没法进城，他们一直都在想方设法结束乡村教育工作。第三，参与乡村事务的积极性不高。在本次的调查中，我们发现，大多数乡村教师不愿意参与乡村事务，如当地的文化节活动、乡村酒席以及乡土文化建设等。在心理上将自己与“乡村人”隔离开来，将自己定位于乡村社会中的“外来者”。第四，没有将自身的工作、生活与乡村融为一体。大多数乡村教师都是工作的时候待在乡村，节假日立马逃离乡村，基本上脱离了农业生产，对乡村的民俗、民风也知之甚少，与村民之间的交流也越来越少。老一辈的乡村教师都是“以乡村为家、以乡村学校为家”，他们大部分时间都是在乡村里度过。甚至他们中有一部分是由农民转化而来，在知识、技能、情感上都有浓厚的乡土色彩。随着这一代乡村教师的退出，当前的乡村教师在专业化发展中与乡村的分离也越来越严重。

8.4 乡村教师文化危机的原因探析

8.4.1 社会原因

大众媒体对乡村教师“污名化”。“污名”这一概念是由美国社会学家戈夫曼（Goffman）首次提出，他认为“污名”是指某一个体或群体由于缺乏社会所期盼的品性而被贴上贬低性、侮辱性的标签。我国从古至今都很重视乡村教育，可以说乡村教育是我国教育的重要组成部分。在“乡村振兴”“教育扶贫”“乡村教师支持计划”等战略的实施背景下，乡村教育及乡村教师备受社会各界的关注。我国教育主管部门和大众媒体都聚焦乡村教育，但是关于乡村教育及乡村教师的大部分论述多是以偏概全，缺乏理性的思考和实际调查，对乡村教师缺乏理解和同情。大众媒体之所以敢大胆质疑乡村教师的水平和能力，基本上是基于“没有教不好的学生，只有不会教的老师”这一极端的教育理论。这个理论将乡村学生受教育的情况和乡村教育质量发展受限的原因都归结于乡村教师，夸大了教育的作用。他们认为乡村教师是导致乡村教育发展不佳的“罪魁祸首”，学历低、知识结构单一、视野有限及思维方式老化等标签常被贴在乡村教师身上。城乡二元结构发展模式中，城市的教育资源远远优于乡村教育资源，教育质量较高，这时部分媒体没有进行合理的比较，而是直接对乡村教育进行批判。在此情况下，对乡村教师而言，逃离乡村是摆脱“污名”最直接的方式。

社会人士对乡村的漠视。社会人士对乡村的漠视加速了乡村教师文化危机的产生。随着城市文化的不断盛行，不仅乡村教师想逃离乡村，乡村人民也逐渐外流。越来越多的乡村人民在生活方式、消费观念、穿衣风格等方面都受到了城市文化的影响，他们逐渐流向城市，使得乡村人口大幅度减少，乡村独有的文化氛围遭到破坏。城市较乡村有着自身的优势，中国大量的人力和物力资源都集中在城市，而且目前城市盛行的广场舞文化、网红文化、快餐文化等也逐渐在乡村盛行。乡村环境无法完全符合城市文化的发展趋势，不仅没有使自身得到发展，而且逐渐遭到“形式主义”“享乐主义”及“功利主义”等思想的侵蚀，原有的乡土文化遭到破坏。目前，部分乡村教师都只把乡村视作自己工作、赚钱的地方，没有真正接受乡土文化，融入乡土社会。虽在乡村工作，却把自己的家定在城市，也将自己的孩子送入城市学校就读。此外，很多家庭经济条件优越的乡村人民也都逐渐搬离乡村，到乡村所属县城买房定居，也将能把孩子送入城市学校就读视作自己的骄傲。与此同时，很多乡村出生的大学生在毕业后都拒绝回到乡村工作，哪怕城市竞争压力大，也要在城市中挣扎。社会大众对乡村的漠视，会加剧乡村教师身份认同不足、文化自信缺失、教学效能感受挫以及乡土情怀匮乏等文化危机。

8.4.2 政策原因

教师评价体系存在缺陷。通过查阅国家关于改革教师评价体系的相关文件可以看出，关于教师的评价，大部分文件都是整体强调教师这一群体（幼儿园教师、中小学教师、高校教师等）的评价，而没有区分城乡教师。目前，关于城乡教师的评价体系是同一套体系，没有显示出乡村教师的差异性。从客观的角度来看，乡村学校生源质量相对比较差，工作任务复杂且量大，如果用同一标准进行评价，乡村基本上都处于劣势。我国古代教育家孔子强调，教育学生要“因材施教”，同理，教师评价也应该做到“因人而异”，根据城乡教师的特点和内在需要进行客观的评价。由于目前我国教师评价体系存在缺陷，使乡村教师在评价体系中处于劣势地位，忽视乡村教师自身的特殊性势必会引发乡村教师的文化危机。

乡村教师的激励制度不够完善。美国心理学家威廉·詹姆斯曾说，人性最深刻的原则就是希望别人对自己加以赏识。而这里的赏识就是充分地肯定和信任乡村教师，通过鼓励、心理暗示等方法不断激发乡村教师的自信心和教学热情。詹姆斯还发现，一个没有受过激励的人只能发挥他能力的20%~30%，而当他受过激励后，其能力是激励前的3~4倍。乡村教师是促进乡村学校发展和引导乡村学生成才的核心力量，是乡村学校教学与管理最关键、最活跃且最根本的因素，是制约乡村学校整体工作的重要影响因素。因此，建立健全乡村教师的激励机制非常有必要。然而，通过调查发现，目前关于乡村教师的激励制度还不完善，不能满足乡村教师成长的需要。这会影响乡村教师教学的热情，进而加深乡村教师身份认同模糊、文化自卑等文化危机。

8.4.3 乡村学校原因

a 乡村学校快速萎缩

随着城镇化的快速发展，乡村人口流失严重，乡村逐渐出现“空心村”的现象，随之而来的是一所又一所被废弃的“空壳校”。由于乡村学校的软硬件设施都不如城市学校，乡村学生家长对乡村学校失去信心，就会形成严重的“学生流失”，大批优秀的学生和家庭条件优越的学生流向城市，使乡村学校的学生越来越少，留在乡村学校的学生大多是家庭经济困难、学习能力一般或较差的学生，甚至是一些患有先天疾病的学生。在这种情况下，乡村教师的积极性受挫，大批能力较强的乡村教师纷纷离开。很多乡村教师表示：“学生走了，我们的心也跟着走了。”优秀的乡村教师流走导致家长对乡村学校失去信心，“学生流失”也让一些乡村教师尤其是优秀的骨干教师“一心向城”，长此以往，就产生了马太效应，即更多的乡村教师流向城市，乡村教师文化危机随之产生。乡村学校的快速萎缩，带来了许多忧患，其中乡村教师文化危机是最突出的忧患之一。

b 乡村学校文化建设不到位

乡村学校的文化建设是新时期乡村学校发展的内在诉求，乡村学校的振兴离不开乡村学校的文化建设。[①]很多乡村学校的领导忽视乡村学校的文化建设，没有认识到乡村学校文化建设对乡村教育、乡村学校发展的重要价值。乡村教师是有文化的人，是文化建设的参与者，加强乡村学校文化建设有利于增强乡村教师的归属感和文化自信。目前乡村学校文化建设普遍存在过分

① 韩小凡.从区隔走向共生：乡村学校文化建设的选择［J］.当代教育科学，2021(3):44–50，78.

重视外显文化而忽视内隐文化、盲目追随现代文化而丢弃传统文化、过分强调文化的工具性而忽视文化人文性的价值以及“离土化”现象等问题。乡村学校文化建设不到位，会使身为文化人的乡村教师对乡土文化产生怀疑和迷惑，进而产生文化冲突和文化自卑，加剧自身文化危机。

8.4.4 乡村教师自身原因

a 乡村教师惰性心理的牵制

惰性是指由于个体主观上的原因而无法按照既定目标行动的一种心理状态，是一种不易改变的落后习性，是不想改变老做法、老方式的倾向。当一个人有惰性心理时，做事就会一拖再拖。目前乡村教师普遍存在惰性心理，主要表现在以下几个方面。第一，教学方面的惰性。教学准备不充分，教学态度不端正，存在临时抱佛脚的心态，对学生的家庭作业批改比较敷衍。第二，人际关系的惰性。乡村教师不喜欢与学生家长、乡民，甚至同校的教师进行沟通，每天独来独往。第三，专业发展惰性。大部分乡村教师都缺乏专业学习的主动性，在培训中也抱有应付心态，不重视教科研。第四，教学工作之外的惰性。对待乡村振兴、教育扶贫等行政任务拖延、抱怨，用消极的态度对待。乡村教师的惰性心理，会使乡村教师安于现状、缺乏居安思危的意识，因而不利于乡村教师成就感的获得，致使乡村教师的教学热情逐渐冷却，最后形成文化危机。

b 乡村教师自卑感的催化

自卑感是指个体在与他人比较时，由于低估自己、不相信自己而产生的情绪体验。严重的自卑感是一种心理缺陷，这种不健全的心理情感可能造成极端忧虑、丧失机能或事实上的失败等结果。由于城乡二元结构发展模式的形成，乡村教师逐渐产生自卑感，主要体现在以下几个方面。第一，对经济收入低的自卑感。众所周知，工作待遇一直是影响乡村教师“留得住、干得好”的关键因素，而目前很多乡村教师仍然对自己的工作收入不满意。他们表示，乡村教师不像城市里面的教师工作待遇那么好，有各种补贴和奖金，经济收入不足以支撑家庭开销。由于乡村教师的经济收入较低，很多乡村教师产生了自卑感。第二，对社会地位低的自卑感。由于社会大众戴着有色眼镜看待乡村教师，加上网络媒体对乡村教师的“污名化”，乡村教师的社会地位下降。很多乡村教师都被误以为“能力不足”“知识与技能落后”。社会大众对乡村教师的片面认识导致乡村教师产生了严重的自卑感。第三，对工作辛苦的自卑感。由于工作的特殊性，较城市教师而言，乡村教师的工作更加烦琐、冗杂。很多乡村教师的教育对象都是留守儿童，乡村教师不仅要完成自己的教学任务，还要关心和疏导留守儿童的心理健康问题。此外，由于脱贫攻坚、乡村振兴等战略的实施，乡村教师还要面临大量的行政工作。乡村教师工作量大、工作辛苦，但是经济收入和社会地位却与城市教师相差甚远，自卑感随之产生。乡村教师的自卑感必将影响他们的身份认同和文化认同，这会降低乡村教师教学的热情，加速乡村教师文化危机的产生。

c　家庭及爱情等因素的困扰

乡村教师正处于新老交替之际，老一代教师正在退出，新生代教师不断加入，从整体上看，新生代教师将是乡村教师的主体。[①]但不管是老一代乡村教师还是新生代乡村教师，家庭及爱情等因素都影响着他们对待乡村教育的态度及选择。有些已婚乡村教师和家人两地分居，想要离开乡村与家人团聚。此外，还有部分教师为了孩子有更好的发展空间，也选择离开乡村，到城市定居；而未婚乡村教师也同样面临着爱情、未来家庭生活等选择的问题。随着城乡二元结构的不断推进，乡村教师由“以村为家”“以校为家”的生活方式逐渐变为“以城为家”。乡村教师的家庭文化环境也会影响乡村教师对待乡村教育的态度，如果乡村教师的家人支持他在乡村发展，并且为他的职业而骄傲，那么他必定会受到鼓舞，安心在乡村从教，尽心为乡土文化的发展贡献自己的力量。相反，如果家人反对他在乡村发展，那么其乡村教师的自信心以及成就感就会受挫，从而增加了文化危机产生的可能。

① 黄俊官. 乡村教师“去乡村化”情结及其化解［J］. 当代教育科学,2020(11):31−36.

8.5 化解乡村教师文化危机的可能路径

8.5.1 政策层面：制定符合乡村教师内在需求的文化机制是基石

a 城乡教育融合的政策落实到位

2019年，中共中央、国务院颁布了《关于建立健全城乡融合发展体制机制和政策体系的意见》(以下简称《意见》)，明确提出要重塑新型城乡关系，走城乡融合发展之路，促进乡村振兴和农业乡村现代化。可以说，要早日实现城乡融合发展，破解新时代乡村建设的关键矛盾，就必须重塑城乡教育融合发展的理念，落实城乡教育融合的政策，确保融合发展的长期效益和可持续性。首先，明确城乡教育融合的理念，构建城乡融合一体的教育体系。受传统观念的影响，人们常常把“乡村”与“城市”隔离开来，把“乡村”等同于“农业”，认为乡村教育是针对乡村农民的教育。由于我国长期存在的城乡二元经济结构，严重阻碍了我国教育事业的高质量发展，因此，城乡教育融合发展必须在“融”字上下功夫。既要“以城带乡”，也要“以乡带城”，在融合中促进城乡教育的发展。其次，整合从学前教育到高等教育各级各类教育的融合发展。城乡教育融合发展不是单一某个教育阶段的融合，而是要从学前教育这个阶段入手，带动城乡各级各类学校共同发展。最后，加强对城乡教师资源的建设。城乡教师资源决定了城乡教育融合发展的效果，要实现城乡教育融合发展，必须加强城乡教师队伍的建设。要做好城乡教育融合发展，就必须优先规划教师队伍建设、优先投入乡村教师，在乡村教师队伍建设上下功夫。落实国家乡村教师支持计划，继续实施乡村义务教育学校教师特设岗位计划，加强乡村教师的专业化培训。只有重视城乡教师资源的建设，才能实现“以城带乡”和“以乡带城”并存的教育融合发展态势。

b 构建差异化的评价体系

乡村教育占据了我国教育的半边天，对待乡村教育与乡村教师，我们应该秉承客观的态度。乡村学校存在生源较差、教学设备与技术落后等现状，如果用统一的标准评价城乡教育与城乡教师，乡村基本不占优势。为此，政府需要构建差异化的评价体系。构建差异化的评价体系不能对城乡教育进行笼统的评价，必须着眼于城市教育与乡村教育的特殊性，在做好顶层设计和统筹兼顾的基础上，具体和细化乡村教育评价体系的内容。第一，区别评价乡村学生。评价乡村学生不能用评价城市学生的标准，要考虑乡村学生发展的局限性。改变"唯分数"的评价方式，加强对乡村学生学习习惯、道德修养以及劳动品质的评价。对乡村学生进行差异化的评价，不仅可以增强乡村学生的学习兴趣，也能增加乡村教师的教学信心。第二，分层评价乡村学校。我们不仅要区别评价城市学校和乡村学校，对乡村学校也进行细分，按乡镇学校、村级学校、村屯教学点进行分类管理、分类评价。除了建立起差异化的评价体系，在具体的评价中，我们应该加强同类型、同级别学校的评比，使评价更具科学性和说服力，让同级别的学校相互竞争、相互学习，共同发展。第三，实际评价乡村教师。在乡村教师职称的评定上，我们要将乡村教师的评定标准与城市教师的评定标准区别开，在制定标准中，应酌情考虑乡村教师教龄、贡献、职务等因素，在名额分配上重点关注长期在乡村任教的一线教师，让他们体会到国家和社会对他们的尊重和关怀，激励他们扎根乡村，砥砺前行。

8.5.2 社会层面：为乡土文化的发展提供支持是重要保障

首先，社会各界人士，包括乡村学校学生家长、乡土人民等，都要重视乡土文化、尊重乡村教师，让乡村教师真正拥有教育的自主权、管理的知情权以及参与权等，让乡村教师获得与城市教师同样的社会地位，得到公平的对待，让他们对乡村教育产生热情，让他们对乡土文化产生使命感，产生文化自信和文化自觉，进而化解自身文化危机。其次，学生家长要给予乡村教师充分的信任。如果乡村教师得不到家长们的信任，会失去工作的热情，产生身份认同危机，对乡村教育工作产生懈怠。美国著名心理学家罗森塔尔和雅各布森提出了"皮革马利翁效应"，这个效应强调：一个人的成功与他人对自己的期待和信任、他对自己的期待有着密切的联系，也就是说“说你行，你就行，不行也行；说你不行，你就不行，行也不行。”这与学生家长及社会大众对乡村教师的信任是一样的，如果学生家长对乡村教师很信任，那么乡村教师将会对自己的教育工作充满信心，对乡土文化的发展充满信心。此外，社会各界应加强对乡土文化的宣传，让乡土文化常常出现在人们的视线中。发展乡土文化不仅是国家的任务、政府的任务，更是社会各界人士的任务，应加强宣传让更多的成功人士参与到乡土文化建设中，让乡土文化得到稳步、快速的发展。最后，应该满足乡村教师的合理需求。让乡村教师感受到乡村这个大家庭的温馨、乡村学校的温馨，让乡村成为他们向往的地方，让乡土文化发展成为他们的目标。

8.5.3 媒体层面：大众媒体加强对乡村教师文化形象的正面宣传是重要条件

大众媒体是一种传递信息的工具，具有文化传承、监督以及娱乐的功能。大众媒体对乡村教师的宣传和叙事，会影响社会对乡村教师的看法和态度。正面、积极的宣传，会引领群众肯定乡村教师的价值。负面、消极的宣传，会让群众否定乡村教师的价值和贡献。因此，要客观评价而不是一味进行正面宣传。首先，大众媒体要根据实践调查和研究的结果报道乡村教师，理性地看待乡村教师存在的问题。乡村教师问题是一个行业综合问题而不是乡村教师个人的问题，在批判乡村教师的同时要看到乡村教师的贡献。其次，为乡村教师成立一个专门宣传栏目，对乡村教师进行定期、专门的报道，尤其是优秀、杰出的乡村教师。最后，大众媒体要通过多种渠道宣扬乡土文化，宣传乡村教师的贡献，如微博、抖音小视频、微信公众号等。

8.5.4 学校层面：加强对乡村教师的管理是关键

a 不断完善乡村教师的激励制度

激励是人们根据对某一个体的了解而做出刺激他的种种行为，从而让他积极主动地发生正向行为。激励制度是学校管理教师的一种有效方式，对于教师的工作激励本身就有其独特的价值，所以要考虑“乡村教师”这一职业的特点，设计符合乡村教师特性的激励原理、激励原则、激励策略等。第一，坚持“以教师为本”的激励原理。行为管理学派倡导要“以人为本”地进行管理。双因素理论强调管理就是在研究如何了解人、激励人、用好人的问题。同理，学校激励管理也应如此。教师激励要回归基层单位——“人”，也就是要“以教师为本”，即研究如何了解教师、激励教师、用好教师的问题。坚持“以教师为本”的激励原理，就是要把教师作为激励的出发点和落脚点，在了解乡村教师内在需求的基础上进行激励。在激励过程中要坚持尊重教师、理解教师、发挥教师作用和为了教师的指导原理。第二，坚持“客观、公平、全面”的激励原则。首先，要客观地进行激励。客观激励，就是学校管理者在进行激励时，实事求是，既要遵循教育规律，也要遵循激励规律。依照教师工作的规律，有针对性地对乡村教师工作进行激励，避免激励的随意化和主观化。其次，要公平地进行激励。学校管理者在对教师进行工作激励时，一定要公平对待每一位乡村教师，不能因为个人好恶区别对待个别教师。如若出现不公平的情况，对于教师来说，工作积极性会受到打击，势必造成对工作的消极影响。最后，要全面地进行激励。全面进行激励就是对教师在教学工作中的方方面面进行激励，不能遗漏某一个环节。全面地进行激励，会让乡村教师觉得自身工作受到认可。一旦激励失衡，让教师觉得工作中，只有部分工作会获得激励，那么学校教育的发展也会发生倾斜。第三，坚持“多种激励方式并存”的激励策略。学校管理者要坚持以“多种激励方式并存”的策略对乡村教师进行激励。在乡村教师工作表现突出时，要及时进行激励，使激励效果最大化。还要巧用榜样激励策略。在乡村教师中选出模范乡村教师，让其他教师加以模仿和学习。榜样的力量是无穷的。榜样对教师在心理上有导向性作用，衡量着做人做事的标准。榜样往往真实可信、有实际依据、有公信力和说服力，会使激励变得有吸引力和感染力。学校管理者要加强管理的人性化。加强对乡村教师的关怀和理解，如坐班时间灵活化等。

此外，要进行绩效激励。绩效激励是激励策略中最有效也是最直接的激励策略，对乡村教师的发展有重要意义。综上所述，学校管理者要不断完善乡村教师激励制度，根据乡村教师的发展需求和特点对乡村教师进行激励，以确保乡村教师“留得住，干得好”。

b 加强乡村教师的文化建设

英国学者罗伯·高菲和盖瑞士·琼斯将文化比喻为隐形的但却对学校质量起着决定性的支撑作用的东西。他们认为，文化对于学校质量的影响就好像钢筋和横梁对于建筑物的作用一样，建筑物建立起来以后，你看不到它的柱子、横梁与钢筋，但是少了它们建筑物将会倒塌。文化对于学校质量来说就是这样。[①]所以，要加强乡村教师文化建设。第一，加强乡村教师的精神文化建设。“所谓教师精神文化是指教师在长期的教育教学实践中，在与同事、学生等交往过程中，经过反复的积淀、选择、提炼发展起来的，并为教师群体所认同和遵循的理想信念、价值观念、道德风尚、人际关系、文化传统等。”[②]乡村教师精神文化建设是乡村学校文化建设中重要的组成部分，加强乡村教师精神文化建设，在乡村学校营造温馨、和谐、富有激情、进取的教师主流文化，能促进乡村教师师德的提升和专业素质的提高，从而促进乡村学校教育教学质量的提高，有利于乡村教师文化自信、身份认同的形成。第二，加强乡村教师的物质文化建设。乡村教师的物质文化，指乡村教师创造的物质产品体现出的文化，包括教育教学中所用的技术和艺术等。加强乡村教师的物质文化建设要引导乡村教师由“单一”的教学方式向“多样化”的教学方式转变，引导乡村教师由“封闭”的教学空间设置转向“开发”的空间设置，引导乡村教师由使用“专一”的教材转向使用“综合”的教材等。第三，加强乡村教师的行为文化建设。行为是多学科研究的一个命题。哲学上认为行为是人们日常生活中所表现的一切活动。而心理学的不同派别对行为

① 罗伯·高菲，盖瑞士·琼斯.公司精神：决定成败的四种企业文化［M］.林洙如，译.哈尔滨：哈尔滨出版社，2003.

② 李清臣.教师精神文化研究［M］.北京：高等教育出版社，2010.

又有不同的定义。综合来看，行为是人们在价值观念影响下表现出来的外在活动。[①]笔者将乡村教师这一群体在自身价值观念、理想信念等精神文化的指导下，在教育教学过程中所表现出来的稳定且持续的外在行为称为乡村教师的行为文化。包括乡村教师语言运用、教学方法使用、情感表达以及同事之间的交往方式等。乡村学校要加强乡村教师的行为文化建设，让乡村教师形成科学的教学行为和育人行为。第四，加强乡村教师的制度文化建设。制度文化是人类在物质生产过程中所结成的各种社会关系的总和，是精神文化和物质文化的中介。作为物质文化和精神文化的中介，制度文化在协调个人与群体、群体与社会的关系，以及保证社会的凝聚力方面起着不可或缺的作用，深刻地影响着人们的物质生活和精神生活。同理，乡村教师的制度文化是指乡村教师这一群体在乡村教育教学过程中所形成的，影响着乡村教师与乡村、乡村教师与乡村学校等的关系，对乡村教师、乡村学校以及乡村教育的发展起着不可或缺的作用。乡村教师群体作为一个系统，必须有自身的制度文化，以形成科学的管理制度，约束乡村教师的行为，增强乡村教师队伍的稳定性和专业性。

8.5.5 教师层面：乡村教师文化自觉与自信是前提

a 唤醒乡村教师的文化自觉

乡村教育是乡土文化传承的重要途径，乡村教师的文化自觉是实现乡土文化传承的基础。文化自觉指生活在一定文化中的人对其文化有“自知之明”，明白它的来历，形成过程，所具特色和发展的趋向……只有在认识自己的文化、理解所接触的多种文化的基础上，才有条件在这个正在形成中的多元文化的世界里确立自己的位置。[②]第一，唤醒乡村教师的文化自觉，形成文化安全意识。在城镇化、西方文化快速发展的背景下，乡土文化正逐渐解体。这时乡村教师文化自觉显得尤为重要，乡村教师的文化自觉可以帮助乡村教

① 李霞.信念、态度、行为：教师文化建构的三个维度［J］.教师教育研究，2012，24(3)：17–21.
② 王夫艳.教师的道德困境与道德选择［J］.全球教育展望，2015，44（8）：85–93.

师形成文化安全意识，让乡土文化在众多文化的冲击下得以保全。第二，唤醒乡村教师的文化自觉，形成文化继承意识。乡土文化的发展，需要乡村教师不断继承乡土文化，在继承的过程中，不断创新和发扬乡土文化。第三，唤醒乡村教师文化自觉，形成文化交流意识。乡村教师的文化自觉不是封闭的文化自觉，而是在认识、了解乡土文化的基础上，不断与外来文化进行交流，在文化交流中发现乡土文化的弊端，通过不断弥补、修改乡土文化的不足使其得到发展。总而言之，乡村教师的文化自觉，可以使乡村教师形成文化安全意识、文化继承意识、文化交流意识。乡村教师的文化自觉，可以使乡村教师形成深厚且稳定的乡村教育情怀，化解乡村教师的文化危机。

b　加强学习乡土文化，树立文化自信

在多种外来文化以及城市文化的冲击下，乡村教师遭遇了文化危机，产生“文化自卑”。作为一名乡村教师，有必要也有义务继承和发展乡土文化、坚持乡土文化的特色和宣传乡土文化。在乡土文化极其薄弱的环境中进行教学工作，乡村教师容易怀疑乡土文化，产生“文化自卑”。因此，乡村教师应该加强学习乡土文化，了解工作所在乡村的文化发展史、文化特色，适应当地的风俗习惯等，在坚守乡土文化独特性的基础上，大胆创新乡土文化，为乡土文化注入新鲜的血液。同时，在教学过程中，要尽量将乡土文化与课本上的知识结合起来，积极地投入地方课程、校本课程的开发中。在批判中继承乡土文化、在运用中宣传乡土文化，在不断学习乡土文化中树立文化自信。乡村教师的文化自信可以提高乡村教师的教学效能感和成就感、实现人生的价值；可以增强乡村教师的身份认同感，稳定乡村教师队伍，成功化解乡村教师的文化危机。

9

乡村教师

文化自信的危机及化解

自2018年《乡村振兴战略规划（2018—2022年）》颁布以来，关于乡村振兴的问题日益受到关注和重视。作为乡村振兴的重要内容，乡村教师文化建设成为迫切需要研究的课题。特别是随着我国现代化、城镇化、工业化的快速发展，城市文化大肆入侵乡村社会，使乡村学校和乡村教师面临着严重的文化冲突问题，城乡文化冲突中的乡土文化处于劣势地位。在此过程中，乡村教师面临着文化自信的危机，而文化自信影响着乡村教师队伍的建设和乡村教育事业的发展，因此，需要重视乡村教师文化自信的危机及化解。

9.1 提升乡村教师文化自信的价值

9.1.1 乡村教师文化自信是乡村振兴的必然要求

乡村振兴一个重要的方面就是乡村教育的振兴、乡土文化的振兴。经济与人口是衡量一个社会及其文化繁荣与否的重要因素，乡村社会在长期的社会发展中被忽略，城市主义取向文化强势介入乡村，导致乡村社会中坚力量流失，乡村社会中只剩下部分弱势民众，乡土文化日益衰落。乡村教师作为乡土文化的继承者与发扬者，是乡村社会的文化代表和振兴教育的重要教学资源，他们对乡土文化的认同和融合影响着乡村的发展与繁荣。所以，乡村教师文化自信对乡土文化振兴具有重要作用，乡村教师文化自信是乡村振兴的必然要求。

9.1.2 乡村教师文化自信是乡土文化自信的主要体现

文化自信是一种信念、一种精神，是一种行为方式和文化认同，它需要我们去践行。“乡村教师的文化自信是乡村教师对乡土文化的认同和对乡村教育的价值观念以及对乡村传统文化价值的充分认同和积极践行。”[①] 倡导全社会的文化自信自然离不开乡土文化自信和乡村教师文化自信。乡村教师文化自信作为文化自信的组成部分，是文化自信的一个重要体现，发展乡村教师文化自信有助于全社会的文化自信，形成一种文化自信的氛围。

9.1.3 乡村教师文化自信是乡村教育发展的必要内容

乡村教师文化自信是乡村教师队伍建设及乡村教育事业发展的一个重要内容。俗话说“教育大计，重在教师”，乡村教育的根本在乡村教师，所以乡

① 王中华，熊梅. 重塑乡村教师文化自信［J］. 中小学教师培训，2018(7)：1–3.

村教师文化自信对乡村教师队伍的发展及乡村教育的发展具有奠基性作用，正如一些研究者所说的那样，我国乡村教育事业建好、建强的关键在于乡村教师。乡村教师的文化自信对乡村教师队伍建设、乡村教育发展具有重要的价值，所以需要关注乡村教师文化自信的建设及其发展。

9.1.4 乡村教师文化自信是乡村学生文化自信的重要来源

作为在学校同学生相处时间最长的人，乡村老师对学生的发展具有深远的影响。乡村教师是乡村学生接受知识、获得发展的直接途径，是乡村学生了解乡村外世界的主要窗口。这表明了乡村教师文化自信是乡村学生文化自信的重要来源，乡村学生的文化自信是学生对乡土文化、乡村教育价值观念以及乡村传统文化价值的充分认同和积极践行，乡村教师是乡土文化的继承者与发扬者，乡村教师的文化自信将直接影响学生的文化自信。如果乡村教师都没有文化自信，何谈乡村学生的文化自信？乡土文化的出路与发展又在何处？所以发展乡村教师文化自信对促进乡村学生文化自信和乡土文化发展具有重要作用。

9.2　乡村教师文化自信的危机

乡村教师出现文化自信危机其实是文化冲突导致的，即城乡文化的冲突导致了乡村教师的文化自信危机。在城乡文化的冲突中，乡土文化处于弱势地位，在文化的选择中不具有优势。正如哈佛大学教授亨廷顿在其著作《文明的冲突与世界秩序的重建》中强调，文化共性促进人们的合作与凝聚，文化差异加剧分裂与冲突。随着城市文化迅速发展与乡土文化的缓慢增长或停滞同时出现，双方文化所处的社会将会产生巨大的压力，最后走向冲突，在文化的战争中，受到损伤的是文化。从文化冲突的视角下分析乡村教师的文化自信危机有助于我们更加了解乡村教师的文化处境。

9.2.1　乡村教师的文化地位边缘化

在传统社会，我国的乡村教师大多为生于斯、长于斯的乡村知识分子，他们接受传统的乡土文化的教育与熏陶，乡土文化已经融入他们的血液，他们处于乡土文化的中心位置。现代乡村教师大多是高等师范院校的毕业生，他们在城市生活的时间较长，接受城市教育与文化熏陶，他们身上是代表着城市主义取向的文化，当他们来到乡村执教，城乡间的文化差异必定会产生文化冲突，那么文化选择与文化适应就成为他们面临的重大问题。在文化选择中，部分乡村教师选择了城市主义取向文化，排斥乡土文化，并表现出对乡土文化的漠视与不关心，这样的做法让他们在乡土文化中处于“他者”的边缘位置。在传统社会中，乡村教师一直都是乡土文化的继承者与发扬者，但城市主义取向使乡村教师从乡村的文化中心位置走向边缘化。乡村教师的文化地位边缘化将把乡村教师推向被多方面排斥的局面，乡村教师难以回到乡村的文化中心位置。

9.2.2 乡村教师的文化自觉意识缺失

何谓“文化自觉”？这里我们可以借鉴费孝通先生对于文化自觉的解释，即文化自觉是对文化的自我觉醒、自我反思和理性审视，指生活在一定文化历史圈子的人对其文化有自知之明，并对其发展历程和未来有充分的认识。① 乡村教师作为文化主体理应自觉地对所处乡村社会的文化有充分的了解与认识。“乡村教师的文化自觉表现为对乡土文化脉络的清晰认知，对表征文化之习俗伦理的认同，对滋养了自我之文化的依恋，以及对乡土文化传承和发展的信心。”②城市主义取向的文化强势侵袭乡村社会，使乡村教师倾向城市文化，羡慕城市生活，选择性地忽视乡村生活，造成乡村教师文化自觉意识缺失。文化自觉意识的缺失将使得乡村教师难以在城市文化与乡土文化的博弈中选择自己的道路，乡村教师文化自信难以建立，只能附庸于城市文化，乡土文化也难以通过乡村教师文化自信的实现而获得振兴。

9.2.3 乡村教师专业身份认同危机

在传统的乡村社会中，知识更新速度慢，乡村教师仅使用自己所学的知识就能满足自身、学生、家长及学校的要求。那时，乡村教师是一个专门传授知识的人，教师是一种专业身份，具有不可替代的特性。但随着社会发展，知识更新速度加快，传播媒介被广泛应用，乡村教师的知识不再是其所专有的，不可替代性逐渐削弱，况且在乡村学校中，工作环境不理想、工作压力大、信息闭塞，一些乡村教师出现“懒惰”和“懒散”现象，他们没有及时更新知识并且固守旧有的教学观念，缺乏自我提高和专业化发展的意识，变成了能力低、教学工作差的典型代表，导致家长、社会对乡村教师的认同下降。乡村教师专业身份认同危机还体现在乡村教师扮演的多重角色上，他们既是教师又是父母，既是家长又是子女，多重角色的扮演导致其身份认同混

① 费孝通.文化的生与死［M］.上海：上海人民出版社，2009.

② 申卫革.乡村教师文化自觉的缺失与建构［J］.教育发展研究，2016，36(22)：47-52，57.

乱，城乡文化冲击导致乡村教师产生“我是谁？我应该是谁？我到底是谁？”的困惑。

9.2.4 乡村教师的教学质量危机

乡村教师的文化地位边缘化、文化自觉意识缺失、专业身份认同危机使乡村教师的文化自信受到打击，这在工作上表现为乡村教师的教学质量下降。文化作为一种精神力量，能够转化成为物质力量，推动个人的发展。很显然，乡村教师的文化自信危机已经在很多方面打击了乡村教师教学的积极性与主动性。教师是教学和教育工作的主导者，他们的积极性与主动性直接影响教学的质量和学生的学业成绩，一旦乡村教师在其工作中失去积极性与主动性，那么想要再次调动起来是很难成功的，教学质量与学生学业成绩的低迷表现也会使乡村教师怀疑自己的能力，最终导致恶性循环，从而对乡村教育产生严重的负面影响。

9.3 乡村教师文化自信危机的化解

在城乡文化冲突中，乡村教师的文化自信危机凸显，最终影响乡村教师队伍建设及乡村教育全局的发展。政府在实施各项政策时应关注乡村教师文化自信建设，保障对乡村教师的培训，完善乡村教师培训体制，乡村教师也要发挥主体的文化建设作用。

9.3.1 政府层面：构建乡村教师文化自信的政策与制度

乡村教师文化自信最有力的保障是政策的出台与实施，国家、政府及相关工作人员在关于乡村及乡村教师的政策落实过程中应重视乡村教师的文化自信。如乡村教师支持计划的实施，乡村教师支持计划旨在让乡村教师“下得去，留得住，干得好”，吸引更多的人才来乡村执教，愿意成为乡村教育从业者，从而提高乡村教师的整体素质，加强乡村教师队伍的建设。在推进这个计划时，除了对乡村教师进行经济上的援助，还应关注乡村教师文化建设，帮助乡村教师了解、融入乡土文化，建立乡村教师文化自信。

9.3.2 乡村层面：加强乡土文化建设

国家一直在关注乡村教育“缺”什么（如人、财、物等），而忽视了乡村教育“有什么”，以致存在于乡村社会中悠久的、深厚的、富有特色的文化资源被遮蔽。[①] 乡村教师文化与乡土文化关系密切，所以在建设乡村教师文化自信时应该加强乡土文化建设。“乡土文化是传统文化的家园，乡土人情、村规民约，延续乡土文化的根脉。”[②] 乡土文化是乡村的根基，乡村教师可从优秀的乡土文化中汲取文化力量，将那些优秀的、值得传承的乡土文化融入课堂与教学活动中，更好地传承乡土文化，通过不断革新和剔除那些不再适应社会

① 张文斌，侯馨茹.乡村文化自信的缺失与培养路径探析［J］.现代中小学教育，2016，32(1):1–4.
② 常钦.让乡村文化真正活起来［J］.农村·农业·农民（B版），2018（4）：6.

发展的乡土文化来适应乡村建设和教师文化自信建设，使乡土文化的发展与建设不断地影响乡村教师文化建设。

9.3.3 乡村学校层面：建立完善的乡村教师培训体制

乡村教师培训是促进乡村教师专业发展的重要渠道，乡村教师专业发展得到保障，乡村教师专业身份危机解除，乡村教师文化自信将得到极大的发展。首先，应保障乡村教师的培训经费，严格规定不得滥用经费，经费的使用须公开透明。其次，乡村教师培训体制应严格执行教师培训的相关法律法规以保障乡村教师的培训时间，乡村学校还可以根据实际情况，合理进行规划。再次，定期更换培训内容，关注乡村教师的实际需要与可能出现的问题，培训内容应具有前瞻性与实用性。最后，建立完善的乡村教师培训体制还应关注教师的培训评价与反馈，及时关注乡村教师培训的作用与效果。

9.3.4 乡村教师层面：发挥乡村教师文化建设的主体作用

乡村教师缺乏文化自觉意识，所以要树立文化自信，但乡村教师文化自信的树立是需要一个过程的。乡村教师在文化自信建设中主体意识的落实，除了需要国家政策和制度的保证，乡村基层组织还应组织开展各种文化建设活动，调动乡村教师的积极性与主动性，使其融入文化自信建设的过程中，让其真正成为文化自信建设的主体。同时还需关注和维护好乡村教师的文化诉求和文化利益，保障他们的文化空间，让他们在文化自信建设中感受到自己不再是被动的文化接受者。让乡村教师在自我参与中感受到乡土文化在个人修养、生活意义、情感寄托和道德规范等方面的独特作用，把握文化的特性，获得文化共识，坚守自己的文化选择，不再盲目地跟风、羡慕城市文化。

9.3.5 社会层面：创设乡村教师文化自信的社会环境与氛围

乡村教师文化自信的建设还需要良好的社会环境与氛围，乡村教师群体在社会中处于劣势地位，社会大众应给予乡村教师更多的支持，还应尊重乡村教师的劳动成果和乡村教师的人格尊严，在社会环境中形成尊师的氛围，使乡村教师文化自信成为可能。

总之，乡村教师文化自信在乡村振兴、乡村教育、乡村教师文化发展的进程中具有非常重要的意义，然而，乡村教师文化自信在提升过程中存在一定的危机，为此，我们需要采取策略进行化解，进一步促进乡村教师文化自信。

10

乡村教师文化自信重塑

习近平同志强调，我们说要坚定中国特色社会主义道路自信、理论自信、制度自信，说到底是要坚定文化自信。可见，文化自信是一个民族的灵魂，是一个国家和社会发展的重要精神支柱。那么，对于教育而言，教师文化自信是非常关键的。在我国大力倡导发展乡村教师队伍的过程中，采取切实措施加强老少边穷岛等边远贫困地区乡村教师队伍建设，明显缩小城乡师资水平差距，[①]其中城乡教师文化之间的差距也是一个非常重要的内容。所以，我们需要重视和关注乡村教师文化的发展。但是，由于各方面的原因，目前乡村教师文化自信存在着各种各样的困境，因此，必须采取多种措施来加强乡村教师文化自信，从而提升乡村教师文化品位，促进乡村教师队伍建设。

① 国务院办公厅.国务院办公厅关于印发乡村教师支持计划（2015—2020年）的通知［EB/OL］.http://www.gov.cn/gongbao/content/2015/content_2878209.htm.

10.1 乡村教师文化自信的价值

10.1.1 乡村教师文化自信是文化自信的一种重要表征

文化自信是建立在文化自觉的基础上的对自身文化生命力的坚定信念，是指每一个中国人对中华五千年文化的无比遵从，对新民主主义文化和中国特色社会主义文化的坚定信念。[①]可见，文化自信不是一种口号，而是一种信念、一种精神、一种行为习惯和模式，同时也是一种价值观和认同。乡村教师的文化自信是乡村教师对乡土文化、乡村教育的价值观念以及对乡村传统文化价值的充分认同和积极践行。因此，乡村教师文化自信是文化自信的一种重要表征，是文化自信的重要组成部分。

10.1.2 乡村教师文化自信是乡村教育的重要内容

乡村教育的发展，关键在于乡村教师，而乡村教师文化自信是乡村教师发展的重要内容，因此，乡村教师文化自信对于乡村教师的发展和乡土文化的发展都起到重要作用，正如学者所指出的，“基本实现教育现代化短板在乡村，而制约乡村教育发展的根本问题在教师”。[②]乡村教师文化自信对于乡村教育的建设和发展具有非常重要的价值，所以需要给予更多关注。

10.1.3 乡村教师文化自信是教育精准扶贫的需要

教育精准扶贫是我国全面建设小康、推进社会主义新时代新乡村建设的重要举措，“扶贫先扶智”决定了教育扶贫的基础性地位，“治贫先治愚”决定了教育扶贫的先导性功能，[③]因此，教育精准扶贫重心落在了欠发达的乡村

① 邵龙宝. 文化自信的内蕴、特征及其传承培育［J］. 兰州学刊，2018（1）：31-40.

② 范先佐. 乡村教育发展的根本问题［J］. 华中师范大学学报（人文社会科学版），2015，54（5）：146-154.

③ 刘传铁. 教育是最根本的精准扶贫［N］. 人民日报，2016-01-27（005）.

地区。长期生活在乡村、工作在乡村的乡村教师就是教育精准扶贫的重要对象。重构乡村教师文化自信，提升乡村教师文化的自觉性和文化品位，让乡村教师认识到乡土文化的价值，重视乡村教师文化在教育精准扶贫之中的意义，成为教育精准扶贫的重要目标和内容。

10.1.4 乡村教师文化自信是乡村振兴的要求

《中共中央 国务院关于实施乡村振兴战略的意见》指出：提高农村民生保障水平，优先发展农村教育事业。[①]那么，发展乡村教育的基础在于乡村教师队伍的建设。由于乡村教师在乡村振兴的过程中起着重要作用，因此，乡村教师的价值观等是否正确，教师是否自觉认识到文化的价值都或多或少影响着乡村教师对乡村教育事业的贡献率。所以，笔者认为乡村教师文化自信对于乡村振兴是非常必要的。

① 中共中央 国务院.中共中央 国务院关于实施乡村振兴战略的意见［N］.人民日报，2018-02-05（001）.

10.2 乡村教师文化自信的困境

10.2.1 国家对乡村教师文化自信的忽视

一直以来，我国在发展乡村教师队伍，促进乡村教育的建设过程中，更多的是经济方面的投入，如购买设备、提高教师待遇等。比如，湖南省某县教师待遇调查显示（见表1），当地政府结合各乡镇学校实际情况，根据学校与县城距离远近（即偏远程度）按照300元、500元、800元、1200元的标准给乡村学校教师发放人才津贴，离县城越远的学校得到的津贴越多。但是，在乡村教师文化建设方面却表现得不到位。如在乡村教育调查过程中，我们发现乡村小学存在娱乐设施少、娱乐项目少的情况，乡村教师文化观念受到当地影响，出现教师文化观念落后、教师制度文化缺失、教师行为文化不自觉的现象，以至于乡村教师缺少文化自信。

表1　　湖南某县乡村教师工资情况　　（单位：元）

年度	乡村教师				城镇教师			
	小学		初中		小学		初中	
	工资	补贴	工资	补贴	工资	补贴	工资	补贴
2014	1257	2102	1228	2123	1275	1716	1310	1754
2017	3025	2839	3262	2896	3314	1876	3448	2238

10.2.2 城乡教育的失衡

教育均衡发展，一直是党和国家在教育政策方面所强调的。但是，由于历史和现实原因，尤其是长时间以来国家奉行“城市中心主义”，城乡教育失衡现象客观存在。城市教育的优先发展，乡村教育的滞后使教师文化形成“城市化取向”。在此背景下，乡村教师文化发展也成为教师文化发展的短板，制约着乡村教师队伍的发展和建设。当优质教育资源集中到城市学校时，乡村教育逐渐萎缩，乡村教师越来越感到自卑，导致其文化自信缺失。

10.2.3 乡土文化的影响

乡村教育是在乡土文化的影响下进行的，乡村教师文化也深受乡土文化的影响。然而，在乡土文化中存在一些不尽如人意的地方。比如，传统的亲情观念逐渐淡薄，“一切向钱看”的思想观念在乡村中蔓延，以至于“读书无用论”对乡村教育形成强烈的冲击。同时，乡村存在的封建文化也影响着乡村教师文化的建构。

10.2.4 教育精准扶贫还有待加强

教育精准扶贫是国家重要的战略，对于乡村的发展具有重要的价值。教育精准扶贫重在借助学校来促进乡村、农业、农民的发展，但是，乡村教师既是教育扶贫的重要帮手，也是乡村精准扶贫的重要对象和客体，正如学者所指出的那样：“乡村教师队伍建设理应成为精准扶贫攻坚的重点。”①但是，在现实的工作过程中，我们忽视了对乡村教师的精准扶贫，没有对乡村教师的文化自信进行关注，而一旦教育精准扶贫忽视了乡村教师的利益，没有将教师纳入教育扶贫的范围，乡村教师文化未得到关注和重视，那么，乡村教师的文化自信就会受到一定的影响。

10.2.5 乡村教师自身的重视不够

乡村教师是乡村教师文化自信的主体，然而，乡村教师队伍不稳定导致其不重视文化建设。在乡村教师队伍发展过程中，一些乡村教师的调离行为也给在岗的教师造成了一种教师队伍非常不稳定的印象。在关于“乡村教师流动现状”的调查中，84.35%的被调查对象认为乡村教师流失和调出现象

① 庞丽娟.乡村教师队伍建设应成为精准扶贫重点［J］.教育文汇，2016（12）：9-10.

比较严重和非常严重，其中，认为非常严重的比例更是占全部调查对象的32.83%（见图1）。乡村教师流动客观影响着乡村教师文化建设。与此同时，乡村教师文化自觉不够。乡村教师的文化自觉表现为对乡村文化脉络的清晰认识，对表征文化之习俗伦理的认同，对滋养了自我文化的拳拳依恋，以及对乡村文化传承和发展的信心。①但是，多种原因导致乡村教师文化自觉不够，缺少对乡土文化的认同，没有认识到乡土文化的独特性和唯一性，以至于盲目地认为乡村教师文化落后，缺乏乡村教师文化认同感。

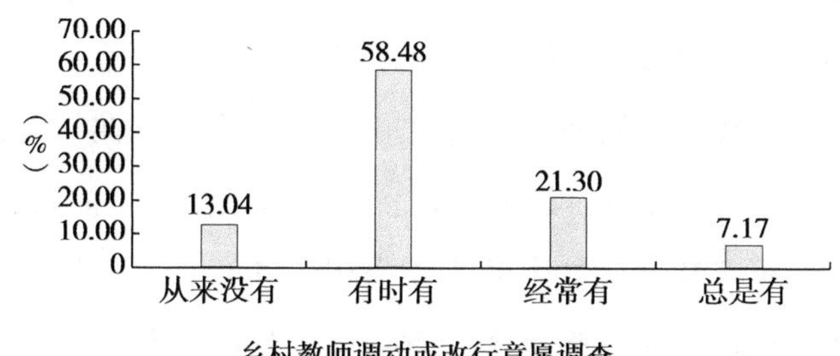

乡村教师调动或改行意愿调查

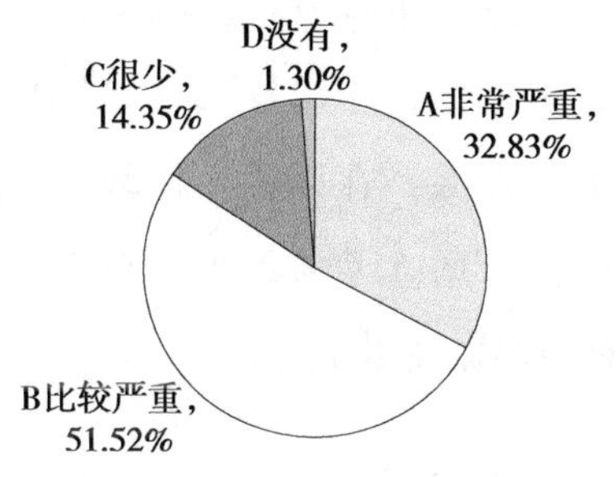

乡村教师流失和调出现象调查

图1　湖南省某县乡村教师流动现状调查

① 申卫革．乡村教师文化自觉的缺失与建构［J］．教育发展研究，2016，36（22）：47-52，57.

10.3 推进乡村教师文化自信的策略

10.3.1 重视乡村教师文化建设

毋庸置疑，政策是乡村教师文化的重要保障，那么，在乡村教师文化自信的重塑过程中，我们需要从下面几个方面着手。第一，在乡村振兴的政策执行过程中逐渐重视乡村教师文化建设。乡村振兴战略是习近平同志于2017年10月18日在党的十九大报告中提出的战略，而在执行乡村振兴战略的过程中，需要重视乡村教师以及乡村教师文化建设。第二，在教育精准扶贫政策的实施过程中，逐渐重视乡村教师文化。教育精准扶贫，需要关照乡村教师，重视乡村教师在教育精准扶贫中的主体作用，同时也需要加强对乡村教师的扶贫，关注乡村教师的各方面发展，重视乡村教师文化建设。第三，在乡村教师支持计划的推进过程中逐渐重视乡村教师文化。乡村教师支持计划着眼于让乡村教师“下得去，留得住，干得好”，以吸引更多的乡村教育从业者，提高乡村教师的整体素养，那么，在推进乡村教师支持计划过程中，需要重视和关注乡村教师文化建设，增强乡村教师对乡土文化的认同，加强乡村教师文化的自觉性，提高乡村教师文化自信。

10.3.2 推进乡土文化的建设

我们知道，乡土文化与乡村教师文化密切关联，在重塑乡村教师文化自信过程中，需要进一步加强乡土文化建设。“乡村文化是传统文化的家园，乡土人情、村规民约，延续乡土文化的根脉，要让它们真正活起来。”[①] 所以，我们需要加强乡土文化建设，一方面传承传统乡土文化，将孝文化等优秀的乡土文化发展下去；另一方面需要不断变革乡土文化，逐渐形成乡村振兴所需

① 常钦.让乡村文化真正活起来［J］.农村·农业·农民（B版），2018（4）：6.

要的乡土文化。在乡土文化重塑的过程中，不断影响和促进乡村教师文化的发展。

10.3.3 加强乡村学校文化建设

乡村教师文化是乡村学校文化的重要内容和组成部分，所以，重塑乡村教师文化自信离不开乡村学校文化。那么，在促进乡村教师文化自信过程中，乡村学校领导需要重视加强乡村学校文化建设，从思想观念上重视，从制度上制定措施和对策，从行为上变革，积极形成与乡村教师文化自信相适应的乡村学校文化。

10.3.4 创设乡村教师文化自信的环境和氛围

乡村教师文化自信需要一定的环境和氛围。在促进乡村教师文化自信建立的过程中，社会人士需要给予乡村教师更多的支持，让乡村教师树立自信，同时，尊重乡村教师，爱惜乡村教师的劳动成果，重视和发展乡村教育事业，不断推进乡村教师计划，如“马云乡村教师奖”，积极宣传乡村教师的正面形象，提升乡村教师教书育人的积极性和主动性，从而更好地促进乡村教师文化自信的建立。

总之，乡村教师文化自信是当前乡村教师队伍建设的重要课题，我们必须加以重视和关注，以便提高乡村教师队伍的质量。

11

新时代乡村幼儿教师的文化困境与出路

随着乡村振兴发展战略的提出，国家越来越重视乡村教育发展与乡土文化的建设，要实现这一目标，国家需要培养一批素质优良、甘于奉献、扎根乡村的教师队伍。对于学前教育来说，它是乡村教育的基础，想要促进乡村教育、乡土文化的发展，需要从基础抓起，从学前教育入手，从建设乡村幼儿教师的文化开始。然而，在乡村的幼儿园中，新时代乡村幼儿教师所占比例最大，对于新时代乡村幼儿教师来说，他们长期以来接受的是“去乡土性”的教育模式，形成了相对城市化的价值观念，对城市文化充满憧憬，但是他们当前的工作、生活和学习的环境却是被乡土文化包围的幼儿园。“先进的”城市文化和“落后的”乡土文化的冲突使其产生了文化的困惑，面临文化困境。有学者提出：“乡村教师如何在这种具有特定文化的农村地区对待自身文化与他文化、在不同文化之间审视自身的文化地位以及具有什么样的文化认同态度等，是教师能否扎根农村并有效进行教育教学的关键。”① 因此，想要推动乡土文化振兴和乡村学前教育的发展，培养一批“留得住”“下得去”“教得好”的乡村幼儿教师，关键在于了解乡村幼儿教师的文化困境，在分析其遭遇困境的基础上提出化解的方法。

文化是一个复杂的社会概念，当前对于乡村幼儿教师文化的概念界定较少。李辉从教师教学的角度提出，幼儿园教师文化从内容上看表现为幼儿教师成员之间所共享的实质性的态度、价值、信念和处事方式等，从形式上看表现为文化范畴内幼儿教师成员之间所具有的典型的相互关系的类型和联系的方式。② 索长清则从哲学的角度提出幼儿教师文化是幼儿教师在日常保育、教育实践中形成和发展起来的、成员间共享的价值体系与行为模式。它是幼教制度中幼儿园教师人际互动经验的结果，是一个动态的复杂体系。③ 由此可以知道他们共同认可幼儿教师文化是教师群体文化中的一种，是幼儿教师在幼儿园中形成的职

① 戚海燕，吴长法.源自城市的乡村教师文化认同研究［J］.教育发展研究，2018，38（4）：16-23.

② 李辉.幼儿园教师文化研究——基于教师教学的视角［D］.济南：山东师范大学，2013.

③ 索长清.幼儿园教师文化研究［D］.长春：东北师范大学，2014.

业意识、行为方式、价值观念、情绪反应以及社会交往等群体行为，是动态的复杂体系。由于乡村幼儿教师生活在乡镇管辖的幼儿园中，因此可以将乡村幼儿教师文化视为在乡镇管辖范围内幼儿园教师群体的职业意识，包括行为方式、价值观念、情绪反应和社会交往等群体行为。有学者提出，新时代乡村教师文化作为社会主义文化的重要组成部分，应具有不同于其他时期的新时代特质，它深植于社会主义新农村建设的大潮之中，是乡土文化发展的引领者和践行者。[①] 因此，乡村幼儿教师文化不仅是幼儿园文化的一部分，也属于乡土文化的一部分。

① 刘华锦，叶正茂.人类学视角下的乡村教师文化研究［J］.现代大学教育，2019（1）：104-110.

11.1 研究方法

本章研究以访谈法为主，采用非结构式的访谈方式，在广西、贵州、云南等地抽取10名“90后”乡村幼儿教师作为访谈对象（具体情况见表1）。主要以乡村幼儿教师对乡土文化的认知、情感、态度以及对自身文化形象认同情况展开访谈，以了解乡村幼儿教师的文化认知、文化认同和文化实践等情况，从而推断出乡村幼儿教师的文化困境，明确其中存在的问题并分析原因，提出相应措施。

表1　被访者的基本情况

代号	年龄	出生地	学历	教龄	备注
A老师	29	乡村	大专	6	无教师资格证
B老师	24	城市	大专	1	无教师资格证
C老师	20	城市	中专	4	无教师资格证
D老师	22	乡村	本科	1	无教师资格证
E老师	26	城郊	大专	3	有教师资格证
F老师	25	农村	中专	5	无教师资格证
G老师	24	农村	大专	3	有教师资格证
H老师	25	县城	大专	2	无教师资格证
I老师	27	农村	本科	3	有教师资格证
J老师	22	县城	本科	1	有教师资格证

11.2 新时代乡村幼儿教师面临的文化困境

本次研究围绕新时代乡村幼儿教师文化的知、情、意、行进行访谈，并基于真实的访谈材料进行归类分析、探究，发现新时代乡村幼儿教师的文化困境主要有以下几个方面。

11.2.1 新时代乡村幼儿教师文化认知程度不高

文化认知指的是个体对文化的外在表现以及对文化内涵的感知、认识、接受，并内化为自身思维、行为，从而形成相对稳定的文化心理的过程。[①] 乡村幼儿教师作为乡村的知识分子，是乡土文化的传承者，乡村幼儿教师只有全面透彻地了解乡土文化，才能为生成文化自觉打好基础。乡村幼儿教师文化认知主要表现为对乡村的传统文化（当地的伦理习俗、道德规范等）的认识，遵循当地人们的生活方式和价值观念，不冒犯别人的隐私和忌讳等。但是，当前乡村幼儿教师对乡土文化的认知状况不容乐观，在访谈调查中，甚至有乡村幼儿教师表示，“对当地的文化一知半解，没有认真了解过当地的文化，只知道这里一些重要的节日，但是节日的来源没有仔细了解过，再说了，了解当地的文化对我们也没什么作用。”只有少部分的老教师对乡土文化比较了解，能说出一些关于当地文化发展的历史、伦理道德和风俗习惯。由此可见，乡村幼儿教师对乡土文化认知程度不高。本应作为乡土文化传承者的乡村幼儿教师实际上并不了解乡土文化，他们不去研究乡土文化中的教育资源，吸纳乡土文化中的优秀部分，而一味地否定乡土文化，这是新时代乡村幼儿教师文化认知意识和能力缺失的表现。

① 陈锦锋.小学生传统文化认知现状及培养策略研究——基于广东省Y市3所小学的调查［D］.长沙：湖南师范大学，2018.

11.2.2 新时代乡村幼儿教师文化认同不足

文化认同是文化自信的根基和源泉。没有文化认同，就不可能坚定文化自信。文化认同是指个体承认一种文化的科学性和合理性，从内心接受、接纳这种文化，愿意将这种文化同自己本身蕴含的文化进行统一，将其融入自己的生活、工作和思维习惯当中，并在实践中融入自己的思维方式。[①]乡村幼儿教师的文化认同表现为对自己所处的乡土文化、伦理习俗的认同，把当地的文化与自身的文化进行融合和统一，并运用到自己的工作、生活当中。然而随着城市文化的冲击，村庄的消失，人们的生活方式、价值观念发生了变化，越来越多的乡村幼儿教师学习城市文化，认为乡土文化跟不上时代的潮流，这使他们漠视乡土文化，逐渐成为乡土文化的“陌生人”，在工作和生活中表现出对城市文化的认同，在衣食住行中把自己打扮成城市人，成为乡土文化的“断裂者”、城市文化的“宣传者”，对城市充满了向往，希望有朝一日能脱离乡土，进入城市学校。当笔者问：“您有想过离开乡村，进入城市工作吗？”A老师表示：“我想过离开乡村，但是在城市，像我们大专学历的幼儿教师，很难找到公立的幼儿园，所以先留在乡村，我立志要考进城市的公立幼儿园。”B老师强调：“我一直就想到城市工作，因为我本来也不是乡村的人，虽然对乡村的衣食住行都适应，但我还是喜欢城市中童话般的幼儿园、晚上的路灯和喧闹的大街，还是想回到自己的地方。”由此可见，乡村幼儿教师对城市文化充满向往，认为乡村教师“矮人一截”，没有正视乡村幼儿教师的价值，而是向城市文化靠拢，希望自己能成为一个城市人，这正是对其所处环境的乡村文化不认同、不自信的表现。

11.2.3 新时代乡村幼儿教师文化实践缺失

文化源于实践，又用来指导实践，是推动实践发展的重要力量，因此，

① 戚海燕，吴长法.源自城市的乡村教师文化认同研究［J］.教育发展研究，2018，38（4）：16-23.

文化实践就是文化自信的坚实基础。①文化自信是在认知—情感—意志—实践等循环往复中形成的。其中，实践是文化自信形成的关键环节，它不仅是乡村幼儿教师获得乡土文化的来源，也是检验乡村幼儿教师文化自信与否的重要标准。对于乡村幼儿教师来说，要进行文化实践，就应该把乡土文化运用到工作、生活当中。但是由于长期受到应试教育、自上而下的课程管理模式的影响，乡村幼儿教师、家长以及幼儿园领导担心幼儿输在起跑线上或教学质量下降，因此早早地就给幼儿灌输普世性知识，根据教材、教参上课，认为乡土文化知识没有在培养目标中明确指出，学习乡土文化知识对幼儿的未来升学和发展没有作用。受这一观念的影响，新时代乡村幼儿教师文化实践存在危机，主要表现在：第一，不注重利用幼儿园的文化来传承乡土文化，当笔者问："您所在的幼儿园会利用乡土文化进行幼儿园文化环境创设吗？"C老师表示："由于我们本身手工就不好，所以在进行幼儿园环境创设时，都是在网上查阅其他幼儿园装设的图片，购买现成的材料，直接贴上装饰就行，也美观，我们不知道乡村文化的相关材料有什么，也不会去考虑它。"第二，乡村幼儿教师在课程教学中不注重对乡土文化的传播，认为乡土文化知识不能为幼儿未来的发展做准备，就像E老师所说的那样："我们在教学中，一般都是按照教材上课，教材的内容比较重要，乡土文化又不重要，所以乡土文化知识在一日生活活动中很少用到。"第三，乡村幼儿教师参与乡村公共文化活动的积极性不高，很多幼儿教师从来没有参与过乡村举办的活动，无法意识到参与乡村公共文化活动对于自身文化发展具有重要的作用，正如D老师所说的那样："我们只是普普通通的教师，参加村里的活动有什么意义。"由此可见，乡村幼儿教师对自身能力及乡土文化的不自信，导致出现模仿、仿效以及失去自身特色的幼儿园文化实践，由于没有认识到乡土文化的价值从而出现传播乡土文化、参与乡土公共文化活动实践行为的缺失，这正是乡村幼儿教师文化自信缺失的表现。

---

① 安晓静.文化自信的三个维度［J］.人民论坛，2016（25）:228-229.

11.2.4 新时代乡村幼儿教师文化形象危机

随着信息技术的不断发展，电视、手机以及电脑等大众传媒设备在乡村中逐渐得到普及，大众传媒的开放性、资源的丰富性和共享性打破了乡村地域狭隘造成的信息封闭，乡村中的幼儿、家长开始在大众媒体中获取碎片化的知识。然而，乡村幼儿教师缺乏培训的机会，知识更新速度慢，使其原有的知识无法满足幼儿的需求，乡村幼儿教师面对幼儿一个个“奇奇怪怪”的问题，受知识的局限不知如何作答，幼儿教师在幼儿心中“无所不能”的形象受到影响。除此之外，随着大众传媒的发展，幼儿教师在民众的印象里琴棋书画样样精通，但是由于自身学历不高，在乡村幼儿园中缺乏培训与进修的机会，使乡村幼儿教师缺乏自主进修、拓宽自身文化知识的意识，逐渐成为能力有限、综合素质不高的典型代表。乡村幼儿教师的文化形象与大众印象中的存在一定反差，导致家长、社会对乡村幼儿教师的认同感下降，使幼儿教师的文化形象出现危机，从而影响了乡村幼儿教师对自身文化影响的认同，从而产生自卑的心理。

11.2.5 新时代乡村幼儿教师职业获得感低

教师获得感是指教师在工作中享受到的物质和精神满足感以及教师在职业认同中获得归属感的总体感知和体验。[①]它不仅影响着乡村幼儿教师专业的发展与工作的积极性，也影响着乡村幼儿教师对职业和文化的自信。目前乡村幼儿教师的职业获得感不高，究其原因，在物质方面，乡村幼儿教师生存条件差、工作压力大、工作时间长、工资待遇低。[②]相对于城市来说，乡村幼儿教师处于劣势，不容易体会到作为一名乡村教师的成就感和自豪感，这使乡村幼儿教师对自己所在的教学环境不满意，导致他们失去工作的热情，没有真正融入乡村的工作和生活当中，缺乏对乡村社会的归属感，进而出现文

① 刘娟. 乡村小规模学校教师获得感研究［D］. 长春：东北师范大学，2018.
② 张晗. 农村幼儿园师资队伍建设的现状与对策［J］. 基础教育研究，2015（13）：26–29.

化不认同、不自信的现象。从精神层面来说，乡村幼儿教师的社会地位偏低，社会刻板地认为幼儿园教师是“教小孩儿”“哄孩子”或者“看孩子”的“保姆”，算不得专业人员。而近年来发生的“虐童”事件更使社会大众戴着有色眼镜去审视整个幼儿教师群体的专业性。人们对幼儿教师职业地位的不认同导致了乡村幼儿教师对自身职业的不自信，正如G老师谈到的那样：“很多老师表示不愿意在他人面前提到自己是一名幼儿园教师，认为很没有面子。”

11.3 新时代乡村幼儿教师文化困境形成的原因

乡村幼儿教师文化困境的形成既有客观因素也有主观因素。对其成因进行分析有利于为新时代乡村幼儿教师文化突破文化困境提出有针对性的策略。

11.3.1 主观因素

a 新时代乡村幼儿教师的文化适应与教师教育体系的区隔

目前国家对乡村学前教师的重视加大，相继出台了扶持乡村教育发展的政策，如《乡村教师支持计划（2015—2020年）》《乡村振兴战略规划（2018—2022年）》等文件，倡导建设乡土文化和发展乡村教育。这些政策也影响了新时代乡村幼儿教师的准入机制。如今，新时代乡村幼儿教师大部分都接受过正规的师范教育，然而这种教育大多数是“离乡”“离土”的教学方式，内容往往具有城市化倾向。不管是在乡村长大的乡村幼儿教师，还是来自城市的乡村幼儿教师，这种教育模式使他们的教育价值的评价标准都具有一定的城市化倾向。他们毕业后进入乡村，面对有别于城市的教学、工作和学习的环境，会发现已有的生活观念和生活方式无法适应乡村生活。由于从小就受到“应试教育”“走出农门”的教育思想的影响，他们忽视了对乡村社会结构、乡土知识、乡土文化的学习和了解，在整个学习阶段中获得的是具有城市价值趋向的知识体系，缺乏乡土情结的培养，使他们工作后既无心也无力参与乡村建设和乡土伦理传承。正如访谈中J老师所说的那样：“我们很少学到有关乡土文化的知识，就算是在大学阶段，也没有相关的专业课或者是选修课，我们对乡土文化的大概印象就是落后、封闭，可以说对乡土文化了解少之又少，要我们继承和发扬乡土文化，有一定的难度。”对于来自城市的乡村幼儿教师来说，本来就没有接触过乡村的生活，也没有乡土知识的基础，乡土文化素养先天不足、后天匮乏，加之对乡土文化的认同感不强，导致他们难以适应眼前的一切，更没有信心扎根于乡村，加剧了其逃离乡村的意愿。来自城市的C老师表示，“我对这里的生活方式、交往方式和工作方式都不适应，在这里我吃不好、住不好，朋友也很少，在教学中也不知道如何使用幼儿熟悉的事物解释他们觉得陌生的知识和现象，我根本不懂乡村的文化和幼儿，面对乡土文化的传承，我更焦虑了”。不适应感、不舒服感及不认同感将他们推入传承乡土文化自卑的深渊，进而出现文化自信的危机。

b 新时代乡村幼儿教师自身文化信念的影响

信念是意志行为的基础，人们对某种事物的信念如何、认识如何将会影响其对某个事物的情绪和行为后果的反应，正如美国心理学家埃利斯所说的：“人的信念是产生某种情绪的根本原因。”乡村幼儿教师的文化困境的产生与其自身文化信念是分不开的。一方面，在大众的思维意识里，刻板地认为乡村幼儿教师自身的专业素质和综合素质较差，从而使乡村幼儿教师出现一种心理上的暗示，认为自己比乡镇或者城市的幼儿教师差，认为自己的教学能力和动手能力差，从而产生心理上的自卑。另一方面，乡村幼儿园起步比较晚，无论是教学设施还是教学环境，都不如城市幼儿园那么规范，这使乡村幼儿教师对自己工作的环境产生自卑感。

11.3.2 客观因素

a 新时代乡村幼儿教师专业发展政策制定缺乏针对性

在幼儿教师专业发展评价中，无论是城市的幼儿教师，还是乡村的幼儿教师，都是用《幼儿园教师专业标准（试行）》对他们进行评价，他们所需要执行的幼儿教师标准具有趋同性和一致性。然而对于乡村幼儿教师来说，他们的教育对象和教育环境具有特殊性，乡村的生产力水平较低、教学任务重、教学设施不够完善、所教育的对象基础较差、家长的观念相对落后，如果用城市教师的标准来评判乡村幼儿教师，这无形就加大了他们的压力。他们为了达到相关政策要求，开始向城市看齐，观摩城市优秀幼儿园的教学活动，模仿城市教师的教学方式，与城市幼儿园使用一样的教材，忽视本园的实际情况，盲目学习城市文化，缺乏个性化。虽然很多幼儿园强调园本课程，要求根据自身的实际开发适合本园发展特点的教学活动，但是，在乡村幼儿园中，缺乏开发园本课程的意识。因此要避免在竞争中失去自己的优势而把城市文化带到学习、工作与生活当中。这样的教学方式，不但使幼儿难以理解教学内容，影响教学质量，而且幼儿教师在教学实践中缺乏对乡土文化的研究，缺乏传承和创新乡土文化的意识。因此，固定的评价制度标准，使本就乡村知识不足的乡村幼儿教师更加缺乏对乡土文化学习和实践的外部动力，容易在文化价值的判断上出现错误，认为城市文化优于乡土文化，对乡土文化的传承和实践失去动力和信心。

b　社会环境氛围对乡村幼儿教师文化自信的影响

乡村幼儿教师文化自信的困境是在一定的社会大背景下形成的，长期以来，社会对幼儿教育，特别是乡村幼儿园教育一直持有一种隐性的、“边缘化”的关注态度。虽然近些年来国家出台多种政策促进乡村学前教育的发展，乡村幼儿教师的身份得到了一定的认可，但是，相比于其他教育阶段的教师，还缺少一种深层次的社会认可——把幼儿教师看作教育者，而不是保姆。在过去的很长一段时间，人们把幼儿教师的工作与“看孩子”联系在一起，当乡村幼儿园缺少教师，他们会放低幼儿教师的准入资格，特别是私立乡村幼儿园招收的幼儿教师大多是没有教师资格证或者是非科班出身的毕业生，再加上私立幼儿园不注重对教师的教育和培训，导致私立乡村幼儿园教师在工作中难以将儿童观作为行动指南，影响了乡村幼儿教师在人们心目中的形象，同时也降低了乡村幼儿教师对自身职业的认同感和获得感。正如E老师所谈到的那样：“每次和亲戚说起我是一名乡村幼儿教师，他们就会说，读了大学还去乡村幼儿园啊，追求太低了吧，所以我很少会对别人说我的工作，为自己乡村幼儿教师身份感到自卑，我跟同事交谈，发现她们跟我一样，很少会在众人面前谈及自己是一名乡村幼儿教师。”由此可见，由于社会的“不认可”“不理解”导致他们在自己的职业中获得感低，提不起精神，失去信心，最终产生职业倦怠，渴望逃离乡村。

c 乡土文化的衰落导致乡村幼儿教师文化认同的危机

乡村是乡村幼儿教师生活的大环境，乡土文化环境是影响乡村幼儿教师文化发展的外部因素。当下，虽然乡村教育越来越受到人们的关注，在乡村振兴战略中把乡土文化建设放在重要的位置，然而乡村中仍然存在一些落后的文化，如封建迷信的思想及聚众赌博的行为，这些乡土文化影响着乡村幼儿教师的文化构建，使乡村幼儿教师认为乡土文化是一种落后的无知文化，是不能学习的文化，从而对乡土文化产生抵触和不认同。与此同时，随着城镇化的发展，在互联网和自媒体的迅速发展下，城市文化如洪水般侵入乡村，城市文化的先进性和新异性获得了教师和大众的青睐，城市化的教育和观念逐渐被广泛地接受，乡土文化被城市文化同化，导致乡土文化被人忽略，面临失传的危机，再加上与城市相比乡村生活的相对单一，严重打击了乡村主体的文化自信，引发了乡村幼儿教师的身份焦虑且伴随着对乡土文化认同的危机。

11.4 突破新时代乡村幼儿教师文化困境的出路

通过对新时代乡村幼儿教师文化的困境以及影响新时代乡村幼儿教师文化形成的因素进行分析，笔者认为要摆脱新时代乡村幼儿教师的文化困境，找到新时代乡村幼儿教师文化的出路，政府应从出台适用于新时代幼儿教师专业发展的政策、推进乡土文化发展、加强乡村幼儿园文化建设、建立有效的乡村幼儿教师培训体制、创设文化自信的社会氛围方面着手。

11.4.1 出台适用于新时代幼儿教师专业发展的政策

政策和制度对提升乡村幼儿教师文化自信起着重要的引领作用，国家、政府及教育行政部门在制定有关乡村幼儿教师专业发展的政策过程中应重视乡村教师所处场域的特殊性，制定有利于乡村幼儿教师文化自信建设的政策。首先，国家应出台针对乡村幼儿教师的专业标准，强化乡村幼儿教师的乡土文化意识，形成乡村教师特色专业发展，提高乡村幼儿教师的身份认同，使其对自身专业的发展充满憧憬，为乡村幼儿教师文化的建设、文化自信的形成奠定基础。其次，在入职前的师范教育培养中，特别是在学前教育定向班的人才培养方案中，当地教育主管部门应当与相关师范院校做好协商，规定学前教育定向班开设有关乡土文化知识的课程，提高乡村幼儿教师的文化认知程度，改变以往“去乡土性”的培养模式。最后，乡村幼儿园应制定有利于乡土文化实践的教育策略，改变单一的教学评价，不断提高入职后的乡村幼儿教师实践和构建乡土文化的意识，培养乡村幼儿教师的乡土情怀，认识乡土文化的价值，形成高度的文化自觉，进而形成文化自信，为乡土文化发展博得一席之地。

11.4.2 推进乡土文化的发展，增强乡村幼儿教师乡土文化认同

乡土文化是乡村的根基，乡土文化对乡村幼儿教师的文化发展具有重要

的影响作用，因此在推进乡村幼儿教师文化形成的过程中，需要加强乡土文化建设以提高乡村幼儿教师对乡土文化的认同感。虽然在城镇化的过程中，乡土文化的发展遇到困境，但同时也迎来了新的机遇。城市文化与乡土文化相结合有利于培养乡村教师跨文化生存的能力以及立足于乡村现实参与乡土文化的更新和创造能力。[①]因此，在加强乡土文化建设的过程中，首先，应将乡土文化的“土”和城市文化的“潮”结合起来，不断变革和建设乡土文化，使其逐渐形成满足乡村振兴需要的乡土文化，并在乡土文化的变革和建设过程中坚定乡村幼儿教师的乡土意识。其次，促进乡土文化的转型，守本开新，推动社会主义新农村的建设。地方政府应推出更多群众喜爱的文化精品，优化城乡文化的资源配置，实现乡土文化的现代化建设，提高家长、幼儿教师对乡土文化的热爱。最后，“乡土文化是传统文化的家园，乡土人情、村规民约延续着乡土文化的根脉，要让它们真正活起来。”[②]因此在增强乡村幼儿教师乡土文化的认同时，要有意识地将乡村优秀的传统文化传递给幼儿教师，地方政府应健全支持开展群众性文化活动机制，如组织乡土文化学习、弘扬优秀的乡土文化，组织乡土文化活动，邀请乡村幼儿教师参与活动策划，给乡村幼儿教师提供学习乡土文化知识的机会，以加深其对乡土文化的认识和认同，推动乡村幼儿教师进行文化实践，增强乡村幼儿教师的文化自信。

11.4.3 加强乡村幼儿园文化建设

乡村幼儿园是乡村幼儿教师工作、学习的重要场地，幼儿教师文化是幼儿园文化的重要组成部分，幼儿园文化潜移默化地影响着幼儿教师的文化意识和文化实践的行为，有利于化解新时代乡村幼儿教师文化实践缺失的危机，因此促进乡村幼儿教师文化的发展需要加强乡村幼儿园文化建设。在乡村幼儿园文化建设中，幼儿园园长应发挥幼儿园文化建设的主导地位。首先，园

① 王小红，王倩．乡村教师乡土文化自信的缺失与重塑［J］．教育与教学研究，2019，33（6）：54–60.

② 常钦．让乡土文化真正活起来［J］．农村·农业·农民（B版），2018（4）:6.

长应在制度文化、物质文化、精神文化和行为文化上强调乡土文化的重要性，并不断变革乡村幼儿园文化，形成与乡村幼儿教师文化自信相适应的乡村幼儿园文化。其次，幼儿园领导与幼儿教师、幼儿教师与幼儿教师之间要建立一种民主、和谐、轻松的关系，形成民主的幼儿园氛围，提升幼儿教师素养，促进良好的幼儿园文化氛围的形成。最后，在幼儿园建设乡土文化的阵地。设置乡土文化研究室，在区域活动中设置乡土文化区域等，形成乡土文化组织教育阵地。除此之外，还可以通过各种媒介，如墙报、作品装饰窗、微信公众号以及乡土文化知识竞赛活动等建立乡土文化宣传阵地，对乡土文化进行宣传。使幼儿园形成学习乡土文化的氛围，潜移默化地影响乡村幼儿教师学习乡土文化，提高幼儿教师利用乡土知识进行课堂实践的意识，增强乡村幼儿教师对自身知识能力的自信心。

11.4.4 建立有效的乡村幼儿教师培训体系

乡村幼儿教师培训是加强乡村教师队伍建设、提高乡村学前教育质量的重要途径，也是提高乡村幼儿教师专业发展和实践水平的重要保障。提高乡村幼儿教师的专业水平，有利于破解乡村幼儿教师文化认知的危机，促进乡村幼儿教师文化自信的发展。其一，乡村幼儿教师的培训要有层次性与专业性，也就是说，培训要由浅入深、由易到难，层层递进，以便乡村幼儿教师在活动中获得系统的知识。除此之外，培训的内容、教师以及培训的形式都应专业化。其二，培训要具有针对性，即要做到精准培训以提高培训的效率，培训的对象要有针对性，对不同岗位、具有不同认知水平的对象，采用不同的培训方式，培训的内容要具有针对性，要符合乡村幼儿教师的认知特点与接受水平，可以针对乡村幼儿园所在地区的特征和文化开设相应的课程，体现本土化特色，发展乡土文化，以提高乡村幼儿教师对乡土文化的理解、利用能力。其三，培训要具有前沿性，在培训中，应把学前教育中的前沿性理念与乡土文化融合，提高乡村幼儿教师文化创新能力，提高其作为一名乡村幼儿教师的自豪感和自信心。其四，培训的形式要具有灵活性，主要体现在多种多样的培训形式，可以采用网络研修、园本研修、送教下乡等培训方式，让乡村幼儿教师接触到更多的教育资源。或者采取灵活的时间、地点以及问题情境等，主要目的是提高幼儿教师参与培训的热情，并扩展乡村幼儿教师的思维，让教师在日常教学中发现问题、解决问题，不断提升专业水平。

11.4.5 创设乡村幼儿教师文化自信的社会环境与氛围

幼儿教师文化的形成与社会环境有着紧密的联系，乡村幼儿教师文化的建设需要良好的社会环境和舆论氛围。①由于幼儿教师负面新闻频频出现以及传统幼儿教师角色的刻板定位，幼儿教师群体在社会中始终处于劣势地位，特别是乡村幼儿教师。因此，坚定乡村幼儿教师的文化信心，一方面，要提高乡村幼儿教师的文化地位，改善乡村幼儿教师的生活环境，提高乡村幼儿教师对工作环境、职业的自信。另一方面，社会大众应给予乡村幼儿教师更多的支持和鼓励，尊重乡村幼儿教师的文化成果，向社会各界宣传幼儿教育以及幼儿教师的意义，引导社会各界对乡村幼儿教师进行客观的评价，尊重和理解乡村幼儿教师，提高乡村幼儿教师的声望，增加乡村幼儿教师对自身职业的认同感和自信心，提升乡村幼儿教师的获得感和幸福感。

总之，构建乡村幼儿教师文化是稳定乡村幼儿园师资队伍的重要课题。当下，新时代乡村幼儿教师陷入文化困境，面临文化危机，我们必须加以重视，以便提高乡村幼儿教师队伍的质量，培养一批留得住、有能力、有信心的乡村幼儿教师，以促进乡村幼儿教育的发展和文化的振兴。

---

① 王中华，贾颖.城乡文化冲突下乡村教师文化自信的危机及化解［J］.基础教育课程，2019（16）:71–75.

12

新生代乡村教师文化自觉的缺失与路径

2018年，习近平同志在全国教育大会上进一步强调“四个自信”，即道路自信、理论自信、制度自信、文化自信。其中文化自信是一个重要方面，它是一个国家、一个民族以及一个政党对自身文化价值的充分肯定和积极践行，并对其文化的生命力持有的坚定信心。文化自觉是文化自信的前提和必要条件。当前，乡村教师与乡村社会之间的关系日益疏远，乡村教师不会主动参与乡村建设，逐渐成为乡村社会的“局外人”或“边缘人”。新生代乡村教师已成为乡村教育的主力军和未来的中流砥柱，而他们来源广泛，遍布全国各地，他们中的大部分人只是将乡村教师这个职业作为自己职业发展的一个跳板，因此，新生代乡村教师往往缺少文化自觉，对乡村社会毫无感情，以至于对乡土文化漠不关心。为此，我们需要关注新生代乡村教师的文化自觉。本章就是基于对中部地区H省x县和y县的调查，对新生代乡村教师文化自觉进行了反思和分析，从而提出了解决新生代乡村教师文化自觉缺失问题的策略。

12.1 新生代乡村教师文化自觉的意蕴

12.1.1 新生代乡村教师文化自觉的内涵

当前，对于新生代乡村教师的理解还没有统一的定义，业界主要认为新生代乡村教师是指“20世纪80年代之后出生的乡村教师，是在中国快速转型、高速崛起过程中成长起来的新一代青年，也是中国教育百年现代化历程中最特别的‘乡村教师’。”[①]可见，相较于上一代的乡村教师，新生代乡村教师成长在物质丰富、娱乐方式多样化的现代社会，他们大多接受过高等教育，而且自主发展意识浓厚，并对自己的未来有着较为明确的规划。他们选择乡村教师这个职业可能出于许多不同的原因，但这个职业肯定给予了他们实现自己人生价值的机会。然而，随着新生代乡村教师大量涌入乡村学校，他们给乡村社会带来生机与活力的同时，也给乡土文化的发展带来了挑战与危机。在通过对中部地区H省x县和y县乡村教师教龄的一项调查中发现，教师教龄在5年以下的人员占据了乡村教师队伍的49.13%。从这项对乡村教师调查的教龄报告中可以看出，我国新生代乡村教师的年龄偏小，不再适用于早先定义的20世纪80年代后出生的乡村教师，所以本书将新生代乡村教师的定义为出生在20世纪90年代后、接受过高等教育及师范教育并通过教师招生考试进入乡村社会的乡村教师。

文化自觉这一概念是我国著名的社会学家费孝通先生于1997年提出的，文化自觉是指“生活在一定文化中的人对其文化有‘自知之明’，明白它的来历，形成过程，所具特色和它发展的趋向”。[②]那么，新生代乡村教师的文化自觉是什么？笔者认为，主要指作为文化主体的新生代乡村教师对乡土文化的正确认识，即他们明白乡土文化的来历、乡土文化的形成过程、乡土文化的

---

① 郑新蓉，王成龙，熊和妮.他们是中国教育百年现代化历程中最特别的一群人——中国新生代乡村教师调查［J］.云南教育（视界时政版），2015（10）：32-35.

② 费孝通.文化的生与死［M］.上海：上海人民出版社，2009.

特色和乡土文化的发展趋向。可见，新生代乡村教师作为乡村社会中的文化主体，文化自觉是他们形成乡土文化认同的根据与依靠。同时，梁漱溟先生曾说："中国近百年史，也可以说是一部乡村破坏史。"[①]城镇化进程中，乡村的衰落、村庄的消失、乡土文化传承主体的断裂都给乡土文化的发展带来了巨大的阻力。所以，乡村教育是乡土文化传承的主要途径，新生代乡村教师的文化自觉是实现乡土文化发展的基础与根本。

12.1.2 新生代乡村教师文化自觉的内容

首先，新生代乡村教师文化自觉表现在乡村教师对新的乡土知识的了解。目前我国社会进入了新时代，乡村社会也步入新的城镇化、特色小镇、乡村振兴的阶段，那么，新生代乡村教师就需要自觉地了解农村产业结构调整、构建宜居乡村、乡村环保等新时代方面的乡土知识。

其次，新生代乡村教师文化自觉表现在对乡土文化的建设方面。在乡村社会的变革过程中，乡村教师作为乡土文化建设的重要引领者，不仅要继承有利于乡村稳定和发展的传统文化，更需要具备陶行知先生那种改造乡土文化的勇气和决心，不断改造乡土文化，实现乡土文化的新构建。

再次，新生代乡村教师文化自觉表现在对乡村教育的情怀。新生代乡村教师成长于"离农"环境，身上更多的是一种"城市味"，那么，如何在乡村教师岗位上"下得去"和"留得住"，就需要新生代乡村教师对乡村教育事业怀有一种情怀。

最后，新生代乡村教师文化自觉表现在能够改造乡村教育和乡村社会的能力。新生代乡村教师需要认识到有理想、有情怀、有知识是不够的，更需要一种能改造乡村教育的弊端与促进乡村社会变革的力量。因此，在新生代乡村教师文化自觉过程中需要增强自己的能力，从而更好地促进乡村社会和乡村教育的变革。

---

① 梁漱溟．乡村建设理论［M］．上海：上海人民出版社，2011.

12.2 新生代乡村教师文化自觉的缺失

12.2.1 乡村伦理和乡土文化认知的缺少

乡村是中国社会的基础和主体，中国的文化、法制、礼俗、工商业等，无不“从乡村而来，又为乡村而设”。①可见，乡村是我国社会组织的发端。费孝通先生对我国传统乡村社会的概括非常精辟，他对乡村所做出的“差序格局”“礼治秩序”“长老政治”等理论概括，是我国分析乡村社会伦理特色的起点。乡村伦理就是指“处理乡村社会中的人与人、人与社会关系时应遵循的道德和准则，也就是维持乡村社会基本价值观念的道德体系，包括婚姻家庭观念、财富价值观念、乡村政治观念、人伦规范伦理、传统孝道伦理等方面”。②乡村伦理是乡村社会得以发展的根基，在城镇化进程背景下，乡村伦理面临着巨大的挑战与危机，正如石中英教授在讲到我国乡村教育面临的问题时说，“我国乡村教育使我们的一代又一代农民失去了自信心，乡村教育没有能够引导农民正确理解他们所生产、传承、享受、创造的文明，这一点是最糟糕的”。在这样的变化中，村民的价值信仰、生活观念、文化自信受到城市文化的强烈冲击，他们找不到自身代表的乡土文化的立足之地，在强大的城市文化的驱使下改变了自己的文化认同。这表明了乡村伦理教化是当前我国乡村教育的重要内容。乡村教育在城市文化的冲击下“抛弃”了乡土文化，乡土文化在乡村教育中被搁置在一旁，城市文化充斥着乡村社会，导致乡土文化“沙漠化”，乡村伦理面临着解体的危机。

毋庸置疑，新生代乡村教师来源于全国各地，大部分新生代教师的任教地点都不是自己的家乡，而是其相邻地区。这样的状况就导致了新生代乡村教师对其任教地区的乡土文化不熟悉甚至陌生，乡土文化难以得到可持续的

① 梁漱溟.乡村建设理论［M］.上海：上海人民出版社，2006.
② 申卫革.乡村教师文化自觉的缺失与建构［J］.教育发展研究，2016，36（22）:47-52，57.

发展。新生代乡村教师对乡村伦理的态度是影响他们能否在课堂教学实践中运用乡土伦理的重要因素，他们具有较强的教学理论，能够很好地完成当前教育教学的主要任务，但大部分新生代乡村教师对乡土文化了解甚少，获取乡土文化知识的途径仅限于少量关于乡村的文章及书籍，对乡村社会中的乡土伦理的相关内容更是知之甚少。当作为文化主体的新生代乡村教师对乡村伦理知识漠不关心时，就表明了他们缺少文化自觉。如果他们不了解自己所处地域的文化，那就意味着该地域的文化可能会走向没落，甚至消失。文化自觉是文化主体应对外来文化持有的态度，文化自觉的缺失将导致文化主体在面对多元文化时产生文化自大或文化自卑的心态，前者将使该地区的文化走上故步自封的道路，后者则会导致该地区的文化陷入一种两难的境地，即无法融入新的文化，也回不去原有的文化，在新旧文化的夹缝中艰难地生存。

12.2.2 乡土情怀的缺乏

研究显示，深厚的乡土情感和高度的职业认同是乡村教师入职的主要动因。[①]乡土情怀是个人对乡村社会中的人、事、物及伦理文化持久而稳定的自我意识和自我认知以及对乡村的热爱，关切乡村的发展。拥有乡土情怀的人，会对乡村社会的人、事、物生出由内而外的关切之情，将乡村命运与自身命运捆绑在一起，自觉地担负起乡村社会发展的责任。乡土情怀能使个人真正融入乡村社会，成为“乡村人”，而不是乡村的过客。可见，情怀或情感是一个人无法掩饰的，它影响我们生活方方面面，“在冷冰冰的理性之下，时刻涌动并直接影响人的生存状态及行为方式的是情感”。[②]

新生代乡村教师的乡土情怀是其“对乡村社会发展的关切、对农民生存状况的担忧、对乡村孩子处境的关注”。[③]乡村教育要想获得发展，就要培养乡村教师乡土情怀，正如陶行知先生所说的：“要想完成乡村教育的使命，属于

① 李斌辉，李诗慧.新生代优秀乡村教师主动入职动因与启示——基于全国“最美乡村教师”事迹的质性研究［J］.教育发展研究，2018，38（20）:25-33.

② 李继.论教师情感的断裂与复归［J］.中国教育学刊，2015（5）：86-90.

③ 马多秀.乡村教师的乡土情怀及其生成［J］.教育理论与实践，2017，37（13）:42-45.

什么计划方法都是次要的，那超过一切的条件是同志们肯不肯把整个心献给乡村人民和儿童。真教育是心心相印的活动。唯独从心里发出来的，才能打动心的深处。”①乡村教师是乡村教育的主体，乡村教育中的“乡村”强调了其本身所具有的“乡土味”。对很多人来说选择教师这个职业不难，甚至是他们在就业、择业中的首选，难的是选择乡村，这就造成了乡村教师发展的困局，即乡村教师“留不住”“下不去”现象。从实地调研的结果来看，新生代乡村教师的成长背景与教育背景使他们难以具有对乡村社会的乡土情怀，相对于以前的乡村教师，新生代乡村教师的就业与入职是他们的个人选择，是他们依据自身的社会资本和文化资本的选择，新生代乡村教师在职业选择上具有个人自主性。针对新生代乡村教师的研究显示，他们大多迫于就业压力只是将乡村教师当作一种无奈的选择，一旦有机会离开乡村，他们往往会回到城市。在对乡村师教师流失和调出现象的调查中，我们发现有84.35%的乡村教师认为该现象比较严重和非常严重。乡村教师流失也带给其他在岗的乡村教师不稳定的感受，进一步刺激了乡村教师的离岗意识，降低了他们对乡村教师职业的认同感。从问卷调查数据来看，87%的教师都曾有调动和改行的意愿，其中28.47%的乡村教师经常或总是有调动和改行的意愿，这就意味着有近1/3的教师基本上并不能专注于眼前的工作，而是随时准备逃离乡村教师这个岗位。

12.2.3 城市化特征明显

新生代乡村教师对乡村社会的发展表现出漠视的态度，缺少对乡村社会的关注。新生代乡村教师的身上显示出明显的城市化特征，主要体现在他们的居住条件、休闲娱乐与婚恋关系等方面。他们的生活方式是其个人的文化选择，但从这些特征可以明显地看出他们远离乡村社会及乡土文化的现象。

在居住条件上，通过调研发现，乡村教师的住房数量整体来看还是比较紧张的，已有的周转房面积偏小，不能满足教师一家人的生活需求，且房内设施

① 陶行知.陶行知全集［M］.成都：四川教育出版社，2005.

简陋，布局不合理，功能不全。新生代乡村教师更加注重生活品质，乡村住房条件的不完善使他们更倾向于在城市买房安家，他们打破了以往乡村教师“以村为家”“以校为家”的居住模式。城市买房安家的居住模式将新生代乡村教师从封闭的学校环境和乡村中释放出来，他们开始走出学校，走出乡村，走向城镇。他们的生活、居住地点远离了乡村社会，这将乡村教师与乡村社会割裂开来，切断了他们与乡村社会的联系，奔波于乡村与城市间的乡村教师没有时间同乡村社会中的人、事、物接触，他们不熟悉自己学校所在的乡村，对该地域的乡土文化一无所知。在休闲娱乐方面，以前的乡村教师的休闲娱乐主要是同乡村社会联系在一起的，他们积极地参与乡村社会中的各种事务，同村民建立了良好的社会关系，乡村中的大事小事总能看见乡村教师的身影。新生代乡村教师成长于科技快速发展的年代，一直接受城市化教育的他们更推崇城市生活方式，来到乡村后，他们一时难以改变自己的生活方式，但是随着网络的普及，互联网极大地拉近了他们与城市社会的联系。他们很少在乡村社会消费与娱乐。在乡村社会长期居住的乡村教师除了必要物品在当地购买，一般通过网购完成，而且他们会选择在周末进城购物与休闲娱乐。他们与村民的交往很少，新生代乡村教师主要通过网络来维持自己的社交关系。即使在空闲时间，他们也不愿意主动参与乡村事务，更多是使用手机进行冲浪。一项调查研究显示，“有26.3%的新生代乡村教师经常被邀请参与村里的红白喜事，一半以上的新生代乡村教师认为同事、家人、朋友为自己提供过帮助，认为村民、村干部提供过帮助的教师比例仅有8.7%和2.1%”。[①]在婚恋关系方面，新生代乡村教师大都选择乡村社会以外的配偶，且调研显示乡村男女教师比例失衡严重，呈现“女多男少”的总趋势。在发放的460份问卷中，调查结果显示：男教师占比35.87%，女教师占比高达64.13%，男女比例的失衡及新生代乡村女教师的交友面狭窄使新生代乡村女教师的婚恋问题日益突出。调研显示乡村地区男教师数量较少，但因社会地位与经济条件的原因，男教师也同样面临着婚恋问题。

① 姚岩，郑新蓉.走向文化自觉：新生代乡村教师的离农化困境及其应对［J］.中小学管理，2019（2）:12-15.

12.3 新生代乡村教师文化自觉缺失的原因

12.3.1 乡土文化的衰落

我国传统的乡土文化曾经遭受过多次文化冲击，但这些文化冲击都是一时的，并未对乡村社会形成永久性的破坏。在经过休养生息后，乡村社会恢复如初，乡土文化反而凭借以柔克刚的态势同化了其他文化，使其自身得以延续和发展。一种文化能否长期在社会中占据主流地位，主要是看它是否符合时代的发展方向。西方的工业文明建立在工具理性与和科学技术之上，它迎合了社会的价值取向，成为社会的主流文化，以工业文明为取向的城市文化对以农业文明为取向的乡村社会的冲击具有不可逆的特点，乡土文化在其冲击之下毫无还手能力。

城镇化以迅雷不及掩耳之势席卷乡村，形成了一种城市包围农村的现象，乡村社会的自然环境、人文环境遭到破坏，村民在金钱至上的价值观下抛弃了对自身文化的坚守，新生代乡村教师不可避免地被卷入城镇化进程中。城乡之间的差距导致乡村教师在个人收入与职业发展方面与城市教师存在着显著差距，这样的现状本就引发乡村教师不满，再加上外出打工的村民及通过拆迁获得原始积累的村民越来越看不起乡村教师，乡村教师的社会地位下降，金钱至上的价值观念也使他们对自己的职业认同度下降。村民成为城市文化的拥趸者，他们认为乡土文化被取代、淘汰只是时间上的问题，乡村社会逐渐式微。这严重挫伤了乡土文化主体的自信心并引起了新生代乡村教师对乡土文化的认同危机。近年来，在对乡村教师的身份认同研究中表明：“随着强势文化的介入，在文化冲突背景下，乡村教师在专业身份、文化身份、社会身份和个体身份方面出现了严重的认同危机。”①

① 王勇.试析文化冲突背景下乡村教师的身份认同危机［J］.教育探索，2013（2）:88-90.

作为乡土文化符号的乡村学校逐渐消失，一村一校的情况难以在乡村再现："从2000年到2010年10年间，我国农村的小学减少了一半，平均每天消失56所农村小学。"[①]新生代乡村教师在乡村社会场域中，能够直接感受到乡村社会的式微，他们有着强烈的发展意愿，乡土文化的衰落无法让他们实现自我发展，在均衡利弊之后，他们通常会选择离开乡村社会。而且许多新生代乡村教师在缺少乡土文化的背景中成长并接受教育，他们接受的是城市文化教育，从小接受的教育的目的是"向上流动"，脱离乡村。乡土文化已经不足以支持他们心甘情愿地将工作地点选择在乡村，他们即使回乡任教也只是权宜之计。

12.3.2 乡村教师队伍的惰性蔓延

在调研中发现，新生代乡村教师尤其是30岁以下的乡村教师比例较大，中年乡村教师比例小，老年乡村教师比例也比较大，出现了明显的断层现象。从整体上看乡村教师队伍呈现出"两头大、中间小"的现状。换言之，按照教师专业发展阶段来说，处于职业稳定期和职业黄金期的教师比例非常小。新生代乡村教师往往充满干劲，想要通过自己的努力成就一番事业，他们带着希望来到乡村社会，却失望而归。

教师队伍的"两头大、中间小"的现状，使新生代乡村教师在乡村学校中难以融入教师群体，老年乡村教师表现出学习惰性，他们大多丧失了教学热情，不愿意轻易改变生活习惯与工作习惯，他们表现出保守、知足、安于现状、对新生事物漠不关心等特征，这些特征正好与新生代乡村教师相反，新生代乡村教师充满活力，他们热情、有干劲、渴望发展。在同老年教师群体待在一起时，他们感受不到拼搏的冲劲，彼此的交流慢慢变少。"同事之间关于专业发展的交流与学习几乎没有，在遇到问题想要请教老教师时，通常都被他们打哈哈地应付过去了，他们会开玩笑地说不用太认真，差不多就可

---

① 雷辉.民进中央:应明确农村学校撤并底线［N］.南方日报，2012-03-13（A04）.

以了，其他教师也没有全身心地将教学工作放在第一位，整个教师群体没有什么学习氛围。”乡村教师队伍表现出的惰性特征使新生代教师在遇到教学问题时，通常都是自己摸索。长此以往，新生代乡村教师成为教师群体中被忽略的“局外人”。

“其他乡村教师大部分的时间都是在乡村社会中度过的，他们经常参与乡村社会中的活动，在与村民的日常交往中如鱼得水，与村民和谐相处，我来自外乡且日常与村民相处时间较少，也很少参与乡村公共事务。每天下班后除了批改作业或备课，就在教师宿舍看电视或者在网上闲逛，每周五就进城，周天晚上才回学校。”新生代乡村教师不像上一代乡村教师那样与乡村社会联系紧密，上一代乡村教师通常与乡村社会之间拥有着地缘与血缘关系，他们掌握着乡土伦理知识，深谙乡村社会的相处之道。新生代乡村教师与乡村社会之间的地缘、血缘关系的薄弱，而且自身的向城性使他们不愿主动融入乡村社会。新生代乡村教师将闲暇时间用于购物与休闲，不主动进行专业学习与乡土文化知识的汲取，久而久之，新生代乡村教师的学习劲头将被磨灭。乡村教师队伍结构的不合理及惰性蔓延使新生代乡村教师难以在乡村社会中找到归属感与认同感。

12.4 新生代乡村教师文化自觉的路径

12.4.1 观念层面：改变文化主体对乡土文化的负面看法

乡土文化在乡村社会绵延数千年之久，是经过漫长的岁月洗礼沉淀下来的，在城镇化进程中不应被淹没。城镇化进程中，乡村的式微使文化主体对乡土文化缺乏自信心，在城市文化与乡土文化的对决中，城市文化占据上风，席卷乡村社会，乡土文化走向衰落。乡土文化要获得发展与新生，就要在观念上改变文化主体对乡土文化的负面看法，形成重视乡土文化的氛围。缓解新生代乡村教师的文化认同危机要让教师从心里接受乡土文化，这就要求在根本上改变向城性的教育取向，使学生能够全面、客观、准确地了解乡土文化的价值与意义，从观念上树立城乡文化和谐发展的教育思想。

12.4.2 技术层面：通过信息技术整合新生代乡村教师的乡土文化知识

信息技术的发展给予了乡土文化一个展示自己的平台，我们可以利用新生代乡村教师喜欢通过网络来获取资讯这个特点，将乡土文化知识与网络相结合。网络作为一种信息通信、数据传递和资源共享的方式和手段，具有便捷性、高效性等特点。乡土文化可以被制作成有趣的小视频、微电影，也可以制作成充满趣味性的小游戏，新生代乡村教师在观看与放松中就能学习并掌握乡土文化知识，在休闲娱乐中形成文化自觉，这样的方式不仅可以将网上冲浪或购物的时间用来学习，还可以充实新生代乡村教师的精神世界。乡土文化借助网络对新生代乡村教师开展乡土文化知识教育活动不仅有利于乡土文化的发展，也给新生代乡村教师的教育培训提供了一条新的路径。

12.4.3 行为层面：新生代乡村教师自觉学习乡土文化，并应用于教育教学

新生代乡村教师作为乡土文化的主体，在行为层面要主动自觉地学习并增加自己的乡土文化知识，在同乡土文化的对话中建构和完善自身的知识体系。首先，新生代乡村教师要改变自身对乡土文化的负面看法，担负起乡土文化的传承使命。其次，新生代乡村教师应主动参与乡土文化建设活动，在参与乡村社会事务中，获得乡土文化伦理知识。最后，实践是文化自觉生成的源泉，新生代乡村教师还应在教育教学实践中运用乡土文化。通过对乡土文化的整合与吸收，设计出符合乡村教育需求的教学计划，更好地帮助乡土文化的发展。乡土文化是乡村教育的源头活水，新生代乡村教师主动学习乡土文化知识并将其运用于实践中，既完善了自身的知识体系也发展了乡土文化。

12.4.4 制度层面：推动乡土文化建设

制度在处理乡村教师的文化自觉缺失的问题上起着重要的推动作用，同时也是构建乡村教师文化自觉的重要力量。政府应制定相关政策保护乡土文化，并推动乡土文化的发展。在教师教育中体现为针对乡村教师制定具有乡土特色的专业标准，在标准中强调乡土文化对乡村教育的重要作用，在专业标准中强化乡村教师的乡土文化意识。在课程设置上，要体现乡土文化的价值与意义，乡村教师要在课程中尽可能地使用乡土文化知识，将乡土文化知识与课堂内容相结合，帮助乡村学生运用乡土文化知识更好地了解书本中所体现的城市文化知识，加强乡村学生对乡土文化知识的认同，树立城乡知识无优劣的意识，成为开展乡土文化知识的启蒙。在乡村教师选聘方面，注重聘用人员的乡土取向，如澳大利亚、美国等国家都将乡村教师的乡土取向作为聘用背景之一，根据我国的实际条件，也可建立相关的乡村教师聘用机制。

12.4.5 高校层面：建立系统完善的乡村教师培养方案

综合性大学及各高等师范院校应建立一套针对乡村教师的培养方案，实现乡村教师“从乡里来，到乡里去”，在整个师范教育中实现师范生的文化认同。在师范类专业的招生上，重点向乡村学生倾斜，从源头上保障乡村教师日后能够下得去，走得远。在课程安排上，多设置与乡村社会相关的课程，如乡村社会学、乡村文学等，让学生在课程学习中汲取相关文化知识，加强对乡村社会的了解。对学生进行乡村教育思想与教育家的理论和事迹教育，在精神层面进行乡村教育的关照。在培养方法上，应理论与实践并重，学生在校期间应按规定到乡村学校实习且确保实习时间。这就要求高校与乡村学校建立稳定、良好的合作关系。高校在对乡村教师培养时，还要注意对不愿意继续学习乡土文化的师范生进行合理的分流，保障乡村教师队伍的建设。

总之，乡土文化的发展是新生代乡村教师文化自觉的保障，鉴于此，国家应大力发展乡土文化，为乡土文化正名，将乡土文化融入社会生活的各个方面。对新生代乡村教师进行乡土文化知识教育有利于形成新生代乡村教师的文化自觉，乡村教师文化自觉的建立能够帮助乡土文化在同城市文化博弈中走出一条乡村现代化之路。通过建构新生代乡村教师的文化自觉使乡土文化重新焕发出生机与活力，使新生代乡村教师挽救乡土文化成为一种可能，从而达到不同文化都能和谐相处的境界，正如费孝通先生提出的文化间“各美其美，美美与共”。

13

乡村教师休闲文化的价值与策略

党的十九大报告指出，当前社会的主要矛盾是人民日益增长的美好生活需要和不平衡不充分的发展之间的矛盾。那么，在乡村教师身上就突出地表现为乡村教师日益增长的美好教育生活需要和当前乡村教育和文化发展不平衡不充分之间的矛盾。在乡村教育发展过程中，乡村教师的休闲娱乐逐渐成为一个不可回避的话题，日益受到关注和重视。《乡村教师支持计划（2015—2020年）》指出："提高乡村教师生活待遇。"《关于全面深化新时代教师队伍建设改革的意见》进一步提出："为乡村教师配备相应设施，丰富精神文化生活。"[①]可见，国家逐渐重视乡村教师休闲问题。在现实生活中，乡村教师对于休闲文化的概念模糊，没有清醒地认识到休闲文化的价值，因此，加强乡村教师休闲文化的研究、构建乡村教师休闲文化非常必要。

① 中共中央　国务院.中共中央　国务院关于全面深化新时代教师队伍建设改革的意见[N].人民日报，2018-02-01（001）.

13.1 乡村教师休闲文化的意蕴

13.1.1 休闲文化的理解

休闲。休闲一词，目前还没有统一的定义，其中非常著名的是《人类思想史中的休闲》一书的解释："休闲是从文化环境和物质环境的外在压力中解脱出来的一种相对自由的生活，它使个体能以自己所喜爱的、本能地感到价值的方式，在内心之爱的驱使下行为，并为信仰提供一个基础。"①

休闲文化。在休闲的基础上，我们思考何为休闲文化，笔者认为，所谓休闲文化，就是人们关于如何看待休闲以及如何对待闲暇时间的一种态度、价值观念、行为规范与制度等。

13.1.2 乡村教师休闲文化的内涵

乡村教师休闲文化，主要是指乡村教师在工作之余如何认识休闲、利用休闲以及进行休闲的一种观念、态度与规范以及行为。

13.1.3 乡村教师休闲文化的结构

乡村教师休闲文化的结构主要包括乡村教师休闲物质文化、乡村教师休闲精神文化、乡村教师休闲制度文化、乡村教师休闲行为文化。

---

① 托马斯·古德尔，杰弗瑞·戈比.人类思想史中的休闲［M］.成素梅，马惠娣，季斌，等译.昆明：云南人民出版社，1999.

13.2 乡村教师休闲文化的价值

13.2.1 促进教师个体发展的价值

第一，乡村教师生命活动的必要部分。马克思主义认为，人的自由休闲时间是生命活动的重要组成部分。身心健康是进行工作的前提和保障，没有健康的身体是不能更好地开展工作的。那么，借助于休闲，乡村教师能更好地放松自我，更好地维持生命活动、提升生命质量、提高身体健康水平，从而提高教师的工作质量。

第二，乡村教师生活质量的指标之一。闲暇生活质量是乡村教师生活质量的重要指标。[①]职业倦怠是乡村教师中存在的一种影响其生活质量的重要因素。20世纪90年代以来学者开始关注和重视乡村教师倦怠，通过休闲文化的构建，让乡村教师认识到休闲的价值，端正休闲的态度，掌握休闲的方式，从而借助休闲来解决乡村教师的职业倦怠，有利于乡村教师的身心健康。

第三，享受教师权利的表征。休息和休闲是乡村教师的权利之一。乡村教师除了工作权利，还有正当的休息、娱乐、体育锻炼、购物、旅游等权利。因此，乡村教师享受休闲就是在行使权利。

第四，幸福感、获得感的体现。休闲与幸福感、获得感是密切相关的，休闲是影响幸福感的重要因素，古今中外的许多先哲都认识到休闲对于个体幸福的重要性。[②]乡村教师通过休闲，如旅游，可以观赏到更多的自然景色和人文景观，既了解到自然界的伟大，又体验到不同地方的文化特色，身心愉悦。在身心都放松的情况下，乡村教师会把好心情带到工作中去，进一步感受教育工作带来的快乐，从而产生对工作的幸福感和愉悦感。

---

① 李祉含.农村教师闲暇生活的调查与分析［J］.淮海工学院学报（人文社会科学版），2012，10（24）：100-102.

② 吕斐宜.略论幸福感与休闲文化建设［J］.学习与实践，2012（10）：126-130.

13.2.2 增强乡村教师职业吸引力的价值

2018 年《中共中央　国务院关于实施乡村振兴战略的意见》指出："优先发展农村教育事业。高度重视发展农村义务教育，推动建立以城带乡、整体推进、城乡一体、均衡发展的义务教育发展机制……建好建强乡村教师队伍。"通过构建休闲文化，让更多乡村教师认识到休闲的重要性，提高休闲的质量，改变休闲的形式和内容，使更多乡村教师享受到乡村教育工作的快乐和"回归自然"的幸福，从而增强乡村教师职业的吸引力，让更多青年毕业生加入乡村教师队伍行业，从而实现"建好建强乡村教师队伍"的乡村振兴梦。

13.2.3 促进学校文化建设的价值

乡村教师休闲文化建设是乡村教师文化的重要组成部分，乡村教师休闲文化的发展将影响乡村学校文化的发展。通过构建乡村教师休闲物质文化、乡村教师休闲精神文化、乡村教师休闲制度文化、乡村教师休闲行为文化，重塑乡村教师的休闲文化体系，让整个乡村学校文化发生深刻变革，从而影响和促进其发展进步。

13.2.4 引导乡村休闲文化的价值

近年来，乡村休闲文化得到了一定程度的发展，但由于发展带有很强的自发性，也出现了一些问题。[①]因此，在乡村振兴过程中，乡村教师需要发挥自己的作用，通过乡村教师自身的休闲文化的构建，形成健康的、正向的、积极的休闲文化来促进和引导乡村休闲文化事业的发展。

---

① 周德新.农村休闲文化:现状、困境与对策［J］.河南工业大学学报（社会科学版），2018，14（5）：9-13.

13.3 乡村教师休闲文化的困境

13.3.1 观念上不够重视

第一，学校领导观念上不重视。在乡村教师休闲文化建设过程中，学校领导往往不太重视该问题，认为乡村教师休闲文化可有可无，没有正视乡村教师在教学工作以外的时间和空间问题，以至于没有给予教师更多的关注和重视。因此，更多的休闲文化建设不起来。第二，乡村教师自身忽视。乡村教师自身容易忽视该问题，特别是在自媒体时代，自娱自乐成为主流，如火山小视频、抖音等一系列的App使更多的乡村教师沉迷于网络，缺少其他的休闲方式和休闲内容。第三，乡村学校所在社区不重视。乡村教师休闲文化的发展离不开学校所在的社区，毕竟学校不是一座孤岛，需要与周边的社区关联起来，但是，由于所在社区不够重视，也逐渐成为乡村教师休闲文化建设的阻隔。

13.3.2 行为上的惰性

一个客观现实是，多数乡村教师在城市买房甚至住在城市，因此，他们往往上课期间住在学校，周末回到城市，只有少数教师，如年轻未婚的教师住在乡村。乡村教师即使住在城里面，在周一到周四这段时间也需要休闲和娱乐。但是，调查显示，超过一半的乡村教师利用业余时间做家务和带孩子，而近一半的教师则是备课和改作业，休息娱乐和自学进修的教师占比差不多。因此，大部分乡村教师的业余生活相对单一，或者帮助家人做家务，或者加班如备课、改作业等。[①]可见，现阶段乡村教师缺少更加丰富多彩的休闲方式。在此背景下，乡村教师很难改变这种现状。

---

① 李澈，王丽君，张筠，等.生存现状调查显示：农村教师身心健康有隐忧［J］.教育家，2016（19）：12-15.

13.3.3 制度上的不支持

在乡村教师休闲文化建设过程中，尽管有些乡村学校领导认识到乡村教师娱乐方式的单一，但是为了更好地完成学校的教学工作和任务，还是采取各种政策或制度来规范和管理乡村教师，不断挤占教师的闲暇时间，导致乡村学校占用乡村教师的时间和空间，排斥了教师休闲。①

13.3.4 客观条件上的制约

一方面，乡村休闲文化的影响。乡村教师休闲文化的形成也受到乡村休闲文化的影响。在当前乡村休闲文化之中，受传统乡村休闲方式的影响，乡村教师中也流行起一些不健康的娱乐活动，如打麻将、喝酒、打游戏等。②另一方面，乡村休闲物质设施不完善妨碍了乡村教师的休闲。毋庸置疑，老一辈的乡村教师往往与农民生活密切联系在一起，除了教书还需要种地等，所以那一辈乡村教师往往没有娱乐休闲这种观念。但是，伴随时代的发展与进步，新一代的乡村教师是在“离农”背景下长大的，脱离农村的耕读生活，他们更加需要休闲和娱乐。然而乡村学校教育落后，文化和休闲娱乐项目也比较少，在农村文化娱乐的设施建设并不完善。所以，这在客观上会影响乡村教师休闲娱乐生活。

---

① 解建团，汪明.教师·休闲·教师教育［J］.教育理论与实践，2016，36（22）：40-43.

② 小桔灯.乡村教师，有哪些娱乐生活方式？［EB/OL］.http://k.sina.com.cn/article_2490026067_946ac8530010073r3.html.

13.4 乡村教师休闲文化的构建策略

13.4.1 政策层面

从法律上为乡村教师休闲文化的构建提供法律和政策支持。尽管《中华人民共和国教师法》《中华人民共和国义务教育法》等很多法律都规定了乡村教师可以充分享有休息、休假、休闲等权利，但是，仍缺少对乡村教师休闲娱乐方面的进一步规范和支持。因此，在未来相关法律法规的制定过程中，可以增加乡村教师休闲权利的保护条款，为乡村教师休闲文化提供进一步的法律保障。除此之外，从法律到政策，要不断细化乡村教师休闲文化构建的制度和规范，加强对乡村教师休闲文化的制度保障。近些年来，尽管我国颁布了如《乡村教师支持计划（2015—2020年）》《关于全面深化新时代教师队伍建设改革的意见》等新时代乡村教师发展的政策和文件，为乡村教师的发展和建设提供了政策制度保障，但是，在未来的乡村教师队伍建设过程中，需要进一步加强对乡村教师精神生活的关注，重视乡村教师休闲文化的建设。

13.4.2 教师层面

内因是事物发展的根本原因，乡村教师休闲文化的构建，关键还要靠乡村教师这个内因发挥作用。那么，乡村教师在乡村休闲文化构建过程中，需要从观念上认识到休闲娱乐文化的重要性。乡村教师要转变那种不需要休闲娱乐的观念，充分认识到其在促进身心愉悦和心理健康、提高生活质量、改变职业倦怠等方面的作用，认同休闲娱乐文化。从行为上，增强乡村教师休闲文化自觉。观念需要转换为行动，乡村教师应不断参与休闲文化的建设，改变传统的休闲娱乐方式，提升乡村教师休闲文化质量。

13.4.3 学校层面

第一，学校领导需要重视乡村教师休闲文化建设。陶行知先生说，校长是学校的灵魂，那么，在乡村教师休闲文化的建设过程中，乡村学校校长需要率先垂范，从观念到行为上不断支持乡村教师休闲文化建设。第二，制定乡村教师休闲文化建设的相关制度。为了更好地促进乡村教师休闲文化的发展，学校需要给予更多的措施和制度来推行进程，如将乡村教师休闲文化与学校文化建设同步起来，在学校文化建设过程中凸显乡村教师休闲文化的建设。第三，加快物质文化建设。学校需要加强休闲娱乐文化设施的建设，为乡村教师休闲娱乐文化建设提供更加坚实的物质基础。

13.4.4 社会层面

社会方面需要改变传统的观念，从观念上认识到乡村休闲文化建设对乡村教师的身心健康和生活质量的价值，并给予乡村教师心理支持，让更多的乡村教师参与休闲文化建设。同时，社会大众需要关注和支持乡村教师休闲文化的建设，给予乡村教师更多的物质与技术层面的支持，从而推进乡村教师休闲文化的进程。

13.4.5 乡村社区层面

杜威先生早就指出，学校需要与社会密切联系。那么，在乡村教师休闲文化建设过程中，乡村教师需要加强与乡村社区之间的联系，与乡村休闲文化共同进步。乡村休闲文化不断实现转型，为乡村教师休闲文化建设提供氛围和环境。乡村休闲文化潜移默化地影响着乡村教师休闲文化的建设，那么，如果将乡村休闲文化建设好，也会有利于乡村休闲文化建设。正如在《乡村振兴战略规划（2018—2022年）》中强调“乡风文明”“生态宜居”“有效治理”“美丽乡村”，①通过乡村休闲文化的变革和转型，可以进一步促进乡村教

① 中共中央 国务院. 中共中央 国务院印发《乡村振兴战略规划（2018-2022年）》[EB/OL]. http://www.xinhuanet.com/politics/2018-09/26/c_1123487123.htm.

师休闲文化的发展。与此同时，乡村社区需要为乡村教师休闲创建更多的条件。乡村社区是乡村学校发展的重要后盾，乡村社区的发展可以直接或者间接地促进乡村学校和乡村教师的发展，那么在乡村教师休闲文化的发展过程中，就需要乡村社区为其提供更多便利条件。

13.4.6 理论研究层面

理论是实践的重要推动力，能为实践提供指导。因此，在乡村教师休闲文化的建设过程中，需要加强理论研究。从现有的研究成果来看，对于休闲文化的研究成果还是较多的，但是对于教师休闲文化，特别是乡村教师休闲文化的研究还是不多见的，所以，为更好地促进乡村教师休闲文化的发展，需要加强该方面的研究。

总之，乡村教师休闲文化建设是当前乡村教育中一个重要的命题，而且乡村教师休闲和娱乐遇到各种问题，也是一个迫在眉睫的课题，因此，我们要重视此问题的解决，更好地促进乡村教师的发展，从而提升乡村教师的获得感、幸福感，加强乡村教师队伍建设。

14

乡村特岗教师文化冲突及化解

吃饭有饮食文化，穿衣有服饰文化，喝茶有茶文化，甚至上厕所也有厕所文化，文化在我们的生活中无处不在，但文化究竟是什么？对这一问题，钱锺书先生曾风趣地表示，“你不问我文化是什么的时候，我还知道文化是什么；你问我什么是文化，我反而不知道文化是什么了”。世界上对文化的定义已经超过上百种，可见文化是一个广泛的概念。据此，我们将文化定义为“特定群体共同拥有的生活方式， 它表达了特定群体认知世界的共同方式，包括价值观、态度及其影响行为的信仰”。[①] 冲突一般指“活动的参与者之间相互反对或阻止对方意图的比较自觉的行动”。[②] 文化冲突不同于一般活动冲突，文化冲突主要指不同的文化在相互接触中由于文化差异产生的种种矛盾。文化冲突是文化更新与文化发展的必要阶段，只要存在着两种及以上文化的社会，文化冲突就必然存在。

随着国家加大对乡村教育的投入，特岗教师的数量逐渐增多，文化差异不可避免地带来文化冲突。特岗教师作为乡村社会中的一员，在多元文化发展的今天，同样面临着文化冲突。

---

① PARKAY F W，ANCTIL E J，HASS G. Curriculum planning:A contemporary approach［M］. Allyn and Bacon：Person Education Company，2000.

② 谢维和. 教育活动的社会学分析——一种教育社会学的研究［M］. 北京：教育科学出版社，2007.

14.1 特岗教师文化冲突的表现

特岗教师的特殊性决定其必然面临文化冲突，在倡导多元文化发展的今天，我们的社会文化已从一元走向多元，特岗教师来到乡村，他们面临着四种文化冲突，即城市文化与乡土文化之间的冲突、传统文化与现代文化之间的冲突，虚拟文化与现实文化之间的冲突、理想角色文化与实际角色文化之间的冲突。

14.1.1 城市文化与乡土文化之间的冲突

城市文化是随着城市化进程不断发展的，城市化的发展“大致经历三个阶段，城市的自然生长期，城市高速发展的城市化时期，城市化进程完成后的‘逆城市化’阶段，城市文化是在这三阶段中不断发展而来的”。[①]国内对乡土文化还没有统一的概念，从社会学的角度看，乡土文化是“基于乡村社会空间形成的文化系统，是以农民为主体的乡村居民在长期的历史进程中积累、创造的，为本地乡民共同享有并不断发展传承的社会文化，具体内容包括乡村物质文化、精神文化、社会组织及制度、语言和符号”。[②]城市文化属于发展中的文化，强调创新性，乡土文化侧重自给自足，强调稳定性。特岗教师大多在城市接受过三到四年的城市教育，他们在城市文化的浸润下形成了发展的文化取向，对于特岗教师来说，从城市社会走向乡村社会，他们会明显感受到文化或文化变化带来的种种影响，当他们脱离原本应对自如、熟悉的城市环境，在与乡村社会近距离接触时，不免会产生“精神”上的隔离。城市社会中的关系建立在职业、社区、组织等结构上，乡村社会中的关系建立在血缘与村落等关系上，乡土文化的保守性与城市文化的开放性形成了文化冲突。作为乡村社会的一分子，毫无疑问地应选择站在乡土文化的阵营，但作

① 陈宇飞.城市文化概论［M］.北京：文化艺术出版社，2008.
② 胡剑南.乡村振兴战略背景下的乡土文化研究［J］.重庆社会科学，2019（5）:120-128.

为接受过城市文明洗礼的青年人，他们更愿意选择城市文化，特岗教师在文化冲突中容易陷入两难的境地。

14.1.2 传统文化与现代文化之间的冲突

传统文化是相对于现代文化来说的，学者们对传统文化的内涵一直存在争议，中国文化研究所所长刘梦溪认为一般把周秦以来直至清朝最后一个皇帝退位的这段时期称作“传统社会”，整个传统社会的文化都可以叫作传统文化。①赵吉惠认为：“中国传统文化特指在历史积淀下来成为传统，并且已经具有稳定形态的中国文化，包括语言、思想观念、礼仪制度、思维方式、价值取向、道德情操、生活方式、风俗习惯等内容，但是，起主导作用、支配作用、作用于基础地位的是思想观念文化。”②传统文化一般被认为是确定性的文化。现代文化也叫现实文化，指人类基于现实生活和现代实践而形成的活生生的文化。它具有时代特征，且符合人类的现实需要。现代文化既是传统文化演进的现实结果，又是未来文化或应然性文化的母机和前提。③乡村社会中沉淀着诸多传统文化，特岗教师的现代文化具有鲜明的时代特征，二者在特岗教师身上容易产生文化排斥现象，形成文化冲突。在此过程中，现代文化起到巨大的作用，现代文化在帮助传统文化获得演进的同时，也在某些程度上抛弃了传统文化，使其成为现代文化的“随从”或“附属”，较为明显的是特岗教师对乡村社会伦理的认知匮乏。在现代文化看来，乡村社会伦理中存在着许多不合时宜的理念，现代文化对其进行了批判与否定，以至出现传统社会关系的解构。这样的观念将传统文化推入了一个困境，也使乡村社会沉沦。

14.1.3 虚拟文化与现实文化之间的冲突

从文化存在的时空来看，文化可以分为虚拟文化与现实文化，虚拟是相

① 周毅.中华传统文化与人生修养［M］.成都：四川大学出版社，2016.
② 赵吉惠.中国传统文化导论［M］.南京：江苏教育出版社，2007.
③ 周晓阳，张多来.现代文化哲学［M］.长沙：湖南大学出版社，2004.

对于现实来说的，孙秀成、韩璞庚曾指出，网络文化是虚拟文化的初级样态，虚拟文化是网络文化在网络社会智能化阶段（虚拟社会）的新发展。他们从文化模式的角度，将虚拟文化定义为虚拟社会中逐步形成并广泛存在，由虚拟社会特有的时代精神、价值取向、制度体系、行为规范等内容构成的相对稳定的人类生存方式。①随着大众传播媒介、互联网技术的普及与发展，网络早已走进千家万户，新生代的特岗教师成长于网络快速发展的时代，他们愿意在网络世界中畅所欲言、针对热点事件发表自己的观点。特岗教师作为信息化时代的青年人，各种网络用语、网络文化熟稔于心。在对其日常休闲的调查显示，他们大部分的休闲时间主要用于上网追剧、聊天、购物、浏览即时资讯等。在虚拟的世界中他们也能够完成一系列的日常交往与部分工作。现实与虚拟之间看似无差别，但其实有着明显的划分，人不能脱离现实而存在，现实社会是人赖以生存的客观环境，当特岗教师回归现实，他们会发现虚拟世界中的虚拟文化在乡村现实生活中难以被认同，文化冲突便发生了。

14.1.4 理想角色文化与实际角色文化之间的冲突

我们在社会中通常会扮演多个角色，当一个人同时扮演两个及以上角色时，个体如不能很好地处理角色之间的转换就会产生焦虑与压力，导致角色不兼容，角色冲突便会发生。教师的角色冲突表现为教师在实际教学生活中的身份、地位与相应的权利、义务和其理想中的教师身份、地位及权利等不一致，进而所产生冲突，即教师现实角色与理想角色的冲突。不同的角色有着不同的文化倾向，有些角色之间的文化是矛盾的甚至是冲突的，特岗教师角色之间的冲突可以看成其角色文化的冲突。特岗教师在任教之前，往往受“教师是人类灵魂的工程师”“教师是太阳底下最光辉的职业”“教师是蜡烛”等描述的影响将教师角色神圣化，他们将自己看作帮助乡村学生成长、乡村教育发展的重要角色，但当他们进入乡村社会后发现，乡村社会中的人员构

① 孙秀成，韩璞庚.虚拟文化的发展及其意义［J］.贵州社会科学，2018（9）:111-116.

成主要是老弱病残幼，自己除了教师角色，还要承担家长、监护人、宿管等各类角色的社会责任，繁重的工作与多重角色的转换使其难以全身心地投入教师工作中。特岗教师在角色转换中出现角色冲突，长此以往，其容易产生职业倦怠，造成教师的流失。

14.2 特岗教师文化冲突的原因

特岗教师文化冲突的原因，既与他们自身成长的背景和经历相关，也与其择业的考虑（理由）相关，更与其在现实中的身份待遇与遭遇的困境相关。

14.2.1 自身成长的背景与经历

美国社会学家科尔曼曾在其《科尔曼报告》中指出，“家庭背景是孩子成长的最重要、最关键的因素”。①布劳和邓肯的地位获得模型证实了读书有用论，指出“教育是现代人获得社会地位的重要因素”。②在对特岗进行的调查研究显示，“特岗教师多为80后，女性比例较高（70%以上），学历较高（70%以上为本科学历），主要来源于农村多子女家庭，家庭经济处于中等偏下水平，父母受教育水平不高，通过自主招考进入乡村教师队伍”。③从中可以看出，我国特岗教师多出生于农村，且有在乡村生活的经历，他们本应对乡村社会与乡土文化感到非常熟悉。然而，通过对其教育经历与生活经历进行分析可以看出，当前特岗教师与乡村社会的关系是生疏的。特岗教师们的教育经历与成长背景是产生文化冲突的首要原因。从特岗教师的年龄可以看出，他们出生在改革开放后，生活条件和以前相比较为富足，基本生活得到保障后，个人的发展就成为大众追求的目标，家长开始注重子女的教育问题。农村家长期望子女能够通过读书走出乡村，走进城市，改变命运。“万般皆下品，唯有读书高”的理念在乡村家长及学生中被广泛地认同，只要学习成绩好，其他的一切都不必理会，这就导致了部分乡村学生一心向学，对乡村社会中的大多事务缺少认识。与此同时，城镇化、工业化快速扩张，城市建设

① COLEMAN J S. The concept of equality of educational opportunity [J]. Harvard Educational Review, 1968, 38 (1): 7–22.

② BLAU P M, DUNCAN O D. The American occupational structure [M]. New York.Wiley, 1967.

③ 姚岩，郑新蓉.走向文化自觉:新生代乡村教师的离农化困境及其应对 [J].中小学管理，2019 (2): 12–15.

急需大量劳动力的迫切现状与乡民希望提高经济收入的急切需求相吻合，乡村青壮年人口大量外移，而这些青壮年受自身文化水平的局限在城镇中只能干一些重活、累活，在就业市场中属于廉价劳动力。当他们回到乡村后，在城市为谋生而遭遇的辛酸与苦楚使他们意识到文凭的重要性，这成为他们激励子女学习的动力，通过学习走出乡村，远离面朝黄土背朝天的生活方式是他们对下一代的殷切希望，文凭成为他们及其子女的追求目标，“读书有用论”在乡村成为公认的理念。

“城市化的教育倾向和非农业生产的生活已经抽空了乡村学生对农村和农业文明的文化认同，家乡逐渐成为一个越来越陌生的文化存在，一个标示着让人看不起的农民身份的文化符号，一个血缘和宗族文化秩序迅速溃败的沦陷之地。”“我国国家权力的下沉，乡村学校越来越成为村落中的国家”，[①]乡村学校成为国家意志的体现。乡村教育失去了其特有的乡土性，成为城市教育的“复制品”与“再生产机器”，以及为城市输送人才的筛选器。无论是传统的乡村教师还是特岗教师，他们都是城市化教育取向的忠实执行者，他们的存在意义及使命都是被限定的。当这些缺少乡土文化滋养、在城市化教育倾向下长大的乡村学生通过统招考试，以乡村教师的身份再次回到乡村社会时，往往感到自己与乡村社会格格不入，他们在文化冲突中形成“文化溶血”，即“当他们面临异质文化的影响时，盲目崇拜而全盘接收，如同给A型血的人输入了B型血一样，会因产生强烈的不适最终导致既无法融入新的文化，也回不去自身本体文化的故乡”，[②]难以在乡村中找到自己的精神家园。

14.2.2 选择特岗教师的不同缘由

选择特岗教师的缘由，也就是特岗教师的职业动机，孟宪乐指出“特岗教师的职业动机主要是为解决就业问题”。[③]夏扉、朱艳丽对特岗教师的职业动

① 李书磊.村落中的“国家”——文化变迁中的乡村学校［M］杭州：浙江人民出版社，1999.

② 申卫革.乡村教师文化自觉的缺失与建构［J］.教育发展研究，2016，36（22）:47-52，57.

③ 孟宪乐.特岗教师职业发展现状及长效机制研究——以对河南省五县116位特岗教师的调查为例［J］.中小学管理，2012（11）:49-51.

机调查显示，“31.9%的特岗教师真心喜欢教师这个职业；13.5%的特岗教师选择这份工作是因为教师工作稳定且有寒暑假；27.3%的特岗教师认为这份工作可以锻炼自己各方面的能力，展示自己的才干；14.9%的特岗教师表明因为找不到合适的工作，就只好先选择做特岗教师；12. 4%的特岗教师自己都说不清楚原因就选择了做特岗教师”。[①] 贾秀丽、张荣华的研究显示，34.1%的特岗教师是因为喜欢教师职业，37.2%的特岗教师是因为就业压力大而选择成为特岗教师，28.7%的特岗教师是因为其他原因而选择这个职业。[②] 从这些研究调查中可以看出，选择特岗教师职业的动机主要有两个，一是喜欢教师这个职业，因为职业兴趣，所以选择做特岗教师；二是就业市场竞争的加剧，因激烈的就业压力而选择成为特岗教师。

对特岗教师的职业动机进行分析不难看出，随着时间的推移，因就业压力选择成为特岗教师的职业动机越来越明显。但这一动机会给这些特岗教师带来许多问题，他们只是将自己的工作当成缓解就业压力的策略，在工作中缺少对教师职业的热爱和对职业的认同感。职业认同感的缺失容易使他们产生消极与抵触情绪，当遇到自身难以解决的问题时会压力骤增，感到无能为力。正如许多特岗教师所言，“选择当特岗教师不是我自己的意愿，毕业了一两年还没有找到合适的工作，在亲朋好友的劝解与催促下，就选择了特岗教师这个职业，但没有工作多久，我就后悔了，因为缺少对这份职业的热爱，所以在工作时没有动力，对这份工作很难喜欢起来”。显然，将特岗教师这份职业当作严峻就业形势下的无奈选择，不仅使特岗教师难以继续发展，也使乡村教育进展缓慢。在教师角色文化的冲突中，特岗教师难以缓解理想角色与实际角色之间的冲突，他们期望三年服务期早日结束，然后远离乡村社会。

---

① 夏扉，朱艳丽.特岗教师可持续发展的问题与对策［J］.江西社会科学，2014，34（6）:252-256.

② 贾秀丽，张荣华.特岗教师生存及专业发展现状调查——以山西省特岗教师为例［J］.教育理论与实践，2015，35（31）:40-44.

14.2.3 特岗教师的现实身份、待遇与困境

特岗教师这一教师岗位是我国教育政策向乡村地区倾斜的产物，这决定了其所要服务的地区，特岗教师实际上是属于乡村地区的，但作为离农又离乡的新一代乡村教师，特岗教师的生活及行为方式与城市居民别无他样，主要体现在他们的居住选择、育儿方式、子女教育与休闲娱乐上。他们的居住选择以进城定居为主，育儿方式追求精致化与科学化，子女教育以城市为主，休闲娱乐也远离乡村以网络为主。特岗教师的这些城市化表现将特岗教师从乡村社会中剥离出来，割裂了他们与乡村社会的生活联系，生活及行为方式的城市化表现不仅增加了他们的经济负担，也在无形中加剧着他们的文化冲突。乡民们认为，"特岗教师只属于学校而不属于乡村，他们最多只存在于孩子的口中，而在真实的乡村社会中却并不占据位置"。[①]作为"乡村精英"的特岗教师在乡村社会中逐渐被"边缘化"，失去了凝聚人心的力量。

乡村工作、城市生活的这种朝夕不一致的居住空间，使特岗教师在城乡之间难以找到归属感。在城市中，他们将自己定义为"局外人"，在乡村社会中，他们将自己定义为"外来人"，这种城乡之间的"漂泊"状态使特岗教师陷入自我认同危机，引发了特岗教师对自身存在价值的怀疑，他们丧失了对其他人或物的兴趣，对当下的状态表现出不安。他们会在行为上放逐自己并通过现代化生活方式带来的美好期许来消解自己的不安。特岗教师在放逐自身的过程中，失去了自我反思的能力。他们幻想着美好的未来却不行动，只是被动地等待。"他们工作繁忙，重复却无意义，职业性的微笑下藏着麻木，充实的工作中隐藏着精神的虚无。教师如同进入了韦伯所说的'铁笼困境'，只剩下经济的冲动，'专家没有灵魂，纵欲者没有心肝'。"[②]

---

① 高小强．乡村教师的文化困境与出路［J］.教育发展研究，2009（20）：53-55，72.

② 马克斯·韦伯.新教伦理与资本主义精神［M］.龙婧，译.北京：群言出版社，2007.

14.3 特岗教师文化冲突的化解策略

特岗教师文化冲突的化解要依靠文化自觉，具体表现为作为文化主体的特岗教师对乡土文化的历史回溯与未来发展的趋势具有清晰的认知，对乡土文化的发展有信心并将保护与传承乡土文化作为自己的责任，在日常生活中践行传承乡土文化的职责。这就要求特岗教师深入乡村社会，在乡村社会中生活，去了解、认同、参与并发扬乡土文化。

14.3.1 了解——乡土文化的认知

针对当前特岗教师对乡土文化及乡土知识缺乏了解的现状，要加强特岗教师对乡土文化的认知。认知是对事物的洞察与了解。特岗教师作为乡村社会的一员，应洞察与了解乡土文化。一方面，国家可在特岗教师的考试中增加相应乡土文化知识的题目，通过这种强制性的考察，帮助考生在短期内了解他们所要服务地区的乡土人情，消除特岗教师对服务地区的陌生感，帮助他们更好地实现文化认同。另一方面，可以从教师岗前培训入手，新入职教师都要参加岗前培训，这就要求教师培训的设计者在设计岗前培训内容时，充分考虑乡村教育的特殊性，通过岗前培训消除特岗教师对乡土文化的刻板印象，为乡土文化正名。在城乡教师交流活动中，应改变过去由城市教师占主导地位的局面，增加一系列城乡文化交互的交流活动，如各种学术沙龙、学术交流空间，让城乡教师能够畅所欲言。通过文化交流，加深大家对城乡文化的了解。这样的活动课程轻松、热闹，更能激起特岗教师对乡土文化的认知兴趣。从实施效果来看，这样的特岗教师岗前培训更有效果。作为培训者还应尊重、理解乡土文化，并将这个态度贯穿至培训的全过程。传统的乡村教师作为他们的老前辈，可以利用“老带新”“师徒教学”等方式去帮助特岗教师认识乡土文化，特岗教师在同老教师相处时，可以从他身上学到与乡民交往的方式，充分了解当地的乡土人情。最后，作为特岗教师服务的所属地区的乡村，应主动与特岗教师联系并交往，主动、热情地邀请他们参加乡村事务活动，帮助特岗教师在真实的乡村生活场景中感知和了解乡土文化。

14.3.2 认同——乡村身份认同

特岗教师的身份认同主要是认同自己是乡村社会的一员，是乡土文化的传播者，特岗教师对其乡村认同的核心是他们对乡土文化的认同。特岗教师对乡土文化的认知程度与其对乡土文化认同的程度息息相关。要了解一个民族、国家、社会的文化就必须对其文化发展史有系统的认知。文化是通过实践不断形成的，没有历史的沉淀，文化也难觅踪影。费孝通先生曾对文化有这样的看法："文化的生和死不同于生物的生和死，它有它自己的规律，它有它自己的基因。就像生物学里面要研究种子，要研究遗传因子，那么文化也要研究这个种子……种子是生命的基础，没有这种能延续下去的种子，生命也就不存在了。文化也是一样，如果脱离了历史和传统，也就发展不起来，因此，历史和传统是我们延续下去的根和种子。"① 乡土文化的发展是我国文化的发端，特岗教师如果不了解乡土文化，就不会认识到乡土文化是我国其他文化发展的根基，更不会对其产生认同感，因此加强特岗教师的身份认同，需要对其展开乡土文化史的教育，通过学习文化史，使他们能够从历史的角度去体会乡土文化的兴衰起伏并认同乡土文化，能够意识到在历史的长河中乡村教师的角色变化，意识到当前乡土文化面对的危机以及他们在文化传承中的历史使命，进而认同自己在乡村社会中的角色。

14.3.3 参与——乡土文化创新

随着城镇化的快速扩张，村庄的数量不断减少，城镇数量不断增多，从城市的角度看，这样的城镇化率是非常成功的，但从乡村的角度看，乡村人口的流失意味着文化载体逐渐消失，这对乡村社会及乡土文化的破坏是不可

① 方李莉.费孝通晚年思想录：文化的传统与创造［M］.长沙：岳麓书社，2005.

逆转的。文化的延续是文化不断更新，所以乡土文化要想延续应进行文化创新。乡土文化的创新离不开文化主体的参与，特岗教师作为乡土文化主体，应积极参与乡土文化的创新。首先，政策在乡土文化的衰落过程中有过重要的影响，那么乡土文化的振兴也要从政策出发。国家应制定相关政策保护乡土文化，引导乡土文化重新进入大众的视野，由上而下重视乡土文化，鼓励社会大众、特岗教师对乡土文化进行创新，将创新的乡土文化融入日常生活与教育教学中。其次，乡村学校应创设多种乡土文化实践活动，大力发展乡土文化，营造浓厚的文化氛围。当前的各种乡村活动已经呈现匮乏状态，承载着乡土文化的传统活动只留存在年轻人的记忆中，即使掌握了一些乡村实践知识也难以转化成实际行动。因此乡村学校必须确保乡土文化实践活动长期、稳定开展，加强乡土文化教育的延续性。乡村学校应组织开展乡土知识竞赛、乡土文化艺术节等活动，激发特岗教师与乡村学生的学习活力，在活动中参与、创新乡土文化，使乡土文化能够焕发活力。最后，乡土文化实践活动不应只在乡村学校内部展开，还应与乡村社会、乡土文化机构合作，拓展特岗教师及学生的乡土文化学习渠道。在合作中建立乡土文化学习的实践基地，定期组织特岗教师进行观摩与学习。乡土文化实践基地是校内文化实践活动的延伸，是特岗教师“近距离”接触优秀乡土文化的场所，不仅能够帮助特岗教师和学生更加深刻地领悟乡土文化的意义与内涵，也能使他们深刻地感悟乡土文化的价值与精神，增强文化认知、文化认同，更好地实现文化创新。

14.3.4 发扬——乡土文化自觉

特岗教师文化冲突的化解离不开特岗教师的文化自觉，特岗教师的文化自觉对乡土文化的发展有着重要意义。作为乡土文化主体的特岗教师应发扬文化自觉精神，改变社会大众对乡土文化的刻板印象。刻板印象容易使人产生先入为主的偏见，在还不了解事物真实样貌的情况下，对其做出错误的判断。刻板印象还会形成同化效应。长期以来，城乡生活方式和生产方式存在一定差异，城市文化以其鲜明的风格，如法制、开放、流动等特征领先优越于以保守、封闭、传统等为特征的乡土文化，在这样的差异中，乡土文化成为落后的代名词，这种看法是将其文化中的不足放大，以偏概全。社会大众先入为主地将城市文化看作优于乡土文化的先进文化，这种刻板印象在社会大众中形成了根深蒂固的文化隔阂。同样，在城乡教师之间也存在这样的文化隔阂，来自城市的教师会产生一种优越感，他们将自己看作优秀文化与理念的传播者，而来自乡村的教师会产生一种自卑感和弱势感，这种对比在城乡教师交流时表现得尤为明显。刻板印象的成因主要是信息传递、沟通交流不及时，然而其形成具有可控性，应利用这个特点抑制刻板印象的形成。城乡文化孰优孰劣是一个伪命题，应创设一个交流的平台与空间消除文化之间的刻板印象，特岗教师作为城乡文化的纽带，应在各种交流平台积极展示优秀的乡土文化，发扬文化自觉并最终走向文化自信，通过行动去抑制与消除大众对乡土文化的负面看法，帮助乡土文化走出一条创新之路。

特岗教师文化冲突的化解是一个动态的过程，是一个不断进行反思与批判、传承与创新的过程。特岗教师的文化冲突是影响特岗教师队伍稳定的重要因素之一，化解文化冲突有助于稳定乡村教师队伍、发展乡村教育，也能帮助乡土文化恢复生机与活力。

15

乡村教师乡土文化自信的缺失与重构

党的十八大以来，习近平同志多次提到文化自信的重要性，并指出“坚持道路自信、理论自信、制度自信，最根本的还有一个文化自信”。[①] 文化自信是一个国家、一个民族发展和繁荣的中坚力量，乡土文化是中华民族文化之根，是中华优秀传统文化的重要组成部分，也是社会主义核心价值观的文化底蕴。随着城市经济的迅速发展，城镇增多，乡村规模和数量减少，乡土文化逐渐走向没落，甚至面临失传的危险。教育是乡土文化再生的重要手段，作为乡土文化教育主体的乡村教师的乡土文化自信的建设受到人们的关注。然而，当前乡村教师乡土文化自信在城乡文化交织中逐渐瓦解，无法挥发他们在乡土文化自信建设中的中坚力量，所以迫切需要重塑乡村教师乡土文化自信。本章通过探讨当前乡村教师乡土自信的内涵、必要性与可能性以及缺失的现状及原因，期望重塑乡村教师乡土文化自信，推动乡村社会的发展与革新。

---

① 习近平．决胜全面建成小康社会 夺取新时代中国特色社会主义伟大胜利［N］．人民日报，2017-10-28（001）．

15.1 乡村教师乡土文化自信的内涵探寻

探讨乡村教师的乡土文化自信现状，需回答几个密切相关且十分重要的问题：如何理解乡村教师？何谓乡土文化？文化自信是什么？乡村教师乡土文化自信又是什么？只有对上述内涵进行挖掘与分析，才能深入理解其意义。

15.1.1 乡村教师

要理解乡村教师，首先要明确“乡村”这一概念。对于乡村的界定，一直以来颇有争议，学者们从不同的角度提出了见解，但大部分的学者认为乡村是相对于城市来说的，是城镇规划区以外的人类聚居地区，代表一定的地理空间范围，呈现出明显的乡土特性，与城市的生产方式和功能存在着差异。随着城镇化进程加快，原来的乡村特征也发生了重大的变化，乡村逐渐呈现出不同程度的城市特征，但是传统乡土文化的特征仍有所留存，如人际关系密切、以乡约民规作为行为评判的标准、重视家庭与血缘关系、以发展农业作为谋生的手段等。

在我国，“乡村教师”很早就有出现。20世纪30年代，陶行知先生就提出过“乡村教师”的概念，但是由于长期以来人们将乡村与农村混淆，所以乡村教师一直没有被强调。随着农村教育研究的深化，城镇化不断发展，“乡村教师”的概念才逐渐从“农村教育”中抽离，内涵与外延逐步明晰。根据乡村的定义，本书将乡村教师定义为工作在城镇规划以外的乡镇和村落的幼儿园和中小学教师，包括正式教师、代课教师、特岗教师。乡村教师有着悠久的发展历史，并且长期以来在乡村教育与发展中扮演着重要的角色，相对于城市教师有着自身的独特性。主要表现在：一是生活空间方面，乡村教师生活在宁静的乡村，依托乡村学校开展教育活动；二是教育对象方面，乡村教师面对的是乡村的学生，这里的学生以留守儿童为主，熟悉乡村的文化与环境；三是乡村教师教育使命方面，他们不仅是教育者，更是乡村经济、文化发展的引领者，在乡村中要充当乡村学生智慧的燃灯者、乡土文化传承和文化创造者以及乡村综合治理的智囊与引领者。①从其特质来说，乡村教师不仅要具备高尚的师德、扎实的知识与娴熟的教学技巧，还要具有“乡土性”。

15.1.2 乡土文化

文化指的是人在社会生活中所创造的物质财富和精神财富的总和，文化本身就具有广泛的意义，所以乡土文化仍然没有统一的界定。邹丽萍认为乡土文化是人类进入农耕文明时代的产物，乡土文化发端于农业社会，根植于乡村社会，是一种归属农民的群体文化体系。②李帆和晋妍指出，乡土文化是在乡村社会中经过长期生产生活积淀而形成的特定行为方式、思维习惯与价值观念的总和，是一种区别于城市文化的类型。③可见，乡土文化指的是在乡村这一场域经过一定的文化积淀而形成的文化特点，乡土特性明显。本书认为乡土文化是相对于城市文化而言的一种文化形式，是工业化发展的一种本土性的回应，是具有乡土性、地缘性、发展性的文化体系，是乡村劳动人民对长期生产生活的经验总结而形成的价值观念、行为实践、语言符号和思维方式的总和。

15.1.3 乡村教师乡土文化自信

研究乡村教师乡土文化自信的前提是厘清什么是文化自信，如何理解文化自信。习近平同志在党的十九大提出要坚持道路自信、理论自信、制度自信，最根本的还有一个文化自信，文化自信是事关国运兴衰、事关文化安全、事关民族精神独立性的大问题，这引起了学术界的关注。学者们从不同角度探索了文化自信的内涵，并做出了不同解释。从心理学的角度，廖小琴指出文化自信从本质上来讲是一种自觉的心理认同、坚定的信念和正确的文化心态。具体体现在文化发展和比较中，一个国家、民族和政党能正确看待自身

① 唐松林，姚尧．乡村振兴战略中教师的使命、挑战与选择［J］．湖南师范大学教育科学学报，2018，17（4）:75-83.

② 邹丽萍．新型城镇化进程中的文化融合问题研究［M］．北京：中国言实出版社，2016.

③ 李帆，晋妍．乡土文化的现代性嬗变及其学校应对［J］．教学与管理，2020（6）:8-11.

文化，理解并认同自身文化的内涵与价值，并对这种文化的生命力和发展前途充满信心，同时对待不同文化具有包容态度。就个体而言，文化自信是个人对所属国家和民族文化的积极态度和充分肯定，标志着对所属国家和民族文化的价值取向认同和身份认同。①这强调了文化自信是文化主体情感体验与态度的表现，强调文化自信是文化主体对文化的认识与认同、坚定的信念以及对文化的未来发展充满信心。从哲学的角度，刘士林认为文化自信是人类所特有的一种具有超生物性、超自然性、超现实性的文化生命机能，是人类社会实践在个体生命内部建构的高级文化结构，也是人类主观能动性和文化创造性的具体表现。②从文化社会学的角度，文化即人类集体在利益的驱动之下形成的一种体制与精神力量。周怡通过对文化的符码、语境和制度进行分析，指出中国的文化自信就在于中国人更顺应、更善用“集体共享”，在文化意识形态层面中国同样拥有随时可以凝聚起来的“人口红利”。③

通过对已有研究进行分析可知，学术界主要是从心理和行为两个方面对文化自信进行描述，学者们指出文化自信其实是文化主体对文化价值的自信，对自身文化的过去、现在和未来价值的充分肯定，以兼容并蓄的态度对待外来文化，对文化进行传承发展与创新的行为。那么什么是乡村教师乡土文化自信呢？乡村教师本身就充满乡土文化气息，他们生活、工作在乡土文化之中，受乡土文化的熏陶和浸染，乡土文化在他们的言行中得以体现，可以说乡村教师自身也是乡土文化的一部分。据此，笔者认为乡村教师乡土文化自信不仅是对乡土文化的认同与确信，也是对自身身份的肯定与认可，所以乡村教师乡土文化自信指的是乡村教师具有正确的乡土文化价值观；对乡村的生产生活方式、风土人情以及自然风光等文化的认同与赞美；能批判吸收城市文化，促进乡土文化与城市文化融合发展；能积极地进行文化传承与创新；对自己的身份具有高度的认同感、自豪感、荣誉感以及坚定的为乡信念。

---

① 廖小琴.文化自信：精神生活质量的新向度［J］.齐鲁学刊，2012（2）：79-82.

② 刘士林.中华文化自信的主体考量与阐释［J］.江海学刊，2009（1）：40-45.

③ 周怡.文化社会学视角中的“文化自信”［N］.中国社会科学报，2018-10-10（006）.

15.2 乡村教师乡土文化自信的构成

在厘清乡村教师乡土文化自信内涵的基础上，有必要对乡村教师乡土文化自信的构成要素进行探讨，本书根据乡村教师乡土文化自信形成机制对乡村教师乡土文化自信的构成进行分析。

15.2.1 乡村教师乡土文化自信的形成要素

乡村教师乡土文化自信是从文化自信微观的角度出发，具体表现为乡村教师对乡土文化价值认同、身份认同、情感寄托和积极态度。通过对相关文献的梳理与对乡村教师乡土文化信念的界定，笔者认为乡村教师乡土文化自信主要体现在以下几个方面。

a 正确的乡土文化认知

认知是对某一事物的认识，正确的乡土文化认知是指乡村教师能够正确认识乡土文化，了解乡土文化的内容及发展历史，知道乡土文化的存在价值。主动了解任教乡村的历史文化，了解和认识优秀的乡土文化，深入学习和研究乡土文化的精髓及其作用，正确把握乡土文化内涵和意义，这是乡村教师形成文化自信的基础。

b 较高的乡土文化认可

文化认可是文化主体对文化的接受与接纳的过程，一个人只有接纳了某种事物，才有可能对其产生信任。乡村教师乡土文化的认可是指乡村教师在乡土文化与城市文化的碰撞中，能坚定乡土文化立场，喜欢、赞美乡土文化。与此同时，在行为上践行乡土文化，如积极参与乡村节日活动、在教学中积极融入乡土文化、课程与教材的开发中应用乡土文化等。除此之外，乡村教师还要对城乡文化进行整合，在城市文化历史渊源、文化特征、文化价值和人文底蕴中找到乡土文化的价值，找到城市文化与乡土文化的共同点或相似点，有选择地吸收城市文化，实现文化的融合。

c 较强的文化身份认同

身份认同是个体对自己是谁、能做什么以及未来的发展方向的清晰认知。乡村教师较强的身份认同是指乡村教师认同自己是“乡村教师”这一文化身份，有较强的自我价值感与职业归属感，了解乡村教师的职业使命，积极投身于乡村教育事业，乐于参与乡村公共事务，充分发挥新乡贤的角色作用，在工作中获得良好的职业体验。身份认同是乡村教师产生乡土文化自信情感的重要条件，一个人只有对自己的身份认可，对自己的职业满意，才会积极发扬与建设他所代表的文化。

d 坚定的乡村教育信念

信念强调的是坚定的意志，对梦想执着追求的精神。坚定的乡村教育信念主要指的是乡村教师的为乡信念，对乡村教育的热爱之情，能够在城乡文化存在极大差异的情况下坚守乡村，为乡村教育事业与乡村振兴出谋划策，这是乡村教师形成乡土文化自信的关键一步。

e 积极的文化承创行为

承创行为指的是文化的传承与创新，这两种行为是主体促进乡土文化发展的积极行为，是文化主体对文化进行表达的重要形式，同时也是判断主体文化自信的重要表现，乡村教师乡土文化自信形成的内核是以文化人、以文育人。乡土教师的文化承创行为主要指乡村教师在教育教学中传播乡土知识，在学校文化活动中引入乡土文化，并且积极主动地研究乡土文化，挖掘优秀的乡土文化，改良落后的乡土文化，不断促进乡土文化的升级与转型，恢复自身文化生态，从而加强文化信心。

15.2.2 乡村教师乡土文化自信要素之间的关系

乡村教师乡土文化自信的形成不是一蹴而就的，而是在认知与学习的过程中逐步形成的。乡村教师的乡土文化认识、文化认同、身份认同、教育信念、文化承创行为是乡村教师文化自信形成的重要内容，它们相互联系，相互影响，共同促进乡村教师乡土文化自信的形成。文化认知是前提，正确的文化认知有利于促进乡村教师文化的认同，在认同的基础上形成积极的乡土情感，促进乡村教师对乡村以及乡土文化的认可，接受自己的文化身份，在认定自身身份的基础上，坚定守护乡村的信心与决心，进而形成坚定的乡村教育情怀，不断推动乡村教师发展乡土文化的行为出现，积极地进行乡土文化的传承发展。各环节之间存在双向互动，是双向加强的过程（见图1）。

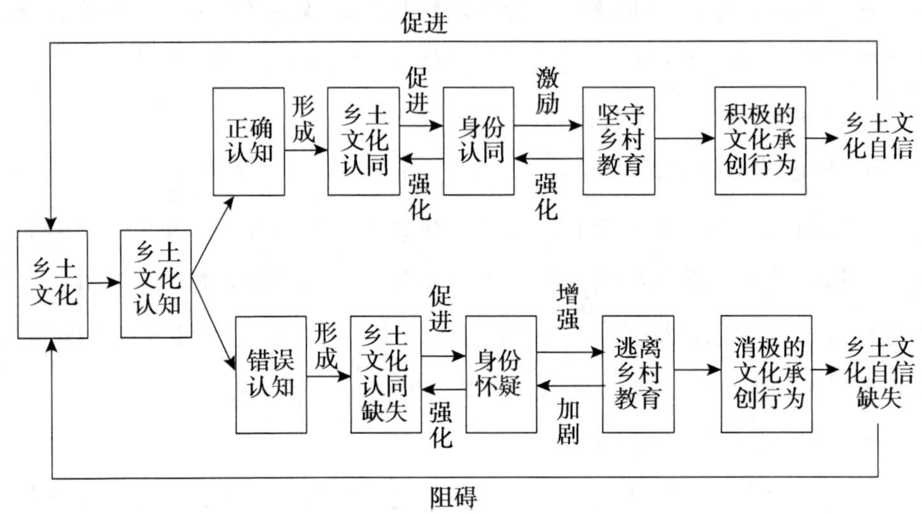

图1　乡村教师乡土文化各要素间关系

15.3 提升乡村教师乡土文化自信的必要性分析

乡村教师乡土文化自信的建设为什么具有迫切性？在城乡文化冲突的今天，乡土文化处于劣势地位，乡土文化正在被消解，乡村教师的自信心备受打击，重塑乡村教师乡土文化自信既是时代的呼吁，也是传承、发展乡土文化、稳定乡村教师队伍与促进乡村教师专业发展的重要动力。

15.3.1 乡村教师乡土文化自信是传承与发展乡土文化的必然要求

乡土文化伴随乡村社会产生，是乡村发展的灵魂。在城乡二元化发展的今天，乡土文化发展却面临衰落的危机。首先，城市文化快速发展，逐渐成为人们生活中的文化主流。城市文化的新颖性、潮流性与乡土文化的缓慢性和历史性形成了鲜明的对比，吸引了年轻一代的眼球，在大众的意识当中，以城市文化为荣的现象越发突出。其次，受教育政策的影响，我国乡村教育以升学为导向，导致我国乡村教育的各个方面都向城市教育看齐，城乡使用统一教材，乡村学生学习普遍适用的知识。知识的向城性，使乡村学生不了解世代生存的土地，长此以往，乡村学生难以和乡村社会产生亲密感与熟悉感，造成乡村学生对乡土知识的漠视。再次，现代科技及网络技术不断深入乡村，许多乡村家庭都已经拥有了电脑及智能手机。在这样的背景下，乡村学生早已不是在乡野间成长起来的一代了。通过电脑及智能手机，他们可以足不出户地接收外部世界的各种信息与文化，这也在无形中减弱了乡村学生与乡土文化的联系，加剧了乡土文化的认同危机。最后，在城市快速发展的背景下，大量乡村年轻人进城务工，仅留下老人及小孩，乡村空心化明显，继承乡土文化的青壮年缺失，造成代际间文化传承断裂。此外，随着城镇向乡村发展，乡村的土地、河流、房屋等乡土文化的物质环境载体逐渐消失，乡土文化也面临断裂与消失的危机。因此，有必要对乡土文化的传承与发展加以重视。文化传承受到两方面因素影响：一是受遗传因素影响，这里的遗传指的是上一辈对下一辈文化的熏陶与传授；二是受教育影响，其中教育在文化传承与发展中扮演着重要的角色。乡村教师作为乡村思想的引领者，乡村教师的乡土文化自信可以提高其在教育中传播乡土文化的自觉性，充分发挥传播乡土文化的辐射作用，不仅能帮助乡村新一代正确对待乡土文化，认识乡土文化的价值，还能增强村民传承与发展乡土文化的自信心，面对外来文化意志坚定，不为其所动，培养一代又一代乡土文化继承人。

15.3.2 乡村教师乡土文化自信是培养乡村学生“根”的认同的重要途径

乡村教师乡土文化自信培养乡村学生“根”的认同需要，是从教育培养什么样的人的角度来说的。从20世纪70年代起，无论乡村学生还是城市学生都是在“离农户”的模式下成长起来，从小就受到“不努力读书，就要在家种地”的思想影响，导致无论是教师还是学生都希望通过接受教育这一方式融入城市，改变命运。乡村学校为了达到这一目的，在城市学校帮扶乡村学校的过程中，纷纷学习城市学校的课程模式、教学方式、教学目标等，城市教师指导乡村教师，使乡村学校出现城市化的倾向，迷失自我，学生也离乡土越来越远。在教学中出现甘地所说的教学现象，从来没有培养学生对于他们生活环境和乡村社会感到引以为傲的事情。他受到的教育程度愈高，就愈来愈远离自己的故乡。学生和他们所生活的环境格格不入和不协调是整个现代教育所追求的，也迫使学生不断疏离这种乡村环境。这样的教学方式使乡村学生越来越熟悉城市文化，而对乡村本土文化却越来越陌生。加上城市生活的奢华、自由等观念逐渐影响了乡村学生的精神世界，他们不再对贫穷、落后的乡村生活怀有留恋和热爱。从一定程度上说，在现代化的进程中，乡村学生追求城市文化是无可非议的，但是，乡土文化应是乡村学生的精神家园，他们对乡土文化的漠视和乡土文化自信的丧失不容忽视，因为乡村是他们的生命之根。所以，乡村学校要重视培养学生对“根”的认同、培养乡村学生拥有热爱乡村自然环境、热爱乡村本土文化以及立志建设乡村的愿望。当然，从教育的角度来讲，这一目标实现的前提是乡村教师要认识乡土文化，建立乡土文化认同，积极传播乡土文化，树立乡土文化自信心，引导学生对乡土文化的认识与认同。

15.3.3 乡村教师乡土文化自信是乡村学校个性化发展的重要条件

个性是某事物具有的区别于其他事物的品质，是针对共性而言。乡村学校的个性化发展指的是乡村学校的发展应具有自身的发展特色，防止千校一面。我国基础教育课程改革的不断深化、三级课程管理体制的推行等都赋予了地方和学校更多权力，有助于推动乡村学校个性化的课程建设，《国家中长期教育改革和发展规划纲要（2010—2020年）》也提出“关心每个学生，尊重学生的发展规律，促进每个学生主动地、生动活泼地发展，为每个学生提供适合的教育”，重视学生的个性化发展等政策，为乡学校个性化发展提供了外部条件。随着乡村振兴战略计划的实施，乡土文化的发展受到重视，学校鼓励在校本课程的开发中融入乡土文化，促进学校个性化发展的同时也能传承文化，培养有“根”有“魂”的乡村学生。但实际上，基于乡土文化开设校本课程、乡村特色活动、特色校园文化的学校相对较少。究其原因，一方面是学校与教师对乡土文化不了解，无法对乡土文化进行开发与利用，另一方面是乡村教师无法认识到乡土文化的重要性，乡村学校与乡村场域区隔，乡村学校就像是处于乡村的城市学校。乡村教师作为乡村学校与乡村联系的中介，如果他们对乡土文化的发展充满信心，那么就能在一定程度上提高自己学习与利用乡土文化的信心，增多乡村学校的特色活动、学生的研途学习，拉近学校与乡村的距离。

15.3.4 乡村教师乡土文化自信是乡村教师职业坚守的精神需求

乡村振兴，教育先行，教育振兴，教师是关键，可见乡村教师是乡村振兴发展的主力军。随着国家颁布和实施《乡村教师支持计划（2015—2020

年）》"特岗教师"计划、"三支一扶"计划、定向师范生计划等，在一定程度上提高了乡村教师的工资水平，改善了乡村教师的生活环境，营造了乡村教师发展的良好氛围，我国乡村教师队伍逐渐庞大起来。虽然乡村教师数量有所增加，但是人员流动性大，尤其是优质教师与骨干教师。从流动的方向来看，乡村教师主要从乡村流向城市，大量优质教师只是把乡村任职作为自己进入城市的中转站。深究其原因会发现，乡村教师留不住主要是因为他们乡土情怀缺失，向城性明显。乡土情怀是人们内心情感态度、信念坚守和理想坚持等一体化融合的精神品性，是乡村教师长期坚守乡村的精神支持。李小山和童曦通过对乡村教师工作压力、乡土情怀与职业倦怠间的关系进行问卷调查研究，得出"乡土情怀可以减弱工作压力对职业倦怠产生的负向影响"这一结论。[①] 钱芳指出："乡土情怀使乡村教师更主动地接近乡村教育资源，更忠诚于乡村教育事业，更执着地依恋和热爱乡村社会，是促进乡村教师发展的内在推动力。"[②] 因此要重视乡村教师乡土情感的发展。乡土文化是乡土情怀形成的基础，乡村教师乡土文化自信的形成，将有利于激发乡村教师扎根乡村、建设乡村、关爱乡村学生，坚定乡村教师为乡村服务的决心，推动乡村教育改革。

15.3.5 乡村教师乡土文化自信是乡村教师专业发展的内在需要

教师专业发展就其本质来说具有明显的地方性、文化性和个体特征，某一特定的文化体系必然对其内部教师专业发展产生重要影响。[③] 乡村教师生活的场域是乡村，受到乡土文化的影响较大，因此，乡村教师乡土文化自信的建设是非常有必要的。乡村教师乡土文化自信是提高其专业能力的必要条件。乡村工作的场域是乡村，面对的是土生土长的乡村孩子，他们作为乡村教学

① 李小山，童曦.论乡土情怀与农村小学校长职业倦怠的关系［J］.继续教育研究，2018（8）:42-45.

② 钱芳.地方性知识与乡村教师专业发展——教育场域的视角［J］.教育学术月刊，2018（10）:98-103.

③ 朱胜晖，孙晋璇.乡土文化转型与乡村教师专业发展［J］.当代教育科学，2018（8）：78-81.

的实施者和文化知识的传播者，理应了解和认识乡土文化，以便深入学生的世界，了解乡村学生的发展需求，有针对性地进行教学，以提高教学质量，促进自身教学能力的提升。但是，乡村教师是在“离乡”“离土”的教育模式中成长起来的，乡土文化知识积累缺失，这成为影响教学质量的因素之一。此外，乡村教师乡土文化自信是乡村教师获得专业发展对话语权的应有之义。有学者提出，人生活于文化之中，被文化塑造和改变，一般个体很难抗拒文化的巨大惯性。不同文化相互交流的时候，处于弱势地位的文化会被消解，生活于弱势文化中的个体在交流中被边缘化。乡村教师生活在课程模式、培训内容、评价标准向城市看齐的文化境遇中，乡土文化缺失，其乡土文化自信也备受打击，严重阻碍乡村教师专业发展的话语权。①据此，学者提出乡村教师的发展应走具有乡土特色的文化路线，李长吉教授提出，乡村教师不仅要拥有教育理论知识、实践知识、学科知识，还需要具备教育教学所在地区的乡土知识。②乡土知识是乡村教师正确认识乡土文化的重要来源，唯有这样，乡村教师才能在城市文化的强势冲击下找到自身存在的价值，才能敢于站在教育舞台的中间。无独有偶，李介也指出，乡村教师要掌握地方性知识，以便开启乡村教师与城市教师对话的可能性，可以在城市取向的教师专业发展范式垄断下表达自己的专业愿景，可以摆脱受控制、被淹没、遭冷遇、被发展的尴尬局面。乡村教师应该以地方性知识为依托，成为自己专业发展的引领者。③

总而言之，乡土文化正处于遇冷期，提升乡村教师乡土文化自信是我们需要重视的课题，它是促进乡村教育质量发展、乡土文化振兴以及乡村振兴的强大推力。

---

① 吴亮奎.乡村教师专业发展的矛盾、特质及其社会支持体系构建［J］.教育发展研究，2015，35（24）：47-52.

② 李长吉.论农村教师的地方性知识［J］.教育研究，2012，33（6）：80-85，96.

③ 李介.农村教师自主发展的困境与策略研究［J］.中国教育学刊，2016（4）:6-10.

15.4 提升乡村教师乡土文化自信的可能性分析

乡村教师乡土文化自信的建立有何发展机遇，从乡村发展的角度来说，乡村振兴为乡村教师乡土文化提供了可发展的空间；从乡村教师的角度来说，国家对乡村教师的重视，为乡村教师自信心的确立提供了外部支持；从乡土文化发展的关注度来说，学术界对乡土文化的重视，为乡村教师乡土文化自信的建立提供了理论支持。具体体现在以下几个方面。

15.4.1 乡村振兴的宏观背景，为乡村教师乡土文化自信建设提供环境保障

乡村振兴与乡土文化的发展两者是辩证统一的关系，二者相辅相成，相互促进，相互依赖。党的十九大提出乡村振兴，既要塑形，也要铸魂，应把乡风文明作为乡村振兴战略的要求之一，为乡村振兴战略顺利推行提供精神引领。2018年1月2日，《中共中央　国务院关于实施乡村振兴战略的意见》对乡村传统文化的保护、发展、利用等多方面进行了论述，强调乡土文化是乡村振兴的重要保障，乡风文明是乡村社会稳定有序的基石，是乡村振兴战略的有机组成部分。然而现阶段乡土文化式微已成为不争的事实，这是当前乡村振兴的最大制约因素。对此，不少文化研究者提出重塑乡土文化，不断推动优秀传统乡土文化的传承和创新，为乡村振兴提供持续的精神和智力支持。有学者指出乡土文化的振兴是乡村振兴的前提条件，重新认识优秀乡土文化在乡村振兴战略中的价值，对其传承和保护路径的再探索是进入新时代的新要求。[①]由此可见，乡村振兴发展战略为振兴乡土文化开辟了道路，作为乡村振兴发展战略的重要载体，发展乡土文化自然也成了乡村振兴战略的题中之义，乡土文化的广阔发展空间为乡村教师乡土文化自信的建立提供了强

① 索晓霞. 乡村振兴战略下的乡土文化价值再认识［J］. 贵州社会科学，2018（1）：4-10.

大的力量支持。

15.4.2 国家重视和关注乡村教师的发展，为乡村教师文化自信的建立提供心理支持

在城乡发展两极化的背景下，国家开始重视乡村的发展，乡村教师作为乡村发展的重要力量备受重视。从2000年起，国家就颁布多项支持乡村教师发展的措施，包括以吸引优质师资为主的和以优化教育资源为主的国家及地方政策，并且制定多项政策为乡村提供师资。随着乡村教师队伍的壮大，乡村教师流失的问题凸显，乡村教师教育水平仍然难以提升。为了解决乡村教师“留不住”“下不去”“教不好”的问题，对乡村教师实行生活补助政策，建造周转宿舍，设立荣誉制度，如“最美乡村教师”等荣誉，为乡村教师提供精神支持。2015年颁布的《乡村教师支持计划（2015—2020年）》提出把乡村教师队伍建设摆在优先发展的战略位置，“发展乡村教育，帮助乡村孩子学习成才，阻止贫困现象代际传递，是功在当代，利在千秋的大事。必须把乡村教师队伍建设摆在优先发展的战略地位”。[①]这一政策标志着我国基本形成了完整的乡村教师政策体系。随后，国家陆续颁布乡村教师队伍建设的相关政策：2016年，国务院印发了《国务院关于统筹推进县域内城乡义务教育一体化改革发展的若干意见》；2017年，中共中央 国务院印发的《全面深化新时代教师队伍建设改革的意见》，强调重视新时代背景下乡村教师队伍建设的迫切性；2018年，教育部等五部门联合印发《教师教育振兴行动计划（2018—2022年）》；2020年，教育部等六部门印发的《教育部等六部门关于加强新时代乡村教师队伍建设的意见》，全方位、多角度地提高乡村教师素质，激发乡村活力，可见国家对乡村教师的重视。这为增强乡村教师文化自信、文化认同与身份认同提供了可能，是提升乡村教师乡土文化自信的重要推力。

---

① 国务院办公厅.国务院办公厅关于印发乡村教师支持计划（2015—2020年）的通知［EB/OL］. http://www.gov.cn/zhengce/content/2015-06/08/content_9833.htm.

15.4.3 乡土文化热，为乡村教师乡土文化自信建立提供理论支撑

近几年，作为乡村振兴的精神支柱，有关乡土文化的研究议题越来越受到重视。在实践层面上，国家相继出台了一系列推进乡土文化发展的公共政策，如乡村振兴发展战略、文化扶贫政策等，为乡土文化的发展提供政策保障。在理论层面上，学术研究者从多个角度对当代中国的文化发展给予了深入而广泛的解读。例如，费孝通对中国传统乡村社会进行社会学研究，系统深入地分析中国乡土文化。[①]孙庆忠和关瑶从农业文化遗产的角度研究乡土文化的价值。[②]还有不少学者通过大量调查研究，探究乡土文化在不同时期的发展变化等。[③]以上研究不断丰富乡土文化的内涵与外延，为乡土文化的丰富与发展提供了理论依据。以“乡土文化”为在主题在中国知网的期刊数据库进行检索，发现有关“乡土文化”这一主题的期刊共有5485篇[④]，1986年到2020年，关于乡土文化的研究数量持续增多，研究热度持续走高，研究的主题丰富且视角广泛。乡土文化引起了对教师乡土文化自信的关注，李洋洋最先关注了乡村教师乡土文化自信的研究，随后李帆、王小红等学者也开始对乡村教师乡土文化自信进行研究，为后来的研究者提供一定的理论借鉴。

总而言之，乡村教师乡土文化的发展既有环境的支持，也有政策与理论等各方面的支持。

① 费孝通.乡土中国［M］.上海:上海人民出版社，2013.

② 孙庆忠，关瑶.中国农业文化遗产保护:实践路径与研究进展［J］.中国农业大学学报（社会科学版），2012，29（3）:34-43.

③ 贺雪峰.新乡土中国:转型期乡村社会调查笔记［M］.桂林:广西师范大学出版社，2003.

④ 截至成稿日。

15.5 乡村教师乡土文化自信缺失的现状透视

15.5.1 乡土文化自信失根：文化认知危机

文化认知是个体对自身文化的清醒认识，文化认知是文化自信的基础，高度的文化自信建立在清晰的文化认知的基础之上。①正如费孝通先生所说的，生活在一定文化中的人要对其文化有“自知之明”，知道它的来历、形成过程以及发展趋势，以便文化主体在形成文化自觉的基础上形成文化自信。②就当前情况来说，乡村教师乡土文化认知较为薄弱。随着振兴乡村教师队伍政策的实施，乡村教师队伍得到了调整，越来越多的年轻教师加入乡村教师队伍。因为我国的乡村教师都是通过教师招聘新机制进入乡村学校的，改变了传统的以地缘和亲缘关系为基础的“县招机制”，将教师的招聘从县域范围放大到全国，乡村教师跨省、跨市、跨县工作的情形变得非常普遍，这使乡村教师对具有地域性、差异性和历史性的乡土文化不了解。除此之外，就乡村教师所接受的教育经历来说，当前的乡村教师大部分都是在应试教育的环境中成长而来的，在“填鸭式”教学环境的影响下，他们更重视课本知识，但课本以通识知识为主，这就加剧了乡村教师与乡土文化的脱离，无法认识到乡土知识的价值，同时也削减了乡村教师主动学习与研究乡土文化的意识。例如，有学者在2015年对乡村教师乡土文化的认知情况进行调查，发现只有23.8%的教师认为自己“十分了解家乡的习俗”，76.2%教师选择“只了解一点”，并且大部分教师认为学习乡土文化知识与自己的关系不大。③如果乡村教师作为文化传播的主体都不了解乡土文化，那么当他们在面对城市文化的强势冲击时就容易产生文化自卑的情绪，从而影响乡村教师的文化自信的形成。

---

① 李程骅.文化自信［M］.南京：江苏人民出版社，2019.
② 费孝通.文化的生与死［M］.上海：上海人民出版社，2009.
③ 申卫革.乡村教师文化自觉的缺失与建构［J］.教育发展研究，2016，36(22):47-52，57.

15.5.2 乡土文化自信失魂：文化认同危机

文化认同是特定个体或群体在文化交流过程中寻求不同文化之间的共同点或相似点，以促进彼此之间亲和与凝聚的过程。[①]乡村教师文化认同的过程就是其文化适应的过程，乡村教师乡土文化认同表现为乡村教师接受乡土文化的态度与行为，并且将乡土文化的价值体系与行为规范内化至心灵的过程。乡土文化认同是乡村教师文化自信的灵魂，在城乡文化冲突的社会背景下，乡村学校与乡村区隔，乡村学校成为悬浮在乡土环境之上的“孤岛”，乡村教师成为乡村的局外人，乡村教师乡土文化认同感逐渐消失。主要表现在以下几方面：一是乡村教师参与乡村活动的意愿不强，不愿参与乡村事务，不跟乡村人交流，对乡土人情缺乏了解，漠视乡土文化。二是向城性的居住模式，即工作在乡村居住在城市的“两栖化”居住模式，乡村教师积极向城市生活靠拢，渴望融入城市生活，力求摆脱自身的乡土气息。三是教育方式城市化特征明显，在教学内容上以传授普适性知识为主，缺乏乡土文化的传授，生活文化类课程让步于语、数、英学科，相关教学内容主要着眼于城市生活需要，更加符合城市生活品位，基础教育内容与乡村生活环境和经验相距甚远；在教育的目的上，片面追求升学率，希望学生走出乡村，进入城市，这使乡村教育逐渐成为城市教育的“附属”，乡村教师在向城性的文化认同中迷失自我，忽视乡土文化的价值，对村落文化存在着一定的偏见。这使乡村教师无法融入乡村社会，难以认同乡土文化，认同的缺失预示个体的满意与接受程度不高，就无法产生积极的情绪体验，乡土文化自信自然就难以形成。

15.5.3 乡土文化自信失“本”：身份认同危机

乡村教师身份认同随着历史的变化而变化。在古代，儒家将教师的地位抬得很高，称为“礼之三本”，教师的职业一直备受尊重与欢迎。从民国开

① 戚海燕，吴长法.源自城市的乡村教师文化认同研究［J］.教育发展研究，2018，38（4）:16-23.

始，教师地位下沉，但乡村教师仍然发挥着公共知识分子的作用，如代人写信、写对联等，乡村教师仍然有一定的威望，认同度较高。改革开放以后，乡村教师的社会地位彻底受到了冲击，功利化的价值导向以及信息技术的快速发展，使乡村教师处于不利地位，教师身份认同式微。首先，专业身份不受认可。从经济地位来看，以清贫乐教著称的乡村教师，经济资本较为薄弱，经济地位处于劣势，有学者经过调研发现，95.7%的乡村教师表示对其当前的经济地位"非常不满意"，仅有1.1%农村教师表示"一般满意"。[①]另外，相对于乡村教师的社会形象而言，乡村教师无论是与城市教师相比，还是与其他公职人员相比，始终不受人尊敬，甚至被贴上"能力低""素质差"等污名化标签，外界对乡村教师职业的区别对待逐渐导致其对内在身份感到自卑。其次，身份价值感低。乡村教师工作繁杂，他们不仅要承担教育工作还要兼顾行政事务。据教育部统计，我国学生人数不足100人的小规模学校超过12万所并分布于乡村，乡村教师数量少，他们不仅是全科教师而且还是全能教师，但教育质量却普遍偏低。[②]从心理学的角度来说，长期压抑、无助、成就感低，个体容易产生消极自卑的情绪。最后，文化身份消失。过去乡村教师受人尊敬，是乡村的知识精英。他们不仅是知识的传播者，还是知识的拥有者；不仅具有文化象征意义，还是乡村社会学习效仿的榜样。随着信息技术的发展，学生与家长可以随时随地学习知识，乡村教师"乡村最高学识"的社会形象受到冲击，乡村教师的社会功能不断被削弱、文化使命湮没，乡村教师成为公共生活的"边缘人"，公共知识分子身份的消解、乡土文化的消失标志着乡村教师逐渐失去文化的话语权，成为文化"失路人"，文化自卑自然产生。

15.5.4 乡土文化自信失守：为乡信念危机

乡村教师的为乡信念源于教师个体的内心世界，是教师坚守乡村的内在动力，这种产生于他们内部需要的为乡信念能够增进文化信念，提高文化意

---

① 李金奇.农村教师的身份认同状况及其思考［J］.教育研究，2011，32(11):34-38.

② 黄俊官.乡村教师"去乡村化"情结及其化解［J］.当代教育科学，2020（11）:31-36.

志，坚定文化立场。这里的为乡信念指的是教师要有“在场”的主观意愿，既指乡村教师身“在场”，也指心“在场”。身“在场”强调的是乡村教师能恪守本职，扎根乡间；心“在场”强调的是乡村教师对乡村的热爱之情，为乡村的发展奉献自己的聪明才智。但是受多种因素影响，乡村教师“在场”意识淡薄。一方面，乡村教师缺乏坚定的职业信仰，流动情绪高涨。相关调查显示，我国有300万的乡村教师，其中有强烈流动意向的教师将近七成，没有流动意向的教师不足一成。①并且，乡村教师流动呈现出单项性，乡村教师流向以资源较高和工资较高的城市学校为主，而较少的乡村教师在乡村这个循环圈流动。②从流动的意愿与方向就可以看出乡村教师身“在场”意识的薄弱，对乡村存在一定的芥蒂，在城市文化与乡土文化中，呈现出对城市的倾向性。另一方面，乡村教师教学情怀缺失，乡村教师是否有深厚的教育情怀，势必会影响其文化自信。大部分教师选择执教乡村只是权宜之计，他们往往一边从事日常教学工作，一边积极“备战”公务员考试、城市招编考试，将现有职业作为跻身城市生活的“资本”和“跳板”。他们认为，只有进入城市学校才能实现成为名师的愿望，所以很多教师在追逐城市文化的苦旅中挣扎，无心钻研乡村教育规律，无心备课上课，呈现出“身在曹营心在汉”“当一天和尚敲一天钟”的消极态度，更不会有为乡村教育事业奋斗终身的教育信念，乡村教师为乡信念的缺失使其失去坚守乡土文化的内在动力和振兴乡土文化的决心，这也阻碍着乡村教师文化传承与创新意识的形成。

15.5.5 乡土文化自信失落：文化传承与创新危机

乡土文化传承与创新是乡村教师文化自信的高位追求。提升乡村教师乡土文化自信的根本目的在于增强他们引领乡土文化、拓新乡土文化和创造乡土文化的意识与能力，进而为繁荣和发展乡土文化提供力量支持。但是当下，

---

① 刘想元. 现实管窥与政策期待：乡村教师流动现状的实证分析［J］. 教学与管理，2017（12）:25–28.

② 罗梦园，张抗抗.ERG理论视域下乡村教师流动问题审视［J］.教师教育学报，2020，7（6）:103–109.

乡土文化在城市文化的“夹缝”中生存，作为乡土文化传承与创新的主体，离乡离土背景下成长的乡村教师在思想和行为上都表现出对乡土文化的“鄙夷”和对城市文化的向往，导致乡村教师乡土文化传承与创新动力不足。首先，对传承与发展乡土文化“无感”，乡村教师是在应试教育、唯分数定成败的社会环境中成长起来，在骨子里就认为乡土文化并不重要，所以无心学习和钻研乡土知识。在上课时，遇到乡土文化相关的主题也只是一笔带过，缺乏延伸与引导，在校本课程开发上，虽然已经意识到将乡土文化作为特色课程的引入点，但是并没有将课程真正地利用起来，导致乡土课程陷入“有名无实”的困境。其次，对传承与创新乡土文化“无心”，乡村教师对城市文化的敬畏，学习城市的教学方法和教学模式，将乡村学校打造成城市学校的样子，特别是在私立幼儿园中，为了提高生源质量，大力打造城市化的环境，存在明显城市化倾向。最后，对乡土文化传承与创新的“无力”。大部分乡村教师以教书为主要任务，上课结束就赶回城市，缺乏团队合作的时间。另外，乡村教师知识整合能力弱，缺乏乡村教育发展理论，乡村教师无法对所掌握的普遍性知识与乡土文化知识进行整合创新，进而激发乡土文化的活力。

15.6 乡村教师乡土文化自信缺失的原因分析

乡村教师乡土文化自信的缺失既有内部的原因，也有外部因素的影响，是内外因共同起作用的结果。

15.6.1 冲突性的教师评价

教师评价制度对乡村教育发展、乡村教师专业发展以及调动乡村教师工作的积极性起着十分重要的作用，科学合理的教师评价制度是乡村教师文化健康发展的重要条件。然而，当下教师评价制度缺乏针对性，乡村教师和城市教师的评价制度趋同，也就是说，对乡村教师的要求标准与对城市教师的标准具有趋同性。面对不同的发展场域、不同的物质环境、不同水平的教育对象，却要用同一标准衡量，无疑会给教师带来工作以及心理的压力，造成文化的自卑，从而无法对乡土文化产生认同，文化自觉自然无法形成，这正是乡村教师在教育教学、工作方法以及生活方式出现城市文化价值取向的根本原因。他们为了得到社会的认可，成为大众眼中的“好教师”，广泛地运用城市的教材、城市的教法，片面地认为城市化的教学方式也适用于乡村学生，失去了乡村教师应有的特点。乡村教师评价标准与城市教师标价标准的趋同性是乡村教师乡土文化价值观偏离、产生乡土文化自卑的重要外因。

15.6.2 “边缘性”的乡土文化

首先，随着城镇化速度的加快，城市的扩张侵占了周边的乡村、山地，房屋和自然环境受到破坏，传统的村落、民居和布局逐渐消失。中国文联副主席冯骥才指出，据统计，2000年我国自然村有360万个，而到了2010年降至270万个，10年里少了90万个村落，平均一天就有近300个村落消失。[①] 乡

① 于国鹏．“活”的村子养好，死的村子留好［N］．大众日报，2012-06-08（16）．

村的消失使乡土文化的传承失去了载体，乡土文化逐渐走向没落。其次，随着城市的发展，迫于生活的压力，越来越多的青壮年外出务工，出现了“民工潮”。有相关调查发现，乡村地区每户至少有1人外出打工。中西部农村外出打工人员一般要占全村总人口的25%~30%，西部个别地区可能达到40%。[①]大量青壮年进城务工导致乡村仅剩下年迈的老人和留守的儿童，乡村出现“空心化”。乡村有活力、有文化的文化主体——青壮年的缺失，不仅不利于乡村经济的发展，而且使乡土文化的发展出现“空心化”、后劲不足等问题，乡土文化的传承出现了断代，造成乡土文化的断裂，甚至逐渐走向消失。最后，随着大众传媒的发展，电视、电脑以及手机在乡村中普及，人们开始对娱乐产生浓厚的兴趣。在这些大众传媒终端中，乡土文化被淹没，报纸、杂志、广播和电视缺少乡土文化生活的题材。人们通过大众传媒接触外界的文化，感受不同文化的冲击和碰撞，甚至改变了人们原有的观念和价值标准。因此有人片面地认为与乡土文化有关的内容就是落后的，与城市文化有关的内容就是先进的。乡土文化的衰落导致乡村教师无法认识到乡土文化的价值，从而产生文化的不认同。

15.6.3 向城性的知识体系

毋庸置疑，乡村教师乡土文化自信的形成与其乡土知识的积累不是没有关系的。乡村教师乡土知识的匮乏严重影响了乡村教师对乡土文化价值的认知、认同甚至其价值判断，容易产生身份认知、文化信念动摇，难以形成文化创新的意识。首先，从直接经验来看，来自城市的教师远离乡村的环境，无法通过直接经验获取乡土文化。此外，来自乡村的乡村教师成长在改革开放后物质条件较好的社会背景下，他们年少时所承担的乡村任务较少，脱离了乡村的生产环境，导致来自乡村的教师也缺乏乡土的直接经验。其次，从间接经验来看，乡村教师乡土知识主要通过接受教育与自学两个方面获得。

① 全国农村文化联合调研课题组，王家新，黄永林，等. 中国农村文化建设的现状分析与战略思考［J］. 华中师范大学学报（人文社会科学版），2007（4）:101—111.

在教育方面，职前乡村教师大多数都是师范大学本专科毕业生，纵观当前我国教师教育培养目标和课程体系，我国教师教育在专业人才培养过程中，缺少或者几乎没有关于乡土知识方面的课程与教学。可见，目前在教师教育过程中缺少对乡土知识的培养。再次，从职后教育来说，乡村学校更关注对教师普适性知识与技能的普及，缺乏对乡土知识的重视，有学者通过调查发现，乡村教师的培训有城区的倾向性，直接将城区的经验移植到乡村学校，没有考虑乡村特殊性。在自学方面，无论是在职前还是职后都缺乏对乡土文化知识的强调，乡村教师自学的意识较为薄弱，积累乡土文化知识的主动性缺失。最后，不管是直接经验还是间接经验，乡村教师都只具备向城性的知识体系，这就使其对城市文化知识认同，对乡土文化忽视。

15.6.4 离场性的公共身份

乡村教师的公共身份指乡村教师参与乡村建设的角色，这一角色既是乡村教师学习和了解乡土文化的重要动力，也是激发乡村教师身份认同的重要途径。乡村教师公共身份随着社会历史的发展正在被逐渐淡化。首先，在过去，乡村教师由乡村社区管理，乡村教师与乡村联系密切，积极参与乡村的事务，是乡村发展的重要力量。改革开放后，国家对教师的管理和聘用制度将乡村教师的身份变为体制内的“制度人”，乡村教师被纳入政府管理体系，成为国家法定建构的特殊社会阶层，乡村教师的任命考核、调动解雇、工资报酬和福利待遇都由政府决定，乡村教师与政府管理体系融合，脱离乡村的社区管理，直接导致其缺乏关心乡村经济、政治、文化的热情，疏离于乡，继而不再把服务乡村社会建设和参与乡民日常生活当作自己应有的社会责任和公共使命，最终从乡村社会的事务活动中脱离。[①]其次，随着教师待遇的提高，农村出现了所谓的“走读教师”，乡村教师来也匆匆，去也匆匆，没有时间也没有精力去了解乡村生活及接触乡民，几乎中断了与乡村社会各方面的

① 闫闯.走向“新乡贤”：乡村教师公共身份的困境突破与角色重塑［J］.教育科学，2019，35（4）:77-83.

联系，缺乏对乡村本土文化的了解，使乡村教师与乡土文化之间的共享、互联、互惠关系逐渐消失。最后，随着应试教育的发展，乡村教师为了提高升学率，片面地重视先进教学理论知识、技能的掌握，减弱了乡村教师的公共性和社会责任，这些外在规训使乡村教师成为“教学机器”。乡村教师公共身份的式微使其对乡村生活漠不关心，对乡村建设不闻不问，对乡土文化无动于衷，为乡信念难以形成。

15.7 重构乡村教师乡土文化自信

通过对乡村教师乡土文化自信缺失及其影响因素进行分析发现，构建教师乡土文化自信，应从重视乡土文化教育、加快乡土文化转型、重构乡村教师价值、推进评价制度改革、推动文化平台建设等方面着手。

15.7.1 重视乡土文化教育，提高文化认知

"有人说，在全球化时代，民族文化可能遭受的伤害，不仅来自外部的冲击，也来自内部的自我贬低、自我放弃。还有人说，一个民族不管有多么博大精深的文化，关键在你手里还剩下多少，你对自己的文化知道多少。"[①] 乡村教师乡土文化自信的缺失，最根本的原因是缺乏对乡土文化的文化认知与文化情感，鉴于此，今后在乡村教师的培养教育中，要关注乡村教师对乡土文化知识的掌握。首先，加强职前教育的针对性。在理论层面，定向师范生需要开设有关乡土知识的必修课，组织乡土文化知识的竞赛活动，在提高对乡土文化知识重视的同时促进其掌握乡村教育理论知识。在实践层面，重视定向师范生对乡村的对接，实践课尽可能地安排在乡村学校，引导学生对乡村学校和乡村进行调查，撰写调查报告，深入了解乡村学校、乡土文化。其次，改革乡村地区的考试招聘。在考试科目中加入乡土文化知识内容，提高未来教师对乡土文化知识的重视，让更多的考生学习和重视乡土文化知识，从而更好地为其知识结构的调整与构建创造条件。最后，重视乡土知识的职后培训。随着招聘制度的改革，乡村教师打破了生于斯、长于斯、教于斯的局面，乡村教师乡土文化知识较为薄弱，需要加以重视。乡村学校可以通过以下几个方式提高乡村教师乡土文化素养，提高乡土文化认知：一是通过乡村学校有目的、有计划、有组织的精准校本培训，系统传授乡土文化知识，帮助教

---

① 云杉.文化自觉 文化自信 文化自强——对繁荣发展中国特色社会主义文化的思考（上）[J].红旗文稿，2010（15）:4-8.

师掌握乡土文化知识理论。二是乡村学校可以利用并挖掘本地特色乡土文化课程，对乡土文化和乡土知识进行筛选、分类、融合，形成具有价值的乡土知识体系。例如，针对乡村地理环境、历史文化等开设乡土课程，提高乡村教师学习乡土文化知识的积极性。三是建立学习乡土知识网站，搭建传授乡土知识平台。比如，以乡村教师的需求为基础，建立乡镇或县域乡土知识网站。又如，建设农村教师乡土知识数据库，以此促进乡村教师乡土知识的增长。[①]

15.7.2 加快乡土文化转型，增进文化认同

乡土文化是乡村的根基，乡土文化对乡村教师的文化发展具有重要的影响作用，在推进乡村教师文化自信的过程中，应加强乡土文化建设，以提高乡村教师对乡土文化的认同感。第一，促进城乡文化的融合发展。打破之前“城市即先进、乡村即落后”的观念，坚持文化自信的态度，善于汲取城市文化的先进性优势，利用自身特色，因地因时制宜，推动乡土文化的特色发展。不断变革和建设乡土文化，使其逐渐形成乡村振兴所需要的乡土文化，并在乡土文化的变革和建设过程中坚定乡村教师的乡土意识。第二，推动文化精品的建设。“乡土文化是传统文化的家园，乡土人情、村规民约延续乡土文化的根脉，要让它们真正活起来”[②]，所以要促进乡土文化转型，守本开新，推动社会主义新农村的建设，地方政府应推出更多群众喜爱的文化精品，优化城乡文化的资源配置，实现乡土文化的现代化，提高家长、乡村教师对乡土文化的热爱程度，在增强乡村教师文化认同的同时，有意识地将乡村优秀的传统文化传递给乡村教师。第三，地方政府应健全支持开展群众性文化活动机制，如组织乡土文化讲习，弘扬优秀的乡土文化，组织有关乡土文化的活动，邀请乡村教师参与活动策划，为乡村教师学习乡土文化知识提供机会，以加深对乡土文化的认识，增强他们对乡土文化的认同，从而推动乡村教师进行

① 吴云鹏. 乡村振兴视野下乡村教师专业发展的困境与突围［J］. 华南师范大学学报（社会科学版），2021（1）:81-89，195.

② 常钦. 让乡土文化真正活起来［J］. 农村·农业·农民（B版），2018（4）:6.

文化实践，增强文化自信。

15.7.3 重构乡村教师价值，提升身份认同

价值是一个人在社会生产生活中为满足个人需要所做出的发现和创造，只有当乡村教师把教育看作是自身价值的追求，把教育和自己的人生意义联系起来，才能调动他们积极向上的文化情感，增强文化自信。乡村教师价值建构既与外部环境相关，也与自身建构有关，因此需要内外结合提高乡村教师的身份认可度。首先，从外部环境的角度来说，可以通过以下三个方面来提高自身认可度：一是重视提高乡村教师工资水平，肯定乡村教师的经济地位。加大乡村教师的物质支持，也要重视乡村教师精神支持，增强乡村教师的幸福感与荣誉感，肯定乡村教师的社会地位，吸引更多教师加入乡村学校，为乡村教师自信建设提供资本。二是营造尊重教师的社会氛围。社会大众应给予乡村教师更多的支持和鼓励，尊重乡村教师的文化成果，从各方面给予乡村教师人文关怀，提高其社会认可度。马斯洛指出，尊重的需要得到满足，能使人对自己充满信心，对社会满腔热血，体验到自己的价值与用处。尊重教师是人们对教师这一职业的认可，它会有意无意地影响着教师对自身职业的热情，从而影响教师的身份认同。三是大众传媒积极宣传乡村教师的正面影响。深入探寻乡村教师的需要与诉求，积极宣传乡村教师的正能量实例，塑造乡村教师的文化形象。此外，从自身的角度来说，乡村教师是要充分发挥主观能动性，挖掘职业的特点，提高自身的身份认同感，探索乡村学生发展规律，潜心钻研乡村教育，总结经验，加强对乡土知识的研究，不断提高教学技能，形成独特的教学风格，从而促进自我成长与发展，优化自身的价值体验。同时，乡村教师还要提高乡土知识的自学意识，积极学习普适性知识与乡土知识，积累丰富的专业知识以及跨文化知识，提高自身的知识整合能力，重塑乡村知识精英的文化身份。

15.7.4 推进评价制度改革，增强为乡信念

国家、社会以及学校等对教师工作能力的评价将会影响教师价值判

断，进而影响其外部行为。城乡教师当前的评价制度存在一定的缺陷，在政治、经济、资源等方面有较大差异，在发展评价中评价标准趋同，严重偏离了“以评价促发展”的初衷，这样的评价方式往往使乡村教师处于劣势的地位，乡村教师评价屡屡低于城市教师的结果使乡村教师失去信心，在文化苦旅中痛苦挣扎，最终导致他们纷纷逃离乡村。因此应改革乡村教师的评价制度，因地制宜制定教师的评价制度。首先，教师评价制度的制定要具有针对性，城乡教师的评价应有所区别，可在保持评价标准与城市教师一致的前提下，延迟乡村教师达标期限，以缓解乡村教师在面对严格标准的压力。①其次，出台针对乡村教师的专业标准，强调职前与职后的乡村教师的教育和培训都要重视乡村教师乡土意识的培养，重视乡村教师乡村的“专业特质”，走具有乡村特色的教师培养道路。乡土情怀是乡村教师更主动地接近乡村教育资源，更忠诚于乡村教育事业，更执着地依恋和热爱乡村社会的内在推动力。②要重视乡村教师乡土情怀的培养，充分发挥“情感留人”的作用。最后，可以制定具有乡村特色的评价制度，在考核评价、职称评定中，将乡土文化有机地纳入考评的内容，鼓励乡村教师利用乡村中得天独厚的自然环境资源开发教材和教具，鼓励乡村教师用探索、发现的精神研究乡村教育，并在具有地方特色的教育中综合评价教师的德、能、勤、绩、效以及专业发展，逐步实现“改革机制，激发活力”的目标，使乡村教师发现其扎根乡村的价值，认识作为乡村教师的意义，不断实现自己的教育价值，从而激发其贡献乡村的力量。

15.7.5 推动文化平台建设，提升文化承创能力

乡村教师乡土文化自信离不开乡村教师文化传承与创新能力的提高。鉴于此，要重视乡村教师乡土文化传承与创造能力的培养，通过多样化的平台建设提高乡村教师文化承创能力。首先，搭建文化交流平台，一是建立线上

---

① 彭冬萍，曾素林.乡村教师评价制度改革的挑战及其应对——基于《乡村教师支持计划（2015—2020年）》的思考［J］.基础教育研究，2016（11）:36-40.

② 钱芳.地方性知识与乡村教师专业发展——教育场域的视角［J］.教育学术月刊，2018（10）:98-103.

交流平台，通过互联网加强教师与村民、教师与乡土教育专家、教师与乡土知识研究者之间的交流，及时分享相关信息，进一步拉近村民和教师的联系，增强村民对乡村教师的认识，拉近学校与乡村的距离。二是建立线下交流平台，在乡村建立专门的乡土文化宣传办公室，设立文化宣传日，乡村教师可以与学生、村民分享文化体验并提出自己的见解。提高乡村教师参与文化传承与创新的积极性，促进乡村教师文化自觉，加固文化自信。其次，建立乡土文化合作创新平台，加强乡土文化创新的合作能力。在学校建立专门的乡土文化合作团队，提高乡村教师的合作意识，通过小组的经验分享提高自身的文化创新意识与能力，拓展乡村教师学习乡土文化的学习渠道，在团队合作中提高文化创新能力，以特色项目吸引乡村教师研究乡土文化的兴趣。最后，搭建乡土课程开发平台，提高乡村教师乡土文化的运用与开发能力。乡土课程是乡村教师传承与发展乡土文化的重要手段，通过乡土课程的开发，一方面能够引起乡村教师对乡土文化的重视，积累乡土文化知识，提高乡村教师知识整合能力；另一方面可以提高乡土文化的传播，提高乡村学生对乡土文化的认同感。

总之，乡村教师乡土文化自信是稳定乡村师资队伍、培养乡村教师教育情怀的重要课题。当下，乡村教师乡土文化自信存在危机，我们必须加以重视和关注，以提高乡村教师队伍的质量，培养一批留得住、有能力、有信心的乡村教师，促进乡村教育的发展、繁荣乡土文化，进而实现乡村振兴。

参考文献

［1］王中华，周洁方.乡村卓越幼儿教师核心素养构成及其培养［J］.陕西学前师范学院学报，2021，37（1）：81–90.

［2］王中华，刘志婷.特岗教师流动的多维审视［J］.中小学教师培训，2020（11）：10–15.

［3］王中华，贾颖.农村职业教育研究的脉络与趋势——基于CNKI1994—2019核心期刊《职教论坛》的可视化分析［J］.大视野，2020（3）：9–16.

［4］王中华，贾颖.论乡村特岗教师文化自觉的困境与策略［J］.教育导刊，2020（6）：11–17.

［5］王中华，贾颖.论新生代乡村教师乡土知识的建构［J］.教育科学研究，2020（6）：85–90.

［6］王中华，贾颖.特岗教师文化冲突及其化解［J］.当代教育科学，2019（11）：64–69.

［7］王中华.个性化教学背景下教师文化个案研究［D］.长春：东北师范大学，2014.

［8］王中华.当代教师专业发展研究［M］.北京：中国财富出版社，2015.

［9］王中华，贾颖.城乡文化冲突下乡村教师文化自信的危机及化解［J］.基础教育课程，2019（16）：71–75.

［10］王中华，王娟.乡村教育脱贫进程中乡村教师的困境与对策［J］.中小学教师培训，2019（6）：6–10.

［11］王中华.新时代农村教师文化自信的缺失及超越［J］.教育导刊，

2018（9）：69–73.

［12］王中华.关于乡村教师婚恋问题的思考［J］.四川职业技术学院学报，2018，28（4）：116–119，131.

［13］王中华，熊梅.重塑乡村教师文化自信［J］.中小学教师培训，2018（7）：1–3.

［14］王中华.山地乡村教师文化自觉研究［M］.北京：新华出版社，2020.

［15］陈宇飞.城市文化概论［M］.北京：文化艺术出版社，2008.

［16］周晓阳，张多来.现代文化哲学［M］.长沙：湖南大学出版社，2004.

［17］李庆霞.社会转型中的文化冲突［M］.哈尔滨：黑龙江人民出版社，2004.

［18］孙斐娟.进入现代世界的农民文化命运与新农村建设中的农民文化认同再造［J］.社会主义研究，2009（6）：71–75.

［19］阿尔弗雷德·阿德勒.儿童的人格教育［M］.彭正梅，彭莉莉，译.上海：上海人民出版社，2011.

［20］沈妩.城乡一体化进程中乡村文化的困境与重构［J］.理论与改革，2013（4）：156–159.

［21］阿德勒.阿德勒人格哲学［M］.罗玉林，等译.北京：九州出版社，2004.

［22］刘维良.论教师职业自卑心理及解决的对策［J］.北京教育学院学报，1998（3）：45–47.

［23］宁本涛.让乡村教师留得住教得好［N］.光明日报，2018–01–09（013）.

［24］时巧玲.农村小学教师自卑心理的自我调适［J］.教书育人，2006（33）：43–44.

［25］习近平.做党和人民满意的好老师［N］.人民日报，2014–09–10

（002）.

［26］赵霞.传统乡村文化的秩序危机与价值重建［J］.中国农村观察，2011（3）：80–86.

［27］李清臣.教师精神文化研究［M］.北京：高等教育出版社，2010.

［28］王中华.论中小学教师情绪管理［J］.中小学教师培训，2014（2）：55–57.

［29］董鲁皖龙，赵彩侠.实施乡村教育振兴行动计划［N］.中国教育报，2018–03–05（005）.

［30］宋伟涛.超六成农村教师希望到城市任教［N］.中国教育报，2015–1–27（001）.

［31］谢志强，姜飞云.理性看待文化自卑［J］.人民论坛，2013（18）：9–11.

［32］马敏.让乡村教师成为乡村社会文化建设的中坚力量［EB/OL］. http://edu.people.com.cn/n1/2016/0909/c/006–2875199.html.

［33］顾明远.教育大词典（增订合编本）［M］.上海：上海教育出版社，1998.

［34］袁振国.当代教育学［M］.北京：教育科学出版社，2004.

［35］冯生尧，李子建.教师文化的表现，成因与意义［J］.教育导刊，2002（7）：32–34.

［36］车丽娜.教师文化初探［J］.教育理论与实践，2006（21）:45–48.

［37］戚海燕，吴长法.源自城市的乡村教师文化认同研究［J］.教育发展研究，2018，38（4）：16–23.

［38］郭天海.略论文化心理在认识中的作用［J］.天津师范大学学报（社会科学版），1994（3）：25–28.

［39］刘传铁.教育是最根本的精准扶贫［N］.人民日报，2016–01–27（005）.

［40］梁漱溟.乡村建设理论［M］.（2版）.上海：上海人民出版社，2011.

［41］王勇.试析文化冲突背景下乡村教师的身份认同危机［J］.教育探索，2013（2）：88–90.

［42］赵吉惠.中国传统文化导论［M］.南京：江苏教育出版社，2007.

［43］国务院办公厅关于印发乡村教师支持计划（2015—2020年）的通知［EB/OL］. http://www.gov.cn/zhengce/content/2015-06/08/content_9833.htm.

［44］习近平.习近平：在庆祝中国共产党成立 95 周年大会上的讲话［EB/OL］.http://www.xinhuanet.com/politics/2016-07/01/c_1119150660.htm.

［45］陈锦锋.小学生传统文化认知现状及培养策略研究——基于广东省Y市3所小学的调查［D］.长沙：湖南师范大学，2018.

［46］黄俊官.乡村教师“去乡村化”情结及其化解［J］.当代教育科学，2020（11）：31–36.

［47］王丽君，蒲大勇，张筠.农村教师身心健康有隐忧［N］.中国教育报，2016–04–14（012）.

［48］爱德华·希尔斯.论传统［M］.傅铿，吕乐，译.上海:上海人民出版社，2009.

［49］邵志芳，高旭辰.社会认知［M］.上海:上海人民出版社，2009.

［50］胡剑南.乡村振兴战略背景下的乡土文化研究［J］.重庆社会科学，2019（5）：120–128.

［51］刘莉萍.乡村初任教师文化认同的思考［J］.教学与管理，2011（24）：44–45.

［52］姚岩，郑新蓉.走向文化自觉:新生代乡村教师的离农化困境及其应对［J］.中小学管理，2019（2）：12–15.

［53］刘铁芳.乡村的终结与乡村教育的文化缺失［J］.书屋，2006（10）：45–49.

［54］宋恩荣.梁漱溟教育文集［M］.南京：江苏教育出版社，1987.

［55］李长吉.农村教师：改造乡村生活的灵魂——兼论农村教师的知识分子身份［J］.教师教育研究，2011，23（1）：29–32，28.

［56］代静亚，王中华.心理资本对乡村好教师培育的价值与策略［J］.中小学教师培训，2017（11）：26–29.

［57］韩震.全球化时代的文化认同与国家认同［M］.北京：北京师范大学出版社，2013.

［58］费孝通.论文化与文化自觉［M］.北京：群言出版社，2007.

［59］肖正德，谷亚.国内教师污名研究：价值意蕴、主要内容及未来走向［J］.当代教育与文化，2018，10（6）：73–80.

［60］申卫革.乡村教师文化自觉的缺失与建构［J］.教育发展研究，2016，36（22）：47–52，57.

［61］李祉含.农村教师闲暇生活的调查与分析［J］.淮海工学院学报（人文社会科学版），2012，10（24）：100–102.

［62］黄永林.论新农村文化建设中的现代与传统［J］.民俗研究，2008（4）：14–23.

［63］张小莉.农村消费文化的现状分析及建议［J］.理论视野，2014（3）：76–79.

［64］庞丽娟.乡村教师队伍建设应成为精准扶贫的重点［J］.教育，2016（19）：16.

［65］杜智鑫.被忽视的一代：船房社区流动儿童社会融合调查［M］.北京:中国发展出版社，2016.

［66］王瑾.破解中国贫困代际传递的路径探析［J］.社会主义研究，2008（1）：119–122.

［67］王忠武.乡村文明的价值结构与新时代重构——实现乡村振兴的文明复兴之路探讨［J］.山东社会科学，2018（5）：43–48.

［68］戴冰.青年文化新论［M］.上海：复旦大学出版社，2016.

［69］王寒松.当代文化冲突与青年文化思潮［M］.北京：中国青年出版社，1997.

［70］董泽芳.论教师的角色冲突与调适［J］.湖北社会科学，2010（1）：

167–171.

［71］朱胜晖，朱金凤.当前乡村教师的四大角色冲突：表现、根源与应对［J］.当代教育论坛，2020（2）：110–115.

［72］戴圣鹏.论文化冲突产生的原因及其化解途径［J］.广东社会科学，2020（4）：82–87.

［73］常钦.让乡土文化真正活起来［J］.农村.农业.农民（B版），2018（4）：6

［74］周德新.农村休闲文化：现状、困境与对策［J］.河南工业大学学报（社会科学版），2018，14（5）：9–13.

［75］邵龙宝.文化自信的内蕴、特征及其传承培育［J］.兰州学刊，2018（1）：31–40.

［76］操太圣，卢乃桂.论学校组织变革中的教师认同［J］.华东师范大学学报（教育科学版），2005（3）：43–48.

［77］向翔.哲学文化学［M］.上海:上海科学普及出版社，1997.

［78］刘祖云.社会转型解读［M］.武汉:武汉大学出版社，2005.

［79］周毅.中华传统文化与人生修养［M］.成都：四川大学出版社，2016.

［80］徐志勇，张东娇.学校文化认同、组织文化氛围与教师满意度对学校效能的影响效应：基于结构方程模型（SEM）的实证研究［J］.教育学报，2011，7（5）：116–128.

［81］范先佐.乡村教育发展的根本问题［J］.华中师范大学学报（人文社会科学版），2015，54（5）：146–154.

［82］王忠武.乡村文明的价值结构与新时代重构——实现乡村振兴的文明复兴之路探讨［J］.山东社会科学，2018（5）：43–48.

［83］邵志芳，高旭辰.社会认知［M］.上海:上海人民出版社，2009.

［84］崔新建.文化认同及其根源［J］.北京师范大学学报（社会科学版），2004（4）:102–104，107.

[85] 徐继存，高盼望.民国乡村教师的社会形象及其时代特征[J].教师教育研究，2015，27(4)：80–85.

[86] 中共中央　国务院.中共中央　国务院关于实施乡村振兴战略的意见[N].人民日报，2018–02–05(001).

[87] 杨小玲.学校办学思想的教师认同研究[J].闽南师范大学学报(哲学社会科学版)，2020，34(3)：130–134.

[88] 魏丽玲，彭显耿，戴健林.教师学校文化认同的影响因素研究—基于L老师的生活史考察[J].中小学德育，2017(9)：41–45.

[89] 孙秀成，韩璞庚.虚拟文化的发展及其意义[J].贵州社会科学，2018(9)：111–116.

[90] 陈俊珂.农村薄弱学校发展的文化选择[J].东北师大学报(哲学社会科学版)，2018(2)：166–171.

[91] REDFIELD R，LINTON R，HERSKOVITS M J. Memorandum for the study of acculturation [J]. American Anthropologist，1936, 38(1)：149–152.

[92] 孙刚成.中国乡村学校的困境与突围[M].北京：人民出版社，2018.

[93] 李辉.幼儿园教师文化研究——基于教师教学的视角[D].济南：山东师范大学，2013.

[94] 吴玲，周元宽.当代教师文化使命[M].合肥：安徽人民出版社，2006.

[95] 曹二磊，张立昌.新时期乡村教师“文化使命”的式微及重塑[J].新疆社会科学，2019(3)：86–91.

[96] 傅钱余.后多元文化主义时代中国多民族文学批评理论刍议[J].内蒙古社会科学，2020，41(5)：151–157.

[97] 铁明太.多元文化与社会主义核心价值观关系研究[J].求索，2016(5)：27–31.

[98] 李中英，陈志其.乡村振兴战略下乡村教育的价值意蕴、发展模式

及其质量保障［J］.长沙大学学报，2020，34（6）：94–100.

［99］赵军海.试论学前教育质量及其改进路径［J］.新一代：理论版，2019（1）：214–215.

［100］孟筱.乡村振兴视域下乡村教育发展难题与破解之道［J］. 人民论坛，2019（28）:74–75.

［101］费孝通.文化的生与死［M］.上海：上海人民出版社，2009.

［102］刘华锦，叶正茂.人类学视角下的乡村教师文化研究［J］.现代大学教育，2019（1）：104–110.

［103］刘生琰，梁哲.乡村精英参与乡村振兴的行为逻辑与路径探索［J］.兰州大学学报（社会科学版），2020，48（5）：127–137.

［104］露丝·本尼迪克.文化模式［M］.何锡章，黄欢，译.北京:华夏出版社，1987.

［105］费孝通.乡土中国［M］.北京：人民出版社，2015.

［106］吴军，黄涛.乡村振兴与善治的政治经济学分析［J］.现代经济探讨，2020（11）：1–8.

［107］李广海，杨慧.乡村振兴背景下乡村教师治理角色的重塑［J］.中国教育学刊，2020（5）:75–79.

［108］李义胜，廖军和.论基于公共文化服务的乡村教师的身份认同——以GH镇XS村为例［J］.教师教育研究，2019，31（1）：73–78.

［109］贺雪峰.新乡土中国：转型期乡村社会调查笔记［M］.桂林：广西师范大学出版社，2003.

［110］王小红，王倩.乡村教师乡土文化自信的缺失与重塑［J］.教育与教学研究，2019，33（6）：54–60.

［111］余应鸿.乡村教育发展的内生机制研究［J］.西南大学学报（社会科学版），2020，46（2）：107–114，193.

［112］周兰翠.政府购买公共文化服务：理论逻辑与实践形态［J］.地方财政研究，2014（4）：21–26.

[113] 刘娟 . 乡村小规模学校教师获得感研究 [D]. 长春：东北师范大学，2018.

[114] 左崇良，吴云鹏 . 教师专业发展研究：进展与方向 [J]. 中国成人教育，2019 (19)：74–79.

[115] 龚宝成 . 乡村教师专业发展困境与疏解：地方性知识的视角 [J]. 课程 . 教材 . 教法，2019，39 (3)：126–130.

[116] 朱沛雨 . 基于《专业标准》视角的乡村教师专业发展路径研究 [J]. 教育理论与实践，2016，36 (8)：34–36.

[117] G. 霍夫斯坦德 . 跨越合作的障碍——多元文化与管理 [M]. 尹毅夫，陈龙，王登，译 . 北京：科学出版社，1996.

[118] 金涛 . 乡村教师专业发展的社会支持问题研究 [J]. 邢台学院学报，2020，35 (3) :93–96，111.

[119] 黄晓茜，程良宏 . 教师学习力：乡村教师专业发展的重要驱力 [J]. 全球教育展望，2020，49 (7)：62–71.

[120] 赵中建 . 学校文化 [M]. 上海：华东师范大学出版社，2004.

[121] 赵婧，王光明 . 新时代学校制度文化建设探赜——基于教师核心素养和能力发展的导向 [J]. 教育理论与实践，2019，39 (25)：23–26.

[122] 葛金国 . 校园文化：理论意蕴与实务运作 [M]. 合肥：安徽大学出版社，2006.

[123] 叶澜 . 新世纪教师专业素养初探 [J]. 教育研究与实验，1998 (1)：41–46，72.

[124] 成尚荣 . 母语教育与民族文化认同 [J]. 教育研究，2007 (2)：22–25，32.

[125] 李霞 . 信念、态度、行为 : 教师文化建构的三个维度 [J]. 教师教育研究，2012，24 (3)：17–21.

[126] 索长清 . 幼儿园教师文化研究 [D]. 长春：东北师范大学，2014.

[127] 张文斌，侯馨茹 . 乡土文化自信的缺失与培养路径探析 [J]. 现代

中小学教育，2016，32（1）：1–4.

［128］王中华，熊梅.新课程改革文化精神的价值与构建［J］.教育理论与实践，2014，34（2）：39–42.

［129］王又新，王中华.核心素养视角下教师文化变革研究［J］.中小学教师培训，2017（4）：6–8.

［130］省政府办公厅印发《贵州省乡村教师支持计划实施办法（2015–2020年）》［EB/OL］. http://zsjy.xynun.edu.cn/old/read.php?id=12217.

［131］习近平.把乡村振兴战略作为新时代“三农”工作总抓手［J］.社会主义论坛，2019（7）：4–6.

［132］中共中央宣传部.习近平新时代中国特色社会主义思想学习纲要［M］.北京：学习出版社，人民出版社，2019.

［133］本书编写组.习近平总书记教育重要论述讲义［M］.北京：高等教育出版社，2020.

［134］教育部中央组织部中央编办，国家发展改革委财政部人力资源社会保障部.教育部等六部门关于加强新时代乡村教师队伍建设的意见（教师［2020］5号）［EB/OL］. http://www.scqs.gov.cn/info/1533/136842.htm.

［135］甘玥.《中华人民共和国乡村振兴促进法》公布（附全文）［EB/OL］.（2021–5–1）［2021–6–21］.https://www.sohu.com/a/464074363_121106902.

后 记

本书是笔者在近年来所思考的关于教师文化的结晶。教师文化一直是笔者探讨的内容：从博士阶段开始对个性化教学背景下的教师文化研究到工作后对乡村教师文化的研究，再到今天的全面乡村振兴背景下的乡村教师文化研究，都是对教师文化的长期研究。可以说，本书是笔者研究的另一个阶段。

唐代著名诗人白居易曾经指出："文章合为时而著，歌诗合为事而作。"从2018年的《乡村振兴战略规划（2018—2022年）》到2021年的《中华人民共和国乡村振兴促进法》，我国进入了全面实施乡村振兴的战略阶段。在此背景下，教育研究者需要积极响应国家的号召进行全面乡村振兴背景下的乡村教师文化研究。

本书从乡村振兴背景下乡村教师文化使命展开研究，探讨了乡村教师文化认同，也深入分析了乡村教师文化冲突，更加强调乡村教师文化自信问题。笔者试图借助对乡村教师文化的探讨来思考乡村教师在乡村文化振兴、乡村教育振兴过程中的使命和担当，探索乡村教师在文化认同、文化冲突、文化适应等过程中如何走向文化自信，从而让乡村教师个体和群体"下得去""留得住""发展得好"，也让乡村教师有更多的获得感、幸福感与安全感，为促进乡村教师队伍建设提供绵薄的力量。

本书涉及的研究对象包括乡村幼儿教师、乡村小学教师、乡村中学教师以及乡村特岗教师，对乡村教师的文化自觉、文化冲突等方面进行了探讨。

本书认为乡村教师文化研究需要加强对乡村教师的文化认知、文化认同、文化适应、文化冲突、文化危机、文化使命、文化自信等领域的研究。

当然，由于笔者的学识与能力有限，本书还存在一定的不足。

在成书过程中需要感谢的人太多。

首先，感谢我的团队和我的研究生们在研究过程中所付出的努力，他们在资料收集及整理方面给予我特别大的帮助。他们是我指导的2017级研究生贾颖，2019级研究生刘志婷、周洁方、钱秋云，2020级研究生农伟梦、段艳飞、黄海燕。

其次，感谢我的单位领导们对本书写作的关注，感谢贵州师范大学教育学院院长史秋衡教授、教育学院党委书记任胜洪教授、教育学院副院长杜尚荣教授、教育学院副院长李祥教授，感谢贵州发展研究中心主任唐志明教授。

再次，感谢本书策划编辑李彩琴以及责任编辑王才识，感谢她们为本书审核和编辑工作所付出的辛勤劳动。

最后，感谢本书研究中所引资料的作者和编者。

作者

2022年6月